凝聚隧道及地下工程领域的
先进理论方法、突破性科研成果、前沿关键技术，
记录中国隧道及地下工程修建技术的创新、进步和发展。

"十四五"时期国家重点出版物出版专项规划项目

中国隧道及地下工程修建关键技术研究书系

汕头海湾隧道
复合地层超大直径盾构施工关键技术研究

黄威然　孔少波／主编

岳　川　杨明先　区穗辉／副主编

竺维彬　鞠世健　米晋生／主审

RESEARCH ON KEY CONSTRUCTION TECHNOLOGY OF
SUPER LARGE DIAMETER SHIELD OF
SHANTOU BAY TUNNEL
IN MIXED FACE GROUND CONDITIONS

人民交通出版社股份有限公司

北　京

内容提要

汕头海湾隧道工程，是15m级的超大直径盾构隧道工程，集合了"大、硬、高（水头）、浅（覆土）、险"五大世界性工程难题。本书以复合地层盾构施工管理理念为主线，结合汕头海湾隧道工程特点，介绍了盾构选型与配置、盾构施工准备、盾构井及端头加固、盾构掘进关键技术、盾构隧道质量控制等内容。

本书可供从事隧道工程、城市轨道交通工程以及相关领域工程建设的技术人员使用，也可作为在校师生的参考用书。

图书在版编目（CIP）数据

汕头海湾隧道复合地层超大直径盾构施工关键技术研究 / 黄威然，孔少波主编. — 北京：人民交通出版社股份有限公司，2022.9
ISBN 978-7-114-18178-8

Ⅰ.①汕… Ⅱ.①黄…②孔… Ⅲ.①水下隧道—隧道工程—盾构法—研究—汕头 Ⅳ.①U459.5

中国版本图书馆 CIP 数据核字（2022）第 156795 号

Shantou Haiwan Suidao Fuhe Diceng Chaoda Zhijing Dungou Shigong Guanjian Jishu Yanjiu

书　名：	汕头海湾隧道复合地层超大直径盾构施工关键技术研究
著 作 者：	黄威然　孔少波
责任编辑：	刘彩云
责任校对：	赵媛媛　魏佳宁
责任印制：	张　凯
出版发行：	人民交通出版社股份有限公司
地　　址：	（100011）北京市朝阳区安定门外外馆斜街 3 号
网　　址：	http://www.ccpcl.com.cn
销售电话：	（010）59757973
总 经 销：	人民交通出版社股份有限公司发行部
经　　销：	各地新华书店
印　　刷：	北京印匠彩色印刷有限公司
开　　本：	787×1092　1/16
印　　张：	16.25
字　　数：	305 千
版　　次：	2022 年 9 月　第 1 版
印　　次：	2022 年 9 月　第 1 次印刷
书　　号：	ISBN 978-7-114-18178-8
定　　价：	158.00 元

（有印刷、装订质量问题的图书，由本公司负责调换）

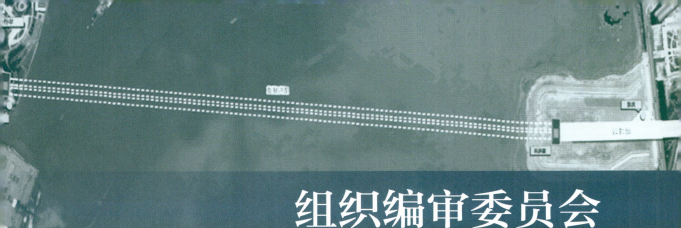

组织编审委员会

组织委员会

主任委员：肖观平

委　　员：（按姓氏拼音排序）

陈祥龙、罗世强、王洪东、魏康林、谢小兵、杨　翼、杨英举、张福民、张良辉、张　荣、周　舟

编审委员会

主　　编：黄威然、孔少波

副 主 编：岳　川、杨明先、区穗辉

主　　审：竺维彬、鞠世健、米晋生

编　　委：（按姓氏拼音排序）

陈丹莲、付仁鹏、盖应金、郭富强、黄承泽、黄惠群、姜　庆、李世佳、李新明、刘佳宇、罗淑仪、孟繁璟、牛紫龙、彭国藩、石　曲、王俊彬、谢文达、杨将晓、张　辉、祝思然

鸣谢个人：（按姓氏拼音排序）

Martin Herrenknecht（德）、黄锐东、王　晖、王杜娟、魏玉省、向建军、张进华、张兆远、赵　华、朱世友、卓普周

主要编写单位：
  广州轨道交通建设监理有限公司
  汕头市苏埃通道建设投资发展有限公司

协助编写单位：
  中铁第六勘察设计院集团有限公司
  湖南省交通规划勘察设计院有限公司
  广东华路交通科技有限公司
  中信重工机械股份有限公司
  中铁工程装备集团有限公司
  海瑞克股份公司
  中铁工程设计咨询集团有限公司

序

  在我国东南部地区，如广州、深圳、东莞、珠海、汕头、福州、厦门等地的盾构隧道施工中，时常遇到上下岩土特征相差悬殊的组合地层，即复合地层。复合地层中还可能存在孤石、岩溶等，会给盾构施工和安全带来诸多困难。尽管广州地铁等单位历经近30年的艰苦实践和创新，在盾构选型、孤石和岩溶预处理等方面有了很大突破，但有些问题至今还未能很好地解决。大部分ϕ6m级的盾构尚且如此，那么超大直径盾构（指ϕ14m以上）又会如何？

  国际上，1994年日本首次采用ϕ14.14m常规刀盘泥水盾构在东京湾隧道砂卵石地层中施工；国内，2004年上海引进ϕ14.87m盾构在上中路隧道软土地层中施工；后续武汉采用ϕ15.78m常压刀盘泥水盾构，在复合地层中施工，但下部的砂砾岩强度均不大于30MPa。近年来，国内跨江河湖海公路隧道和穿越城市敏感区的轨道交通等，基于节约土地资源、降低工程风险和综合投资及环保考量，应用超大直径盾构日趋增多，工程量占世界70%以上。

  汕头海湾隧道被业界公认为"世界级挑战工程"，采用了ϕ15m级超大直径盾构，直接穿越海域下花岗岩复合地层，花岗岩强度高达216MPa，岩层上覆为砂层及淤泥层。如此复杂的地质条件，盾构如何选型与配置？施工过程会遇到什么问题？如何解决？始终是盾构界高度关注的问题。

  本书是建设单位、监理单位、施工单位长期在一线、高度参与汕头海湾隧道工程建设的同志们遵照"地质是基础，设备是关键，人

（管理）是根本"的思路，系统总结特殊环境下复合地层超大直径盾构施工关键技术，完成的集专业性、实践性、创新性于一体的工程技术专著。汕头海湾隧道盾构工程有许多开创性的尝试，可以为盾构界的朋友们提供启发和借鉴。本书填补了国内海域特殊条件下复合地层超大直径盾构常压刀盘施工技术专著的空白，以期推动该技术不断发展创新。

超大直径盾构施工技术一直都在发展中，技术经验不断革新，但仍有许多问题需要完善与探索。感谢本书作者的辛勤付出，希望他们在从业之路上持之以恒，勤于钻研，不断创新，为复合地层超大直径盾构技术的发展做出更大的贡献！

中国工程院院士　钱七虎

2022 年 2 月 26 日

前言

党的十八大以来，我国"新型城镇化"快速发展，中信集团作为一家金融与实业并举的大型综合性跨国央企集团，积极践行国家新型城镇化发展战略，在相关领域进行了卓有成效的探索与创新。2011年，中信集团根据"政府引导、市场主导"的总体方针，研究和创新合作模式，与汕头市政府携手共建超大规模城市综合开发运营项目——中信汕头滨海新城。汕头海湾隧道作为中信汕头滨海新城的重大基础设施项目，其投资建设开创了政企合作共建重大交通基础设施工程的先河。中信集团充分发挥优势，集合了集团投资、融资、设备制造、工程管理、城市运营等多方面资源，完成了国内极具挑战性的首条地处 8 度抗震设防烈度区、穿越海底复杂地质、施工综合难度和风险在国内海底隧道首屈一指的超大直径盾构隧道——汕头海湾隧道的投资建设。其投资规模大、施工难度高、建设周期长、不确定性因素众多，在国内外可供借鉴的类似项目不多的情况下，通过积极探索和研究海湾隧道的建造技术，为我国在超大直径盾构隧道建设方面积累了大量成功经验，为中国隧道建设技术发展留下了浓墨重彩的一笔。

"科技是第一生产力"，汕头海湾隧道建设成功突破了"大、硬、高（水头）、浅（覆土）、险"五大世界性盾构工程难题；中国中信重工和中铁装备还实现了大直径盾构的自主研发和制造，解决该领域"卡脖子"等技术难题。本书以复合地层盾构施工管理理念为主线，结合工程特点，逐一论述总结超大直径盾构施工关键技术。

本书由中信汕头滨海新城投资发展有限公司的子公司汕头市苏埃通道建设投资发展有限公司（业主方）和广州轨道交通建设监理有限公司（监理方）联合项目各相关盾构施工、设计、勘察、咨询以及盾构制造商等单位的广大工程技术人员编写而成，凝聚了大家的汗水和心血，在此真诚地向大家说一声谢谢！

回顾汕头海湾隧道建设的艰苦历程，项目中有很多值得思考、值得借鉴的地方，借此机会，我们尽己所能，希望将项目参与者数年辛劳付出形成总结。但由于时间仓促，编写人员经验不足、水平有限，书中一定会存在不少错漏，希望各位读者能给予批评指正，共同书写海域复合地层超大直径盾构施工技术新的篇章！

作 者

2022 年 2 月 18 日

目录

第一章 工程综述 ··· 1

第一节 工程概述 ··· 3
一、工程简介 ··· 3
二、工程概况 ··· 4

第二节 隧道工程设计 ··· 12
一、工程设计历程 ··· 12
二、工程建设方案比选 ··· 14
三、盾构隧道设计方案 ··· 15
四、工程设计主要标准 ··· 21

第二章 盾构选型与配置 ··· 25

第一节 盾构选型 ··· 27
一、概述 ··· 27
二、海底超大直径盾构应用与特点 ··· 28
三、盾构选型 ··· 32

第二节 盾构配置 ··· 33
一、切削系统 ··· 34
二、推进系统 ··· 46
三、主驱动系统 ··· 48
四、密封系统 ··· 52
五、冲刷系统 ··· 53
六、环流系统 ··· 56
七、注浆系统 ··· 62
八、其他 ··· 63

第三章 盾构施工准备 ··· 67

第一节 施工组织设计 ··· 69

一、资源配置 ·· 69
　　二、进度计划 ·· 71
　　三、场地布置 ·· 73
　　四、弃浆与渣土运输 ·· 75

第二节　泥水处理场 ·· 77
　　一、设备选择 ·· 77
　　二、场地地基基础和结构 ···································· 80

第三节　盾构运输 ·· 82
　　一、盾构运输方式比选 ······································ 82
　　二、运输方式确定 ·· 83

第四节　盾构组装与调试 ·· 86
　　一、盾构组装 ·· 86
　　二、盾构调试 ·· 93

第四章　盾构井及端头加固 ·· 97

第一节　盾构井 ·· 99
　　一、围堰设计与施工 ·· 99
　　二、盾构井设计与施工 ······································ 101

第二节　端头加固 ·· 108
　　一、端头加固方法比选 ······································ 108
　　二、始发端头加固 ·· 109
　　三、接收端头加固 ·· 114

第五章　盾构掘进关键技术 ·· 117

第一节　盾构始发与到达技术 ···································· 119
　　一、盾构始发技术 ·· 119
　　二、盾构水下到达技术 ······································ 127

第二节　盾构过孤石段施工技术 ·································· 138
　　一、孤石分布概述 ·· 138
　　二、孤石处理技术 ·· 140
　　三、盾构穿越孤石段施工情况 ································ 143

第三节　盾构过海域基岩凸起段掘进技术 ·························· 148
　　一、基岩分布与研判 ·· 148
　　二、刀具管理 ·· 151

三、掘进参数管理……163
四、开挖面稳定管理……170
五、东、西线掘进功效对比分析与小结……172

第四节 常压刀盘换刀与带压开舱技术……174
一、开舱概述……174
二、常压刀盘换刀技术……175
三、带压开舱技术……178

第五节 盾构过浅覆土段掘进技术……180
一、浅覆土段掘进控制概述……180
二、地质概况与施工风险……182
三、浅覆土盾构掘进参数控制……182
四、浅覆土地层壁后注浆控制……190
五、掘进效果分析……191

第六节 盾构施工测量与监测技术……191
一、长距离隧道施工测量技术……191
二、海域隧道施工监测技术……196

第六章 盾构隧道质量控制……199

第一节 管片质量控制……201
一、管片设计……201
二、管片生产……208
三、管片运输……209
四、管片安装……210

第二节 口子件质量控制……211
一、口子件设计……211
二、口子件制作工艺……212
三、口子件安装控制……213

第三节 盾构隧道质量通病及对策……214
一、管片上浮……214
二、管片破损错台与渗漏水……219

附表……225

参考文献……235

工程大事记 ·· 239

跋 ··· 241

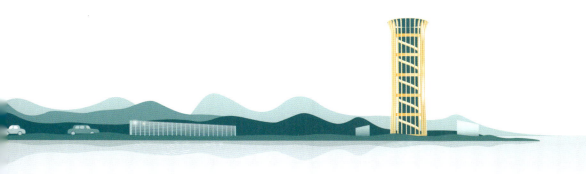

第一章　工程综述

汕头海湾隧道
复合地层超大直径盾构
施工关键技术研究

RESEARCH ON KEY CONSTRUCTION TECHNOLOGY OF
SUPER-LARGE DIAMETER SHIELD OF
SHANTOU BAY TUNNEL
IN MIXED FACE GROUND CONDITIONS

汕头海湾隧道位于汕头海湾大桥和礐石大桥之间，是中国第一条地处8度抗震设防烈度区的超大直径海底盾构隧道，由于施工综合难度和风险在同类工程中极为罕见，被钱七虎、孙钧、周福霖等院士称为"世界级挑战性工程"。本章主要介绍汕头海湾隧道工程概述、工程设计等内容。

第一节　工程概述

一、工程简介

1. 工程背景

汕头地处广东省东部，韩江、练江和榕江三江汇流入海口，风景秀丽，地理位置优越，是古代海上丝绸之路的重要节点，也是我国东南部的重要对外贸易港口。由于四面环山，汕头市区呈岛状分离，自古以来难以实现各区便捷互通。特别是国内唯一内陆海湾——苏埃湾，将汕头分割为南北两岸，人们隔湾相望，交通极为不便。

20世纪90年代，汕头建成了海湾大桥和礐石大桥（见图1-1），但时至今日仅靠这两座桥已远远不能满足通行需求，且近海台风、暴雨季节等因素会导致封桥禁行，潮汕人民全天候通行南北两岸的梦想始终未曾实现。

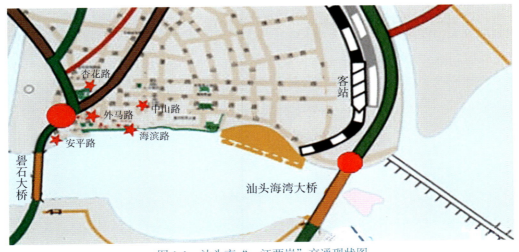

图1-1　汕头市"一江两岸"交通现状图

进入21世纪，随着国家经济实力的不断增强和隧道技术的快速发展，汕头海湾隧道工程被提上建设日程。从2008年5月原广东省交通厅组织50名专家进行可行性研究，到2012年5月广东省发展与改革委员会对工程可行性研究报告正式批复、2016年施工单位进场，至2020年8月隧道贯通，历时12年，潮汕人民自由出行的百年梦想终于迎来了梦圆时刻。

2. 工程意义

从汕头市发展战略看，海湾隧道的建设对汕头市的社会、经济发展具有十分重要的意义：

（1）推动汕头"三大经济带"建设，提升城市功能，发挥汕头市作为粤东地区"区域中心城市"的龙头作用，满足粤东经济快速发展的需要；

（2）适应汕头市新一轮经济社会发展，满足城市交通快速增长的需要；

（3）形成多种过海通道，提高抵御台风、地震等自然灾害的能力，全天候保障汕头南北交通畅通；

（4）海湾隧道的建成将为汕头南北两岸开辟新的过海通道，圆潮汕人民自由通行汕头海湾两岸的百年梦想。

二、工程概况

汕头海湾隧道工程设计起点位于金砂东路与天山南路交叉口，沿天山南路向南敷设，下穿长平东路后以敞开段的形式布置于天山南路与龙湖沟间的绿地内，后下穿中山东路、龙湖沟电排站，避开码头，穿龙湖沟后以 $R = 1500m$ 曲线形式转入华侨公园，于华侨公园东南角处进入海域，以直线形式穿越苏埃湾海域，到达南岸围堰，再下穿南滨路后以明挖暗埋及敞开的结构形式通过南岸湿地，以互通立交形式到达项目设计终点，接规划的虎头山隧道与南滨南路（主线桥接虎头山隧道，匝道接南滨南路），线路平面位置示意图如图 1-2 所示。

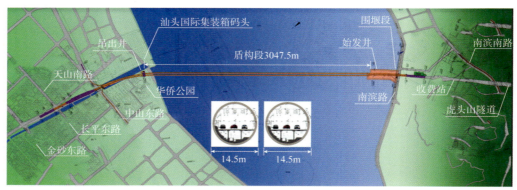

图 1-2　线路平面位置示意图

汕头海湾隧道全长约 6680m，盾构段设计为双线单洞隧道，东、西双线盾构施工长 3047.5m。盾构始发井位于苏埃湾南侧围堰内，吊出井位于苏埃湾北侧华侨公园。

盾构从始发井以 3% 的坡度依次穿过始发段加固区、回填区和抛石区（含围堰大堤）后进入水下掘进阶段，沿线坡度依次为 3%、0.3%、-0.3%、-2.9%。过海处海面宽约

2480m，主航道宽约 600m，最大水深 13m。隧道最低点位于主航道控制范围南侧，水下 36.4m，覆土厚度为 24.5m，如图 1-3 所示。

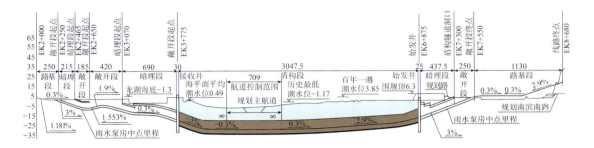

图 1-3 隧道设计纵断面图（尺寸单位：m；高程单位：m）

盾构隧道内径为 13.3m、外径为 14.5m，内设安全通道、应急通道、电缆管廊、管沟及烟道，如图 1-4 所示。

盾构隧道管片环宽 2m，厚 600mm，通用双面楔形环，楔形量 48mm。分 10 块，采用"7+2+1"分块模式，错缝拼装。管片采用C60高性能耐腐蚀混凝土，抗渗等级为 P12。环、纵缝用斜螺栓连接，防水设计采用两道三元乙丙弹性密封垫+内侧嵌缝防水。

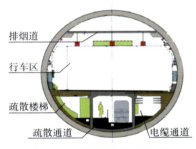

图 1-4 隧道横断面设计图

1. 工程地质

盾构区间主要穿越抛石区、软土区、海底基岩凸起段。区间最小覆土厚度 8.0m，线路经过海域最大水深 13.0m。

盾构隧道上方地层以淤泥、淤泥质土、淤泥混砂、粉质黏土为主，占比 98%以上；局部小范围夹杂粉细砂、粉质黏土，占比不足 2%。

盾构隧道范围内以淤泥、淤泥质土、淤泥混砂为主，占比约 81%；局部小范围夹杂粉细砂，粉细砂、中粗砂占比约18%；三段基岩凸起段含中风化花岗岩、微风化岩，占比约 1%。

盾构掘进范围下方地层以粉细砂、中粗砂等稍密～密实砂性土为主，占比约 52%；隧道淤泥混砂、淤泥质土等中～高压缩性土，占比约 34%；全风化花岗岩、强风化花岗岩、微风化花岗岩，占比约 14%。

总体而言，东、西双线盾构穿越地层相近，地质情况统计见图 1-5、图 1-6，地质剖面图见图 1-7。

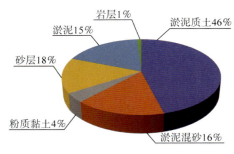 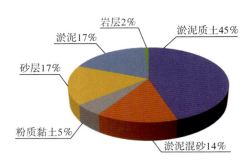

图 1-5　东线盾构穿越地层统计饼图　　　图 1-6　西线盾构穿越地层统计饼图

2. 水文地质

1）地表水径流特性

汕头市地表水网纵横交错，周边断续分布着韩江、榕江、练江等一系列河流。这些河流皆由西北流向东南汇入南海之中，这与区内地形总体为西北高、东南低相一致。地表水系的发育也应运而生。

汕头市境内，集水面积 100km^2 以上的河流（含干支流）有 31 条，其中 9 条独立流入南海。流域面积超过 1000km^2 的河流有韩江、榕江、练江、黄冈河和龙江。

海湾隧道工程跨越汕头湾，下经妈屿岛与南海相通，上经礐石与牛田洋连接，牛田洋纳韩江、榕江之水，分别由汕头港和濠江流向南海。

2）地下水特性

根据区域内地下水的赋存特征及形成条件，可将测区地下水划分为松散岩类孔隙潜水、松散岩类孔隙承压水及块状岩类裂隙水。区内地下水的补给，主要为大气降水和垂直渗入补给。

3）潮汐特性

汕头湾内潮汐属不规则半日潮，潮差不大，平均为 1.0~1.5m，常年的最大潮差在 2.3~2.7m 之间，涨潮差稍大于落潮差；涨潮平均历时约长于落潮平均历时 1h，多年平均涨潮历时 6h3min~6h50min，落潮历时 5h30min~5h50min。

4）波浪

汕头湾口面向南海，湾口附近有妈屿、鹿屿、表角等岛形成天然屏障，外海波浪对港内泊稳的影响甚小。

5）潮流

汕头湾潮流性质属不正规半日潮流型。湾内狭长水道的深泓线附近，一般为最大流速的分布区，如鹿岛水道的最大落潮流速可达 2.0~3.0m/s。

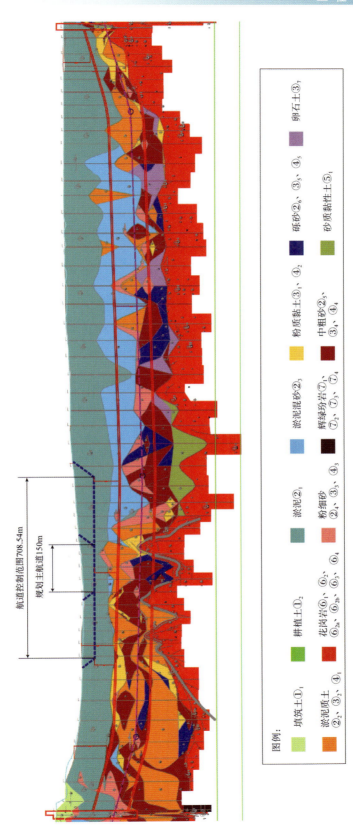

图 1-7 盾构区间地质剖面图

场地岩土层划分及主要物理力学性质见表1-1。

场地岩土层划分及主要物理力学性质   表1-1

序号	岩土名称及代号	土层描述	各项参数指标统计
1	填筑土（Q_4^{me}）①$_1$	灰黄色、黄褐色、深灰色，由中细砂及少量粉质黏土组成	层厚1.70～8.4m，平均层厚5.47m，标准贯入试验锤击数标准值7击
2	淤泥（Q_4^m）②$_1$	黄灰色、灰～深灰～灰黑色，流塑，多夹薄层粉细砂，富含腐殖质，具腐臭味，局部富集贝壳碎片	层厚0.80～24.3m，平均层厚11.7m，标准贯入试验锤击数标准值1.16击，原状土无侧限抗压强度18kPa，灵敏度5.6，渗透系数0.02m/d
3	淤泥质土（Q_4^m）②$_2$	灰～深灰色，流塑，含少量贝壳碎片及腐殖质，常夹薄层粉细砂或与粉细砂互层	层厚1.0～19.7m，平均层厚7.82m。标准贯入试验锤击数标准值4.12击，原状土无侧限抗压强度24.9kPa，灵敏度5.3，渗透系数0.02m/d
4	淤泥混砂（Q_4^m）②$_3$	灰～深灰色，饱和，流塑或松散，淤泥与粉细或中粗砂无序状混杂一起，砂多微层理混杂于淤泥层中	层厚0.3～16.6m，平均层厚6.96m，标准贯入试验锤击数标准值4.4击，渗透系数5m/d
5	粉细砂（Q_4^m）②$_4$	浅灰色、饱和，松散～稍密，级配不良，局部富集贝壳碎片，夹淤泥层或淤泥透镜体	层厚0.7～7.7m，平均层厚2.8m，标准贯入试验锤击数标准值8.4击，渗透系数5m/d
6	中粗砂（Q_4^m）②$_5$	灰黄色、灰白色，饱和，松散～稍密为主，局部中密，级配不良，含黏土或夹软塑状粉质黏土层	层厚0.6～9.1m，平均层厚3.4m，标准贯入试验锤击数标准值17.7击
7	砾砂（Q_4^m）②$_6$	灰黄色、灰白色，饱和，密实，级配不良，含黏土	层厚1.6～9.6m，平均层厚3.6m，标准贯入试验锤击数标准值35.7击
8	粉质黏土（Q_4^{mc}）③$_1$	灰黄色、褐黄色、灰白色、砖红色、青灰色，可塑为主，局部呈软塑、硬塑状，以黏粒、粉粒为主	层厚0.5～8.6m，平均层厚2.92m，标准贯入试验锤击数标准值9.5击，渗透系数0.02m/d
9	淤泥质土（Q_4^{mc}）③$_2$	浅灰色～深灰色，流塑为主，局部呈软塑～可塑状，富含腐殖质，味臭，多夹粉细砂薄层，或与粉细砂互层，部分地段在底部夹泥炭质土或泥炭薄层	层厚0.7～9.7m，平均层厚3.1m，标准贯入试验锤击数标准值6.4，击渗透系数0.02m/d
10	粉细砂（Q_4^{mc}）③$_3$	灰色、灰白色、黄褐色，稍密～中密状，局部松散，级配不良，含黏土	层厚0.5～9.5m，平均层厚3.7m，标准贯入试验锤击数标准值14.5击，渗透系数5m/d
11	中粗砂（Q_4^{mc}）③$_4$	灰～灰白色、黄褐色，饱和，中密～密实状，局部稍密状，级配良好，上部含粉细砂，常与砾砂层交错分布	层厚0.7～16.0m，平均层厚4.91m，标准贯入试验锤击数标准值28.1击，渗透系数22m/d
12	砾砂（Q_4^{mc}）③$_5$	灰黄色，饱和，中密～密实状，级配良好，与中粗砂呈交错状分布	层厚0.9～7.7m，平均层厚3.63m，标准贯入试验锤击数标准值28.1击，渗透系数22m/d
13	圆砾土（Q_4^{mc}）③$_6$	灰黄色，饱和，密实状，级配良好	层厚1.1～4.9m，平均层厚3.4m，标准贯入试验锤击数标准值39击
14	卵石土（Q_4^{mc}）③$_7$	灰黄色，饱和，密实状，级配良好	层厚0.8～9.2m，平均层厚3.76m，标准贯入试验锤击数标准值31.2击
15	淤泥质土（Q_4^{mc}）④$_1$	深～浅灰色，流塑状为主，局部呈软～可塑状，含有机质	层厚0.5～16.1m，平均层厚7.1m，标准贯入试验锤击数标准值10.4击，渗透系数0.02m/d
16	粉质黏土（Q_4^{mc}）④$_2$	深灰色，可塑为主，局部为硬塑状，含少量腐殖质，土质较均匀，黏性较好，呈透镜体状分布	层厚0.7～5.0m，平均层厚2.4m，标准贯入试验锤击数标准值13.9击，渗透系数0.02m/d
17	粉细砂（Q_4^{mc}）④$_3$	灰黄色、下部浅灰色，饱和，稍密～中密，级配不良，下部含黏土，呈透镜体状分布	层厚0.8～6.3m，平均层厚2.9m，标准贯入试验锤击数标准值18.8击，渗透系数5m/d
18	中粗砂（Q_4^{mc}）④$_4$	灰白色，饱和，密实为主，级配良好，含少量细砾和砾石	层厚0.7～9.2m，平均层厚2.9m，标准贯入试验锤击数标准值33.7击，渗透系数5m/d

续上表

序号	岩土名称及代号	土层描述	各项参数指标统计
19	砾砂（Q_4^{mc}）④$_5$	灰白色~深灰色，饱和，密实，局部中密，级配良好，含少量的砾石和卵石	层厚 1.3~5.6m，平均层厚 2.8m，标准贯入试验锤击数标准值 32.7 击，渗透系数 5m/d
20	圆砾（Q_4^{mc}）④$_6$	灰~灰黄色，饱和，密实，石英质，亚圆状，级配良好，局部为砾砂，含约30%石英质卵石	层厚 4.3m，标准贯入试验锤击数标准值 31 击
21	砂质黏性土⑤$_1$	灰绿色、青灰色间灰白色，可塑~硬塑，花岗岩风化残积成土状，残留10%~15%中、粗砂状母岩碎屑，遇水易软化	层厚 3.0~13.2m，平均层厚 5.97m，标准贯入试验锤击数标准值 23.3 击，渗透系数 0.06m/d
22	砾质黏性土⑤$_2$	黄褐色、浅肉红色间灰白色，可塑~硬塑，花岗岩风化残积成土状，粗、砾砂状母岩碎屑，遇水易软化崩解	层厚 3.6~9.7m，平均层厚 5.8m，标准贯入试验锤击数标准值 26 击，渗透系数 0.06m/d
23	全风化花岗岩⑥$_1$	浅肉红色间灰白色，局部黄褐色、浅紫色，母岩结构可辨，密实，以粗、砾砂为主，含少量角砾及粉粒，部分呈土柱状	层厚 0.3~10.0m，平均层厚 3.96m，标准贯入试验锤击数标准值 38.7 击，渗透系数 0.1m/d
24	强风化花岗岩⑥$_{2-1}$	浅肉红色间灰白色，母岩结构清晰，岩芯呈砂土状，手捻易散，浸水崩解软化	层厚 0.6~22.2m，平均层厚 3.92m，标准贯入试验锤击数标准值 62.9 击，渗透系数 0.1m/d
25	强风化花岗岩⑥$_{2-2}$	浅肉红色间灰白色，局部黄褐色，母岩结构清晰，岩芯呈短柱状、碎块状，手可折断或锤击易散，浸水崩解软化，局部夹中风化岩块	层厚 0.3~26m，平均层厚 4.2m，标准贯入试验锤击数标准值 57.9 击，饱和抗压强度 20MPa，渗透系数 0.5m/d
26	中风化花岗岩⑥$_3$	浅肉红色间灰白色、灰色，细粒、中粗粒花岗结构，块状构造，裂隙较发育，裂隙面多见铁锰质浸染且风化较强烈，岩芯以短~长柱状为主，部分呈碎块状，岩石坚硬	层厚 0.8~8.4m，平均层厚 3.22m，饱和抗压强度 142MPa
27	微风化花岗岩⑥$_4$	灰白色、浅肉红色，细粒、中粗粒花岗结构，块状构造，裂隙不发育，岩芯呈 20~100cm 柱状，岩质坚硬	未揭穿该层，饱和抗压强度 203MPa
28	全风化辉绿玢岩⑦$_1$	灰绿色、灰黄色，母岩结构可辨，岩芯呈坚硬土柱状，遇水软化	层厚 0.5~4.4m，平均层厚 3.15m，标准贯入试验锤击数标准值 44.4 击
29	强风化辉绿玢岩⑦$_2$	灰绿色、灰黄色，母岩结构清晰，岩芯呈土柱状，中下部多呈碎块状，手可折断或锤击易散，浸水崩解软化，局部夹中风化岩块	层厚 2.0~16.8m，平均层厚 6.52m，饱和抗压强度 16.3MPa，渗透系数 0.5m/d
30	中风化辉绿玢岩⑦$_3$	青灰色~灰绿色，细晶结构，岩芯大部分呈碎块状，部分呈短~长柱状，岩石坚硬，主要呈脉状产出	层厚 1.5~2.1m，平均层厚 1.8m，饱和抗压强度 188MPa
31	中风化石英脉⑧$_3$	白色，裂隙发育，裂隙面多见铁锰质浸染，岩质坚硬，岩脉状产出	层厚 0.8~2.4m，平均层厚 1.7m

3. 工程环境

1）地形与地貌

海湾隧道工程地跨汕头市区、汕头港湾和南岸濠江区。从地貌特征分析，测区跨越三个不同的地貌单元，如图 1-8 所示。南部为丘陵区，基岩埋藏浅，地形高低起伏，建筑物少。北部为滨海三角洲平原区，基岩埋深大，地势低平，为居民区，其间高楼林立，巷道纵横。中部为海区，其中汕头国际集装箱码头占据部分地域。航道区水运交通发达，为出入榕江水系的黄金水道，水深 3～13.5m。

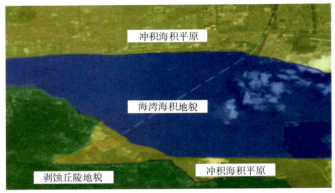

图 1-8　地貌分区图

2）气候气象条件

工程所在区域汕头市属亚热带，处于赤道低气压带和副热带高气压带之间，在东北信风带的南缘。

（1）气温

汕头市的年平均气温在 21～22℃之间。年内月平均气温的分布呈单峰型。全年气温以 1 月份为最低，在 12.8～14.1℃之间；2～3 月缓慢回升，4 月达到 21℃左右。至 7 月，在 28℃以上，是全年气温的最高峰；8 月的气温与 7 月接近，为全年的次高峰。9 月开始缓慢下降，至 12 月的 14.4～16.2℃。

（2）降水

汕头市地处沿海地区，雨量充沛，年内分配不均，且年际变化较大。汕头市多年平均降水量为 1569.7mm，其中 4～9 月降水占年降水的 80%以上；5～8 月更为集中，每月平均降水量均超过 200mm；5 月更盛达 320mm 以上，降水天数可达 18d。

（3）风况

汕头市是明显的季风区，西北面又有山脉屏障，总的特点是：冬半年盛行偏北风，初夏盛行偏东风，盛夏盛行偏南风；全年以偏东风最多，偏北风和偏南风次之，西风最少；多年年平均风速相对比较稳定，为 2.7m/s 左右，风速由沿海向内陆递减。

（4）蒸发量

汕头市多年平均蒸发量 1596.4mm。7 月是一年中月平均蒸发量最大的时段，为 187.4mm；2 月是一年中月平均蒸发量最小的时段，为 80.8mm。

3）周边环境

盾构始发井及南岸后配套段处于填海围堰范围内，周边无建筑物，盾构始发后需要下穿两边海堤及汕头湾海域，到达华侨公园。华侨公园位于汕头港湾北侧，龙湖沟入海口以西，占地面积 17.8hm^2，周边地势相对开阔，无高大建筑群及城市道路，故周边建筑物带来的风险较小。

盾构施工段周边环境如图 1-9 所示，北岸海堤及南岸围堰如图 1-10 所示。

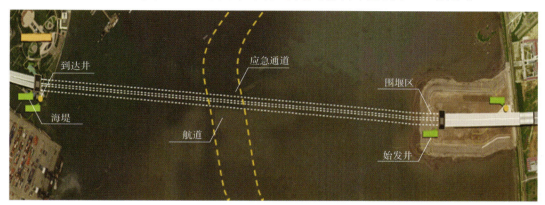

图 1-9　盾构施工段周边环境

图 1-10　北岸海堤及南岸围堰

4. 工程重难点

1）勘察难、地质复杂

由于海域气候、水文、航道、埋深等因素影响，在海域进行地质勘测比在地面进行地质勘测的难度更大、费用更高。

2）复合地层切削面难稳定

由于盾构开挖面大，掘进时往往遭遇复合地层，造成切削面稳定性差。

3）刀盘、刀具配置要求高

大断面、长距离、复合地层、孤石、基岩凸起等都会加快刀盘、刀具磨损，故对刀盘、刀具的配置要求较高。

4）密封要求高

海底超大直径盾构隧道的埋层较深，水土压力较大，对盾构相关密封系统配置要求较高。

5）障碍物破除能力要求高

由于隧道沿线存在三段长达 182m 基岩凸起等障碍物，所选盾构需具备高扭矩、高推力、适应大断面复合地层的掘进能力。

6）盾构设备复杂

由于超大直径盾构结构复杂，部件的重量和体积庞大，盾构的选型、运输、安装等难度更大，其配套的临时设施规模及组装更加复杂。

7）抗震要求高

汕头海湾隧道位处环太平洋火山地震带上，是国内首条 8 度抗震设防烈度区建设、结构设计按 9 度抗震设防的海底隧道。

第二节 隧道工程设计

汕头海湾隧道工程从 2008 年开始进行可行性研究，2012 年进入初步设计阶段，2017 年完成施工图设计，共历时 9 年。专家们对方案的可行性进行过激烈的讨论，期间设计方案不断优化。汕头海湾隧道共进行了 11 项专题研究，从断面方案设计、平面设计、纵断面设计、抗震设计等多个方面综合考量，具有多个创新点和大量经验总结。

一、工程设计历程

工程设计过程主要分为三个阶段：工程可行性研究、初步设计和施工图设计。

2008 年 5 月，开始工程可行性研究。

2009 年 8 月，工程可行性研究报告完成，并通过专家审查。

2012 年 5 月，广东省发展与改革委员会对工程可行性研究报告正式批复。

2014 年 10 月，完成初步设计文件编制。

2015 年 1 月，广东省交通运输厅批复初步设计。

2016 年 2 月，与施工单位组成联合体，中标设计施工总承包。

2017 年 5 月，完成第二批施工图设计工作。

2008 年 4 月至 2012 年 5 月，工程可行性研究阶段完成 9 项基础性的专题研究（见表1-2）。

工程可行性研究阶段专题研究汇总 表1-2

序　号	专题研究	批复部门	批复日期
1	工程场地地震安全评价	中国地震局	2008-04-22
2	地质灾害危险性评估报告	广东省地质学会	2009-07-31
3	水土保持方案报告	广东省水利厅	2010-02-04
4	环境影响评价报告	汕头市环境保护局	2010-05-10
5	通航安全评价报告	广东省海事局	2010-06-10
6	海域使用论证报告	汕头市海洋与渔业局	2011-02-21
7	海洋环境影响评价报告书	广东省海洋与渔业局	2011-03-09
8	通航净空尺寸论证报告	广东省交通运输厅	2011-09-29
9	节能评估报告	广东省发展与改革委员会	2012-05-16

2012年5月至2014年10月，初步设计阶段完成了10项专题研究（见表1-3）。

初步设计阶段专题研究汇总 表1-3

序　号	专　题　研　究
1	海潮、台风等自然灾害影响及应对措施
2	水文测验及水文计算分析
3	河势演变及冲刷分析
4	汕头市苏埃通道工程南、北两岸立交方案专题
5	隧道消防减灾技术
6	海底大直径盾构隧道抗震性能研究
7	汕头市苏埃通道工程补充概算定额编制
8	汕头市苏埃通道工程安全性评价专题研究
9	汕头市苏埃通道工程通航安全影响论证报告
10	隧道耐久性、抗渗性能研究

2014年10月至2017年5月，施工图设计阶段完成11项专题研究（见表1-4）。

施工图设计阶段专题研究汇总 表1-4

序　号	施工图设计阶段完成专题研究
1	水下土—岩—孤石混合地层大直径盾构隧道施工技术研究
2	超大直径盾构隧道在强震下动物理模型试验研究
3	多次风险评估理论及应用研究
4	超大直径盾构隧道软土（震陷）加固处理技术研究
5	多准则苏埃通道工程盾构选型研究

续上表

序　号	施工图设计阶段完成专题研究
6	超大直径盾构隧道在强震及海水环境下防水性能试验研究
7	超大直径盾构隧道力学行为研究
8	单管隧道火灾试验研究
9	隧道全寿命周期远程智能健康监测系统研究
10	超大直径盾构隧道概算定额研究
11	苏埃通道工程运营养护系统化管理研究

二、工程建设方案比选

跨海段总体建设方案对全隧道、全桥梁和桥隧结合的建设方案进行比选，考虑到隧道地处 8 度抗震设防烈度区，首先排除了"建人工岛的桥隧结合"方案，随后进行全隧道盾构隧道方案、沉管隧道方案和全桥梁方案的比选，从防洪影响、环境影响、航道影响、防灾救援、防水性能、隧道变形等六个方面进行比较（见表 1-5），最终确定跨海段采用全隧道盾构法施工方案。

工程建设方案综合比选　　表 1-5

项　目	工程建设方案		全桥梁方案
	全隧道方案		
	盾构隧道方案	沉管隧道方案	
防洪影响	两岸盾构井位于岸上，对防洪以及海堤、拦沙堤无影响	施工阶段航道疏浚、基槽开挖、临时堰拆除等工序对海洋环境影响大	对防洪影响小
环境影响	掘进及南岸临时围堰拆除产生抛泥，对环境有一定影响	航道疏浚、基槽开挖、临时围堰拆除等工序对海洋环境影响大，开挖产生的抛泥对环境影响较大	需搭设临时栈桥及施工钻孔灌注桩，对海洋环境有一定的影响
航道影响	施工期对主航道无影响	施工期需对主航道进行两次临时改移	主桥上部采用悬拼施工，需在吊装钢箱梁时适当封闭航道，对航道影响较小
防灾救援	通过车道板下纵向疏散及上下楼梯或滑梯疏散，效果较好	通过中隔廊道纵向疏散或隔壁车道孔疏散，效果较好	桥梁空间敞开，可从两侧桥梁纵向疏散或从相邻桥幅疏散；也可采取其他立体疏散方式，效果最好
防水性能	接头较多，漏水隐患存在	接头少，管段混凝土自防水与 GINA 和 Ω 止水带两道止水，防水性能稳定，效果好	主要为桥面防水
隧道变形	复合地层、8 度抗震设防烈度区、三段基岩凸起，易造成隧道变形、不均匀沉降等	复合地层、8 度抗震设防烈度区、三段基岩凸起、沉管隧道穿越不同土层、沉管隧道已提前预制等，易造成隧道纵向不均匀沉降	易造成桥体不均匀沉降

三、盾构隧道设计方案

1. 横断面设计方案

1）大小两种断面隧道方案

一般情况下，如果盾构隧道断面减小，其埋深可以减小，施工风险降低，造价也得以节省；如果盾构隧道断面增大，埋深就会增大，施工风险会增加，造价会相应提高。因此，海湾隧道对比了大小（两管、三管）两种断面隧道方案，主要考虑基岩侵入隧道情况和防灾应急、抗震等方面（见表1-6）。

两管、三管方案比较　　　　　　　　　　　　　　表1-6

比较项目	两管（大断面）方案（见图1-11）	三管（小断面）方案（见图1-12）
概述	一个洞内设置3个车道，隧道内轮廓直径为13m，盾构外径为14.2m，管片厚0.6m	一个洞内设置2个车道，隧道内轮廓直径为10.2m，盾构外径为11.2m，管片厚0.5m
基岩侵入隧道方面	埋深相对大，断面侵入范围大约为9m，隧道轴线距离为1518m	埋深相对小，断面侵入范围大约为4m，隧道轴线距离为1782m
防灾应急、抗震方面	车道板下中间空间尺寸约为4m×2.8m，设置小型消防车或救援车，用于隧道内消防及救援通道，完全能够满足消防、防灾要求	车道板下中间空间（两侧用于设备管线及下滑通道）尺寸只有1.8m×2.0m，无法设置消防车或救援车通道，难以满足消防、防灾要求

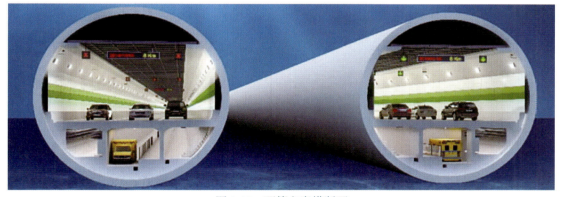

图1-11　两管方案横断面

图1-12　三管方案横断面

从基岩侵入隧道方面考虑，三管方案较两管方案隧道埋深小，但隧道轴线距离比两管长264m。经专家分析，两种方案硬岩侵入隧道施工风险没有本质的区别。

从防灾应急、抗震方面考虑，国内类似水下公路隧道通常约 800m 设置 1 处联络通道，海湾隧道盾构隧道单线长约 3100m，意味着两管、三管方案分别需设置 3 条、6 条联络通道，在淤泥或砂层中联络通道施工风险极大。海湾隧道地处 8 度抗震设防烈度区，在隧道之间设置联络通道，则会形成应力节点，连接处在地震作用下很容易出现裂缝渗漏水甚至受力破坏。因此，取消设置联络通道，但需要考虑消防防灾的要求。

考虑周边地质情况、防灾应急和抗震等因素，海湾隧道最终采用两管（大断面）盾构法方案。

2）二次衬砌结构

（1）由于要保证隧道内部结构的净空，设置二次衬砌结构，在净空尺寸得到确保的前提下，隧道外径至少需增加到 14.7m，会额外增加盾构制造费用、下穿主航道硬岩处理的难度及风险、后期运维等相关工作的难度。

（2）二次衬砌可缓解螺栓的锈蚀，能够提高管环环向接头刚度，但经过抗震计算发现，地震时在二次衬砌上会产生应力集中，致使二次衬砌发生破坏。

综上所述，汕头海湾隧道仅采用单层预制盾构管片，不采用二次衬砌结构。

2. 平面设计方案

通过前期多线位方案的比选研究，最终选定 1 号、2 号线位方案进行比选，如图 1-13 所示。

图 1-13　1 号、2 号线位平面布置示意图

（1）1 号线位在汕头国际集装箱码头西南角龙湖沟入海口处进入海域，以 $R = 5000$m 与 $R = 3000$m 的反向曲线穿越苏埃湾海域。路线全长约 6.8km，该轴线穿越海域宽度约 3.5km。

（2）2 号线位为避开码头，穿龙湖沟后以 $R = 1500$m 曲线形式转入华侨公园，于华侨公园东南角处进入海域，呈直线形式穿越苏埃湾海域，避开珠池港区，南岸顺接规划线位。路线全长约 6.68km，该轴线穿越海域宽度约 3.35km。

初步勘察阶段，在选址附近进行了大量的物探，发现水下硬岩主要分布在南岸及主航道下，之后进行相应的钻探。详细勘察阶段，在南岸及主航道附近进行了大量补勘，发现主航道附近2号线位岩面整体较低，而1号线位岩面整体较高。

具体而言，1号线位隧道入岩长度为436m，侵入隧道内8～12m，南岸下伏基岩凸起范围为700m，局部加密地质纵断面图如图1-14所示；2号线位隧道入岩长度为182m，侵入隧道内4～6m，南岸下伏基岩凸起范围为300m，局部加密地质纵断面图如图1-15所示。

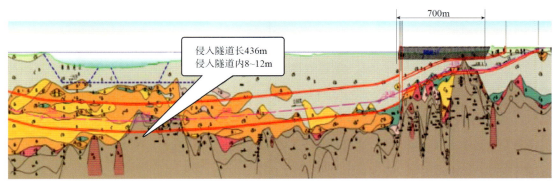

图1-14　1号线位局部加密地质纵断面图

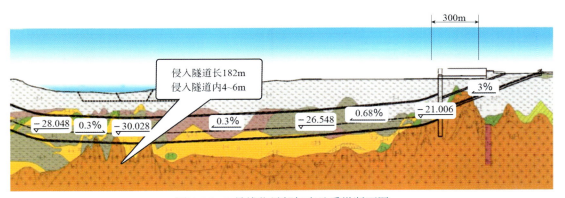

图1-15　2号线位局部加密地质纵断面图

由于盾构在基岩凸起段掘进，对刀盘、刀具非常不利且掘进效率低，相对1号线位，2号线位隧道入岩距离短，同时其隧道长度和穿越海域的长度也更短，因此认为2号线位方案更优。

基于对隧道长度、隧道入岩长度及深度、隧址处孤石、主航道、港池及锚地等因素的综合考虑，最终选择2号线位方案。

3. 纵面设计方案

海湾隧道纵断面设计主要控制要素包括北岸码头及珠江港池、海域内规划3万t级主航道、南岸孤石和海域内海底硬岩等。

1）海域段隧道最大纵坡问题

由于本工程属于一级公路项目，又兼具城市隧道功能，海域段隧道主线最大纵坡为3%、最小纵坡为0.3%，其他段采用城市道路标准执行。

2）南岸孤石处理问题

孤石集中分布在南岸海域，主要分布在强风化花岗岩地层中，且埋深大。为了有效避开孤石，在南岸海域段沿隧道方向设置 1 座 300m 临时围堰，盾构竖井设置于临时围堰内，盾构直接在临时围堰内始发。同时，隧道能尽早出地面，缩短了隧道伸入南岸的长度。

3）海域主航道、硬岩段隧道埋深控制问题

主航道现状高程为-8.884m，规划高程为-11.884m。隧道建成后，主航道百年一遇冲刷极限深度为 2.8m，船舶应急抛锚时锚体的入土深度取值为 4.0m，疏浚施工的允许误差取 1.2m，隧道顶部至规划主航道覆土厚度不小于2.8 + 4.0 + 1.2 = 8.0m。因此，海域主航道段隧道埋深按规划主航道下 8.0m 控制（施工阶段隧道顶至现状海床面为 11m，基本满足施工要求），如图 1-16 所示。

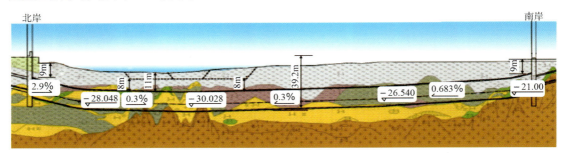

图 1-16 海域段隧道最终纵断面设计

4）盾构始发及接收井隧道埋深控制问题

本工程南北两岸盾构始发及接收端含大量淤泥地层，且淤泥地层自重小。权衡主航道下硬岩段埋深、坡度影响，盾构始发及接收端按 9m 控制。

4. 抗震设计方案

该工程是中国第一条地处 8 度抗震设防烈度区的超大直径海底盾构隧道。鉴于隧道的重要性以及所面临的巨大风险，为了保证隧道运营安全，对其抗震性能展开深入研究，并通过研究解决以下三个方面的问题。

1）隧道结构的抗震能力分析

隧道结构的抗震能力分析包括竖井与盾构连接处、结构跨越地质条件变化区域等重要部位的地震响应，以及隧道接头的消能减震效果。

盾构隧道横向抗震采用反应位移法进行计算。经过计算分析，管片横向抗震计算内力与变形均能满足规范要求。

盾构隧道纵向抗震采用弹性地基梁模型，以梁—弹簧法进行计算。计算模型（见图1-17）按每环 2m 分段，选用三维空间线性梁模拟。隧道环缝以梁单元之间通过旋转弹簧和拉压异性弹簧模拟。每环通过 4 个地层弹簧分别模拟隧道周边土体的约束，地层弹簧只承受压力。隧道盾构段两端采用梁单元模拟竖井，竖井周围有土弹簧约束。

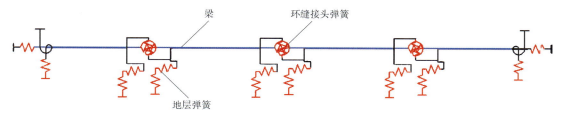

图 1-17　盾构隧道纵向梁—弹簧计算模型

模拟结果显示，地震时盾构井与明挖段、盾构段的连接处是抗震薄弱节点，应采取抗震措施。

2）地震工况下结构的防水处理

地震工况下结构的防水处理包括接头的张开量预测及合理确定防水设计标准。

盾构隧道的防水与抗震是相关联的。如果接头防水的性能比较好，能够满足较大的接头张开量和错缝位移，对抗震的要求就可以低一些。本隧道的最大埋深（到隧道底）为 39.81m，最大水压为 0.4MPa。将隧道的环间张开量集中到预设的柔性接头位置，接头最大张开量达到 49mm，其他地方的接头张开量均小于 15mm，即张开量只是局部大，其他地方小，有利于防水设计，如图 1-18 所示。

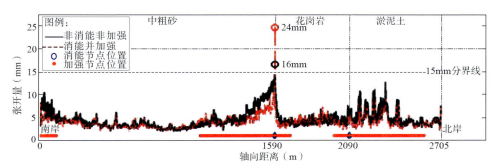

图 1-18　管片接头张开量包络图

经过综合比较，最终确定隧道的防水密封垫应同时满足以下两种工况：

（1）正常工况下，接头最大张开量为 8mm，最大错缝为 10mm。在此变形条件下，材料抗水压能力（使用年限内）应不小于 0.8MPa（安全系数取 2）。

（2）地震作用下，接头最大张开量为 15mm，最大错缝为 10mm。材料抗水压能力不小于 0.65MPa（安全系数取 1.6）。

3）隧道结构抗震消能设计

海底隧道结构位于 8 度抗震设防烈度区，如何进行抗震消能设计？

盾构隧道的抗震措施主要包括三类：第一类是通过地基围岩加固等手段降低周围地基变形；第二类是通过提高管片配筋率和混凝土强度，增大隧道衬砌结构的刚度，抵抗结构变形；第三类是通过设置减震装置，即在隧道中特殊薄弱位置设置减震装置，以降低地震时结构应力集中的情况。

盾构隧道工程中，第一类措施以壁后注浆作为主要手段，第二类措施需要考虑经济性问题，第三类措施则是目前经济性与应用效果综合而言较为理想的常用手段。

与以往传统"硬扛"的抗震技术不同，攻克处于高抗震设防烈度区、基岩凸起、孤石众多等隧道建造领域中的三大世界性技术难题，汕头海湾隧道采用的是"以柔克刚"的柔性抗震办法，采用局部抗震加强+设置消能节点的抗震方案，同时设置 6 个柔性接头，即通过在特殊部位设置柔性节点（特殊环管片），以进行减震消能。

在海中硬岩凸起范围设置 4 道消能减震节点，在盾构与竖井连接处设置 2 道消能减震节点（见图 1-19）。在管片环缝张开量较大处设置消能减震节点，以确保地震时隧道不漏水，其特点是能适应较大变形，当张开量大时可有效防水。加强螺栓布置 3 段，即靠近南岸盾构井、海中硬岩凸起两侧和主航道下淤泥段，合计长度约 1.5km。

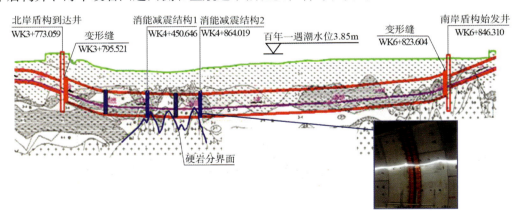

图 1-19 海湾隧道抗震消能节点布置图

消能减震节点设置消能减震结构（见图 1-20），特殊管片中间安装可复位减震止水带，由形状记忆合金 SMA 板和 Ω 止水带组成。

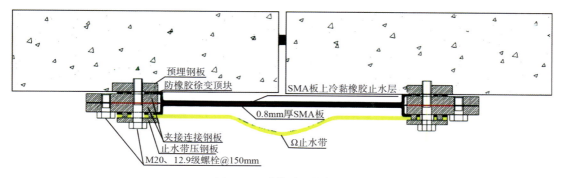

图 1-20　消能减震结构图

特殊环管片中的 SMA 板，具有形状记忆效应、良好的超弹性和阻尼特性。

SMA 板具有超弹性的性能，是良好的减震装置。其最大可恢复的应变为 6%～8%，极限应变为 14%～18%。除此之外，SMA 板能在可恢复的应变内形成滞回曲线，耗散地震所产生的能量，由于超弹性和可复位的特性，SMA 板成为隧道减震节点的理想材料。

因此，在盾构隧道管环薄弱位置设置 SMA 柔性减震节点，目的便是利用柔性减震节点耗散地震能量，实现结构在震后大变形可自复位。

SMA 板（见图 1-21）允许隧道盾构有一定管片变形和接头的张开。当发生地震时，SMA 板会把隧道拉长，它最大的允许张开量是 15mm。在地震过后，它会自动恢复到原来的状态，每处消能减震环上有 144 个 SMA 板，它们可减少地震发生时其他相邻管环普通接头处的环缝张开量，大大提高隧道的地震安全性。

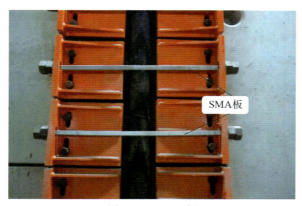

图 1-21　SMA 板

四、工程设计主要标准

1. 线路设计标准

汕头海湾隧道主线及匝道主要技术指标见表 1-7。

主线及匝道主要技术指标　　　　表 1-7

项　目		主线主要技术指标 《公路路线设计规范》 （JTG D20—2006） 《公路隧道设计规范》 （JTG D70—2004）	匝道主要技术指标 《城市道路工程设计规范》 （CJJ 37—2012） 《城市道路交叉口设计规程》 （CJJ 152—2010）
设计速度（km/h）		60	30~40
建筑限界（m）	车道宽度	3.5	3.5
	限界高度	5.0	5.0
	侧向宽度	左侧 0.5，右侧 0.75	路缘带：左侧 0.25，右侧 2.5
	每侧余宽	0.25	0.25
	检修道宽度		0.75
不设置超高的圆曲线最小半径（m）		1500	45
最小平曲线长度（m）		一般值 300，最小值 100	最小值 70
最大纵坡（%）		3.0	6.0
凸形竖曲线半径	一般值（m）	2000	400
	极限值（m）	1400	250
凹形竖曲线半径	一般值（m）	1500	375
	极限值（m）	1000	250
竖曲线长度	一般值（m）	120	40
	最小值（m）	50	25

2. 结构设计标准

汕头海湾隧道主要结构设计标准见表 1-8。

隧道结构设计标准　　　　表 1-8

项　目	指　标
主体结构设计使用年限	100 年
结构设计安全等级	一级
防水等级	二级
车辆荷载等级	公路—I级
抗震设防	结构抗震设防烈度为 8 度，按 9 度抗震设防设计
结构抗浮稳定安全系数	岸边段结构抗浮稳定安全系数： 　　施工期间抗浮稳定安全系数≥1.05； 　　运营期间抗浮稳定安全系数≥1.1，如计入侧壁摩阻，则按≥1.15 考虑。 盾构段结构抗浮稳定安全系数： 　　施工阶段、运营阶段抗浮稳定安全系数≥1.1

续上表

项　　目	指　　标
衬砌结构变形验算	计算直径变形 0.3%D（D为隧道外径）
消防等级	A 级
主体结构耐火等级	防火等级按交通隧道一类，采用 RABT 标准升温曲线测试耐火极限不低于 2h
作用等级标准	隧道北岸明挖段 D 级，隧道海域段及南岸明挖段 E 级
隧道主体结构构件裂缝宽度	≤0.2mm
设计水位	隧道按 100 年一遇水位设计、300 年一遇水位校核，并满足低水位要求

3. 防洪设计标准

根据项目工程可行性研究和初步设计批复，本项目防洪隧道按 100 年一遇水位设计、300 年一遇水位校核，并满足低水位要求。

北岸百年一遇水位高程 2.55m，隧道敞口段场地平整高程 2.16m、敞口段主体结构顶高程 2.96m；近盾构井位置（EK3+700）设置一处防淹门，此处结构外墙外扩 1m，长度 11m。主线下穿长平路后在洞口位置 EK3+081.000 设置一处雨水泵房及跟随所，主线下穿长平路暗埋段最低点（WK2+624.632）设置一处雨水泵房及跟随所。A、B 匝道洞口位置各设置一处雨水泵房。东线防淹门处高程-6.996m，西线防淹门地面高程-6.456m；3 号雨水泵房内底板高程-6.781m，4 号雨水泵房内底板高程-11.666m。

南岸百年一遇水位高程 3.85m，隧道敞口段场地平整高程 3.4m、敞口段主体结构顶高程 4.2m。

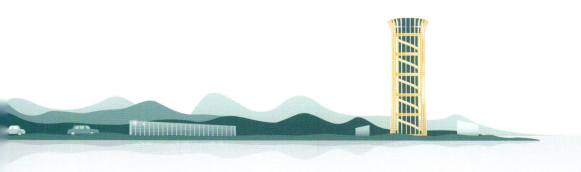

第二章 盾构选型与配置

汕头海湾隧道
复合地层超大直径盾构
施工关键技术研究

RESEARCH ON KEY CONSTRUCTION TECHNOLOGY OF
SUPER-LARGE DIAMETER SHIELD OF
SHANTOU BAY TUNNEL
IN MIXED FACE GROUND CONDITIONS

盾构选型是盾构隧道施工的关键环节，很大程度上影响隧道工程的施工风险、成本和工期。本章将阐述盾构选型的依据和步骤，并通过对国内外超大直径盾构应用的统计分析，结合汕头海湾隧道的超大直径盾构选型特点，对本工程盾构选型及盾构关键配置进行总结。

第一节　盾构选型

一、概述

1. 选型依据

盾构选型的主要依据有：

（1）工程地质与水文地质条件。

（2）隧道沿线地层围岩分类、各类围岩的工程特性、不良地质现象和地层中含沼气状况。

（3）地下水位，穿越透水层和含水砂砾透镜体的水压力、围岩的渗透系数以及地层在动水压力作用下的流动性。

（4）地层参数。表示地层固有特性的参数，主要有颗粒级配、最大土粒粒径、液限 w_L、塑限 w_p、塑性指数 $I_p(I_p = w_L - w_p)$。表示地层状态的参数，主要有含水率 w、饱和度 S_r、液性指数 $I_L[I_L = (w - w_p)/L_p]$、孔隙比 e、渗透系数 k、饱和重度 γ'。表示地层强度和变形特性的参数，主要有不排水抗剪强度 c_u、黏结力 c、内摩擦角（标准贯入度 N、压缩系数 α、压缩模量 E），对于岩层，则有无侧限抗压强度 σ_c、RQD 值等。

（5）地面环境、地面和地下建（构）筑物对地面沉降的敏感度。

（6）隧道尺寸（长度、直径、永久衬砌的厚度）。

（7）工期、造价等。

2. 选型步骤

盾构选型的主要步骤如图 2-1 所示。

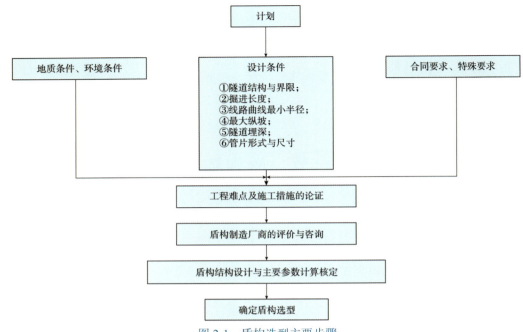

图 2-1　盾构选型主要步骤

二、海底超大直径盾构应用与特点

1. 超大直径盾构应用统计

1994 年，全球第一台超大直径盾构（ϕ14.14m）在日本东京湾横断道路隧道工程中得到应用，截至 2021 年 12 月，近十年全球超大直径隧道盾构数据统计见表 2-1。

全球超大直径盾构数据统计（2010—2021 年）　　　　表 2-1

序号	工 程 名 称	盾构隧道长度（m）	设备直径（m）	机　型	设备制造商	年份
1	南京纬三路过江隧道	南线 4135，北线 3557	14.93	泥水盾构	日本 IHI/日本三菱/中国中交天和	2010
2	上海虹梅南路隧道	3390×2	14.93	泥水盾构	德国海瑞克	2010
3	西班牙塞维利亚公路隧道	2180+1900	14	土压盾构	NFM（2 台）	2010
4	意大利 Sparvo 公路隧道	2600+2564	15.615	土压盾构	德国海瑞克（1 台）	2011
5	美国西雅图 SR99 公路隧道	2825	17.45	土压盾构	日立造船（1 台）	2011
6	扬州瘦西湖隧道	1280	14.93	泥水盾构	德国海瑞克	2011
7	武汉三阳路隧道	2590×2	15.76	泥水盾构	德国海瑞克	2012
8	诸暨县龙山隧道	4800	14.1	土压盾构	中国北方重工	2013
9	新西兰 Waterview 公路隧道	4800	14.46	土压盾构	德国海瑞克（1 台）	2013
10	意大利 Caltanissetta 公路隧道	3900×2	15.08	土压盾构	NFM（1 台）	2013
11	上海 A30 沿江隧道	5090×2	15.43	泥水盾构	德国海瑞克	2014

续上表

序号	工程名称	盾构隧道长度（m）	设备直径（m）	机型	设备制造商	年份
12	上海诸光路隧道	1390	14.45	土压盾构	德国海瑞克	2015
13	香港屯门—赤鱲角隧道	800+4200×2	17.63，14.00	泥水盾构	德国海瑞克（2台）	2015
14	香港莲塘公路隧道	2400×2	14.1	土压盾构	中国北方重工（1台）	2015
15	上海北横通道隧道	6400	15.56	泥水盾构	德国海瑞克	2016
16	珠海横琴三通道	1100×2	14.93	泥水盾构	德国海瑞克	2016
17	深圳春风隧道	4820	15.8	泥水盾构	中国中铁装备	2016
18	意大利 SantaLucia 公路隧道	7500	15.87	土压盾构	德国海瑞克（2台）	2016
19	汕头苏埃海底隧道	3048×2	15.03、15.01	泥水盾构	德国海瑞克、中国中铁装备	2017
20	芜湖城南过江隧道	3850×2	14.93	泥水盾构	德国海瑞克	2017
21	济南黄河隧道	2520×2	15.2	泥水盾构	德国海瑞克	2017
22	南京和燕路过江隧道	2965×2	15.03	泥水盾构	德国海瑞克、中国中交天和	2017
23	日本东京外环（东名—关越）盾构隧道	9099+9155+6976+6986	16.1	土压盾构	JIMT（3台）、川崎重工（1台）	2017
24	澳大利亚墨尔本 WestGate 隧道	2800+4000	15.6	土压盾构	德国海瑞克（2台）	2017
25	上海周家嘴路隧道	2572	14.93	泥水盾构	德国海瑞克	2018
26	南京长江五桥夹江隧道	1159×2	15.46	泥水盾构	德国海瑞克	2018
27	深圳妈湾跨海通道	2060×2	15.5	泥水盾构	德国海瑞克、中国中铁装备	2019
28	长沙湘雅路过江通道	1400×2	14.96	泥水盾构	中国铁建重工	2019
29	武汉和平大道隧道	1390	16.03	泥水盾构	德国海瑞克	2019
30	珠海兴业快线（南段）隧道	1740	15.76	泥水盾构	中国中交天和	2019
31	北京东六环路加宽改造工程	7400×2	15.93	泥水盾构	中国铁建重工、中国中交天和	2019
32	杭州艮山东路隧道	4725	14.93	泥水盾构	德国海瑞克、中国铁建重工	2019
33	杭州下沙隧道	1490×2	14.93	泥水盾构	德国海瑞克、中国铁建重工	2019
34	富阳秦望通道	3689×2	15.8	泥水盾构	德国海瑞克	2019
35	南京建宁西路过江通道	4300×2	14.5	泥水盾构	德国海瑞克	2019
36	深圳沿江高速公路下沉工程	3288	16.1	泥水盾构	中国中交天和	2019
37	格鲁吉亚南北公路隧道	1000	15.08	单护盾 TBM	中国中铁装备（1台）	2020
38	芜湖城南长江隧道	4936×2	15	泥水盾构	德国海瑞克、中国铁建重工	2020
39	汕头海湾隧道	2169	14.57	泥水盾构	德国海瑞克	2020

续上表

序号	工程名称	盾构隧道长度（m）	设备直径（m）	机型	设备制造商	年份
40	广州海珠湾隧道	3500×2	14.50	泥水盾构	德国海瑞克、中国铁建重工	2020
41	金塘海底隧道	1087	14.00	泥水盾构	—	2020
42	珠海隧道	2930	14.50	泥水盾构	中国中铁装备	2020
43	佛山季华路西延线隧道	1472×2	15.43	泥水盾构	中国中铁装备	2020
44	杜洲隧道	979×2	15.01	泥水盾构	中国铁建重工	2020
45	化龙隧道	3740×2	15.10	泥水盾构	—	2020
46	珠江口隧道	3590	13.42	泥水盾构	中国铁建重工	2020
47	两湖隧道	13360	16.07	泥水盾构	中国中铁装备、中国铁建重工、德国海瑞克、上海隧道	2020
48	深圳望海路隧道	5274.2	16.28	泥水盾构	中国中铁装备	2020
49	大浩湖隧道	2645×2	16.01	泥水盾构	—	2020
50	深圳机场至荷坳段改扩建工程	3290×2	18.10	泥水盾构	—	2020
51	上海轨道交通市域线机场联络线	8190	14.13	泥水盾构	上海隧道	2020
52	温州市域铁路轨道交通S2线越江隧道	2664	14.93	泥水盾构	德国海瑞克	2021
53	上海嘉闵线隧道	—	14.05	泥水盾构	上海隧道	2021
54	长沙湘雅路过江隧道	4180	15.01	泥水盾构	中国铁建重工	2021

由表2-1可知，2019年、2020年超大直径盾构隧道项目的数量已相当于前九年的总和（见图2-2），呈现出爆发式上涨的趋势。

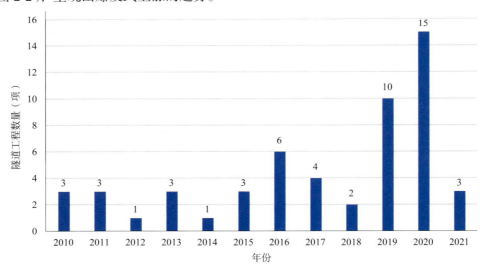

图2-2　国内外超大直径盾构隧道每年建设数量统计图

综上所述，近十年来超大直径盾构的应用逐年增加，且国内的应用数量已超过国外（见图2-3）。泥水盾构与土压盾构已成为超大直径盾构应用最为广泛的两种类型，且以泥水盾构为主（见图2-4）。

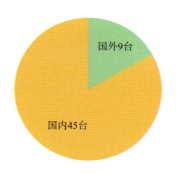

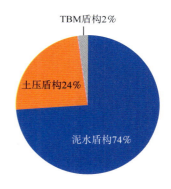

图2-3 国内外超大直径盾构应用数量对比图　　图2-4 国内外超大直径盾构类型占比图

2. 盾构优缺点对比

针对目前盾构隧道施工应用最为广泛的泥水与土压两种类型盾构，主要优缺点对比见表2-2。

泥水、土压盾构主要优缺点对比　　表2-2

比较项目	泥 水 盾 构	土 压 盾 构
切削面稳定性	气垫舱辅助切削面泥水压力波动稳定，需要保证泥浆性能及泥浆循环流量控制，方能保持切削面稳定	切削面土压波动较大，一般需要进行渣土改良、控制出渣量，以保持切削面稳定
地质条件适应性	能适应大多数地层，一般不需要采取特殊土体改良措施，在黏土、粉质黏土地层中易结泥饼，泥浆处理负荷大，废浆多	适用于黏土、粉质黏土或淤泥质土，在砂性土等透水性地层中要有土体改良的特殊措施
控制地表沉降	控制泥浆质量、压力及推进速度，保持送、排泥量的动态平衡	保持土仓压力，控制推进速度，维持切削量与出土量相平衡
隧洞内出渣	使用泥浆泵进行泥浆管路循环形式出渣，效率高	用机车牵引渣车进行运输，由门吊提升出渣，效率低
渣土处理	需要经泥水处理系统分离处理后进行废弃泥浆和渣土外运	一般无须处理，直接外运
刀盘及刀具寿命、刀盘转矩	切削面及土仓中充满泥水，对刀具、刀盘起到润滑冷却作用，摩擦阻力较小，泥浆搅拌阻力较小，其刀盘、刀具磨损较少，刀盘驱动转矩较小	刀盘与切削面的摩擦力大，土仓中土渣与添加材料的搅拌阻力也大，对刀具、刀盘的磨损增大，刀盘驱动转矩比泥水盾构大
隧洞内环境	采用流体输送方式出渣，不需要电瓶车，隧洞内施工环境良好	需电瓶车运送渣土，渣土有可能撒落，相对而言，环境较差
施工场地	在施工地面需配置必要的泥水处理设备，占地面积较大	渣土呈泥状，一般直接外运，占地面积较小
经济性	由于整个隧道需要铺设泥浆管路并在地面设置泥水处理系统，故整套设备购置费及运行维护费用高	只需要出渣电瓶车和配套的门式起重机，整套设备购置费用低

3. 海底隧道盾构选型与配置特点

（1）由于海底隧道所受水头压力大，且地层渗透性往往很强，切削面稳定性差，故所选盾构必须能很好地平衡掘削面的水土压力，保持掘削面的稳定。

（2）海底通道资源有限，一般隧道的断面较大，直径为12~15m，涉及地质复杂，不可避免地要穿越软硬不均地层，故所选盾构必须具备"高扭矩、高推力"的特点，才能够满足复合地层掘进的需要。

（3）由于海底隧道需穿越海域，一般掘进距离长，故所选盾构的刀盘和刀具必须具有足够的强度和耐久性。

（4）在海底隧道掘进过程中常常碰到孤石、基岩凸起等障碍物，而在海底进行开仓去除障碍物的风险极大，因此应选择具有障碍物探测装置和障碍物破碎装置的盾构。

三、盾构选型

1. 地层渗透系数因素

根据传统选型理论（见图2-5），当地层的渗透系数$k<10^{-7}$m/s时，宜采用土压盾构；当地层的渗透系数$k>10^{-4}$m/s时，宜采用泥水盾构；当地层的渗透系数k在10^{-4}~10^{-7}m/s之间时，采用泥水盾构或者土压盾构都可以。

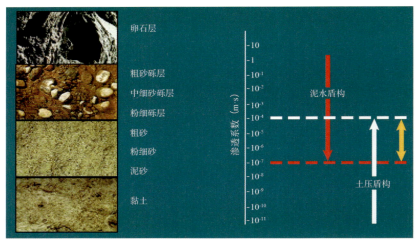

图2-5 地层的渗透性与盾构选型的关系

汕头海湾隧道地层中，中粗砂、砾砂为中密~密实，渗透性较强，渗透系数为7.85~21.5m/d；粉细砂呈松散~稍密状，渗透系数为2.03~4.46m/d；其他地层渗透系数相对较小，在0.06m/d以下。综上所述，本工程适合采用泥水盾构施工。

2. 颗粒级配系数因素

根据岩土颗粒分析与盾构选型的关系（见图2-6），颗粒级配为粗砂、砾石时，主要适用泥水盾构，颗粒级配为淤泥质、粉质黏土时，主要适用土压盾构。当细粒土（粉粒、黏粒）总量小于 40% 时，可采用泥水盾构；当细粒土（粉粒、黏粒）总量大于 40% 时，则适宜选用土压盾构。

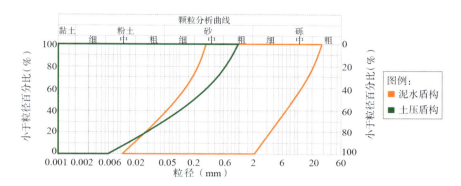

图 2-6　岩土颗粒分析与盾构选型的关系

汕头海湾隧道盾构掘进范围以淤泥、淤泥质土、淤泥混砂为主，占比约 81%，局部小范围夹杂粉细砂、粉细砂、中粗砂，占比约 18%，其中还有 1% 的上软下硬复合地层。总体而言，细粒土（粉粒、黏粒）总量小于 40%，因此，汕头海湾隧道宜优先采用泥水盾构。

3. 地下水土压力因素

当水压大于 0.3MPa 时，如采用土压平衡盾构，则需要增大螺旋输送机的长度，或是采用二级螺旋输送机。若渣土和水处于分离状态，则渣土在螺旋输送机内无法阻塞减压，不能形成土塞效应；即使采用双螺旋设计，一旦螺旋输送机舱门开启出渣，依然会在水压的作用下，发生螺旋输送机喷涌事故，导致切削面压力无法稳定。另外，当渣土改良效果不能满足土塞效应，同时地下水丰富时，即使水压小于 0.3MPa，也不宜采用土压盾构。

在水压大于 0.3MPa 的地层中，由于泥水盾构为封闭式系统，泥水盾构通过控制泥浆环流系统的压力和流量来保持切削面的稳定，降低切削面"失稳"的风险，对于渗透性较大的地层，可以形成有效的泥膜，为切削面提供稳定的支护效果。

汕头海湾隧道底部位于海平面平均潮水位以下 23.2～35.8m，最大水压力可达 0.36MPa，宜采用泥水盾构。

综上分析，汕头海湾隧道最终选择泥水盾构施工。

第二节　盾构配置

汕头海湾隧道通过招标，两条隧道选择了"一中一外"两台盾构（东线：德国海瑞克，西线：中国中铁装备）进行同场竞技。国外超大直径盾构制造技术相对成熟，国内急需在实践中验证攻克关键技术,面对汕头海湾隧道这样的"世界级挑战性工程",不仅要借鉴国外先进的超大直径盾构制造技术,也要在盾构施工实践中正视问题寻找差距。本章主要针对东、西线两台超大直径盾构配置进行详细对比介绍。

一、切削系统

1. 刀盘

1)常压刀盘设计

在超大直径盾构刀盘设计时,有常压刀盘、普通刀盘两种设计方案可选,其特点对比见表2-3。

常压刀盘、普通刀盘特点对比   表2-3

比较项目	常 压 刀 盘	普 通 刀 盘
破岩能力	刀具数量少,正面刀间距较大,破岩能力相对较弱	刀具数量多,正面刀间距合理,破岩能力强
渣土流动性	刀盘中心无开口,面板宽度大,刀盘厚度大,渣土流动较差,易结泥饼	刀盘开口率适中,面板宽度小,刀盘厚度小,渣土流动好
换刀安全性	刀具检查和刀具更换可在常压环境下进行,换刀安全可靠性高	开舱作业需要采取加固、气压等辅助手段,安全风险大
换刀效率	可常压环境下进行检查,刀具更换及刀具检查时间短,效率高	带压或饱和气压作业程序复杂,刀具更换及刀具检查时间长,效率低

常压刀盘会比普通刀盘的造价高,常压刀盘开口率低、中心无开口的因素会在一定程度上增加刀盘中心处结泥饼的风险。但是刀盘结泥饼可以通过优化泥水压力的控制、改善泥浆的均匀性、优化冲刷系统来解决。如果采用普通刀盘,在富水高压条件下带压进舱作业,效率低、风险高,盾构需长时间停机检查及更换刀具,会延长整个项目的工期。

汕头海湾隧道存在孤石、基岩凸起等不良地质,其岩石强度高且岩石磨蚀性指数(CAI值)高达3.5,整条隧道掘进时对刀具的检查和更换频率会大幅增加。

因此,东、西线盾构均采用常压刀盘,有效降低频繁开舱换刀的风险,提高了工程效率。

2)刀盘结构设计

考虑到汕头海湾隧道盾构穿越黏土层、孤石地层、基岩凸起地层等,刀盘需保证其刚度与强度,同时为了满足刀具的布置要求、降低结泥饼的风险,故均选择辐条面板式刀盘。

刀盘采用6主梁+6辅梁的结构形式,6根主梁为箱体式,便于在主梁上安装滚刀、刮刀常压换刀装置,并给作业人员留出常压换刀作业的空间;6根副梁为条状钢结构,上面安装固定式切刀和边刮刀。

考虑到汕头海湾隧道穿越大量孤石及遭遇三段基岩凸起，刀盘采用平面圆角的形式，在圆弧过渡区设置滚刀，破除周边硬岩；同时，刀盘圆角可起到力的缓冲作用，使刀盘受力均匀，避免切削硬岩时产生应力集中，导致盾构产生"栽头""卡死"等现象。东、西线刀盘配置如图2-7、图2-8所示。

图2-7　东线（德国海瑞克）刀盘配置

图2-8　西线（中国中铁装备）刀盘配置

3）刀盘开口率设计

考虑到孤石、三段基岩凸起，为了保证一定的破岩强度，开口率不宜过大，应以20%~30%为宜，但为了防止刀盘结泥饼，特别在复合地层中，开口率也不宜过小。

本工程中德国海瑞克常压刀盘开口率为27%，中国中铁装备常压刀盘开口率为28%。

4）刀盘耐磨设计

隧道断面范围内地层局部夹杂粉细砂、中粗砂，石英含量较大，在切削过程中，粉细砂、中粗砂等砂层在刀具的挤压作用下产生脆性断裂而形成崩碎砂屑，加剧了刀盘及刀具的磨损。

如果刀盘磨损严重，则极易发生刀盘变形、刀盘焊缝断裂等现象。在高水压海底隧道进行刀盘修补风险极高，且盾构需长时间停机，费时费力。

为提高刀盘的整体耐磨性能，一方面应加强刀盘关键部位的耐磨保护措施，另一方面应增设运行状态下的磨损检测装置。

（1）关键部位的耐磨保护措施

东、西线刀盘均加强了关键部位的耐磨保护措施：

①刀盘正面区域，采用20mm厚的Hardox400耐磨板，焊接在刀盘前方的钢结构上。

②刀盘周边区域，采用20mm（10mm+10mm）厚的Vaudit复合合金耐磨条，焊接在刀盘周边的钢结构上。

③刀盘外缘区域，采用 60mm 厚、120mm 宽的 Hardo×400 耐磨板，焊接在刀盘外缘的钢结构上，同时在耐磨板上镶嵌碳化合金条。

④刀盘背部区域，采用 20mm（10mm+10mm）厚的 Vaudit 复合合金耐磨条，焊接在刀盘背部的钢结构上。

⑤刀盘大圆环，采用全环合金耐磨块设计。

⑥刀盘前后面板、刀盘后锥面，采用耐磨复合钢板全覆盖。

图 2-9、图 2-10 分别为西线刀盘面板、大圆环所采取的耐磨措施。

 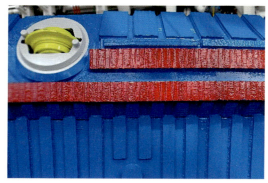

图 2-9　西线（中国中铁装备）刀盘面板耐磨措施　　　图 2-10　西线（中国中铁装备）刀盘大圆环耐磨措施

（2）全面板刀盘磨损检测装置

东、西线刀盘面板上均设置了全面板磨损检测装置，如图 2-11，图 2-12 所示。

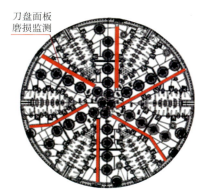 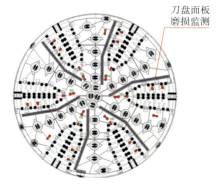

图 2-11　东线（德国海瑞克）刀盘面板磨损检测装置示意图　　　图 2-12　西线（中国中铁装备）刀盘面板磨损检测装置示意图

刀盘前面板设置有 6 条连续磨损检测带，检测装置顶端距离刀盘面板有 20mm、60mm 和 100mm 三种高度，如图 2-13 所示，结合此装置可对盾构刀盘及刀具的磨损情况进行预估。

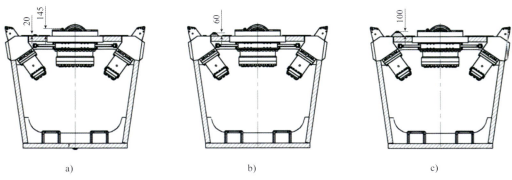

a)　　　　　　　　　　　　b)　　　　　　　　　　　　c)

图 2-13　磨损检测带磨损检测示意图（尺寸单位：mm）

刀盘后面板上也设置了 3 处磨损检测带，可对后部面板的磨损情况进行有效的检测。西线刀盘磨损检测带布置图（正反面）如图 2-14 所示。

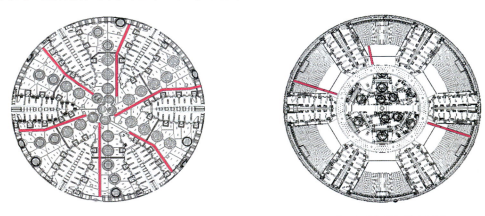

a) 前面板磨损检测带布置图　　　　　　　b) 背面板磨损检测带布置图

图 2-14　西线（中国中铁装备）刀盘磨损检测带布置图（正反面）

5）东、西线刀盘对比

东、西线盾构刀盘参数对比见表 2-4。

东、西线刀盘参数表　　　　　　　　　　　　表 2-4

项目名称	单位	东线（德国海瑞克）常压刀盘参数	西线（中国中铁装备）常压刀盘参数
开挖直径	m	15.01（新刀盘）	15.03（新刀盘）
		14.98（边刀磨损到极限）	15.00（边刀磨损到极限）
旋转方向		正/反	正/反
开口率	%	27	28
分块数量、形式与连接方式		1 个中心块/6 个主臂分块/6 个副臂分块	1 个中心块/6 个主臂分块/6 个副臂分块
刀盘质量	t	530t	570t
常压更换滚刀检测功能		实时旋转检测功能、温度检测功能	实时磨损检测和旋转检测功能、温度检测功能

德国海瑞克常压刀盘与中国中铁装备常压刀盘的主要区别为刀盘质量及常压更换滚刀检测功能。德国海瑞克常压刀盘配有常压更换滚刀实时旋转检测功能，中国中铁装备刀盘在海瑞克刀盘的基础上增加了实时磨损检测功能。在刀盘质量方面，由于中国中铁装备盾构的结构板比海瑞克盾构厚 10mm，常压滚刀数量多两个刃，同时中国中铁装备刀盘直径 15.03m 也比德国海瑞克的 15.01m 大，故中国中铁装备刀盘（570t）比德国海瑞克刀盘（530t）重 40t。

2. 刀具

1）刀具布置

刀具的布置方式需要充分考虑工程地质情况，进行针对性设计。不同的工程地质特点，采用不同的刀具配置方案，以获得良好的切削效果和掘进速度。盾构刀盘刀具配置如图 2-15 所示。

图 2-15 盾构刀盘刀具配置实物图（中国中铁装备）

2）刀具配置

由于东、西线刀盘刀具配置类似，此处以西线盾构刀盘刀具配置为例进行叙述，刀具采用立体式布置方式，刀具类型包括滚刀、刮刀、超挖刀等。

（1）滚刀

滚刀可在常压下更换且滚刀可与撕裂刀互换。项目所有滚刀都配备有磨损监测装置，还安装了 DCRM（滚刀旋转监测）系统。

①正面滚刀设计

采用常压更换双轴双刃的设计可以充分发挥 19 英寸滚刀的破岩能力。双轴双刃滚刀的每一个刀圈均由一根独立的轴支撑，而单轴双刃滚刀则是两个刀圈由一根连通的轴支撑，如图 2-16、图 2-17 所示。工程实践中，存在由于掌子面岩石强度高，单轴双刃滚刀出现断轴的情况。

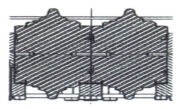

图 2-16　双轴双刃滚刀　　　　图 2-17　单轴双刃滚刀

②中心滚刀设计

由于中心部位空间尺寸的限制，只能采用 17 英寸的滚刀。每个刀刃最大能够承受 267kN 的推力。由于中心部位的滚刀线速度低，17 英寸滚刀在中心部位的破岩能力可以满足需求。

③边缘滚刀设计

刀盘周边滚刀工作条件恶劣，容易损坏，故采用 19 英寸单刃滚刀，以确保滚刀具有足够的刚度和破岩能力。

④滚刀与齿刀互换性设计

在相对偏软的岩层中，相较于滚刀，齿刀的切削能力更好且不容易发生偏磨。滚刀较齿刀更加适合坚硬的岩层。

为了提高刀具对本工程多种地质的适应性，可实现滚刀与齿刀的互换。

（2）刮刀

刮刀：合金采用银钎焊形式，硬质合金采用 KE13 材料，从刀盘边缘至中心安装部位为连续轨迹布置设计。错刃布置有利于在砂质黏性土、全风化岩、强风化岩中切削。部分刮刀可实现常压更换（见图 2-18），常压刮刀可在刀梁内实现常压更换，与带压更换刮刀间隔布置，在安装范围内轨迹连续。

边刮刀结构分为刀体、硬质合金和耐磨层，整体呈弧形。硬质合金采用 KE13 材料。边刮刀不仅可以清理外围开挖的渣土，还可以有效防止刀盘大圆环的直接磨损。

汕头海湾隧道主要地层为软土，针对性采用宽体刮刀，不仅可以增强刀具自身的刚度、耐冲击能力，还可以减少开挖渣土细颗粒的产生，减少泥水分离系统的负担。由于空间和结构的限制，不能把所有的刮刀均设计为可常压更换式的，但是常压更换刮刀可以实现整个开挖面的开挖，并且每相邻两把刮刀之间还设计有合理的重叠宽度，以避免在刮刀两侧磨损后不能形成完整的开挖面。

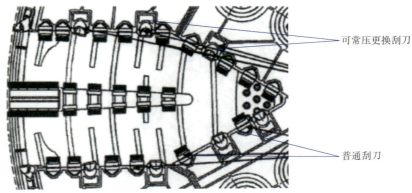

图 2-18　刮刀设计

（3）超挖刀

因有刀盘主驱动伸缩摆动，东线海瑞克没有超挖刀。但西线设计有超挖刀（见图 2-19），配合刀盘主驱动伸缩摆动一起实现超挖。

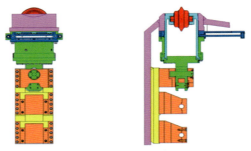

图 2-19　超挖刀示意图

3）刀具超前量和分层设计

设计的刀具超前量和分层数如图 2-20 所示。

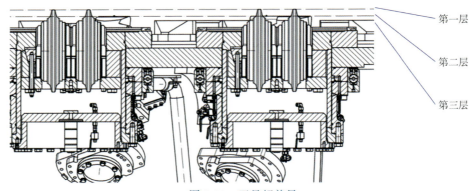

图 2-20　刀具超前量

由图 2-20 可以看出，共分为三层：

第一层：滚刀（或更换的齿刀），超前量为 225mm。其主要原因是所有的滚刀（或齿刀）均可以从刀盘内部在常压条件下更换。

第二层：可常压更换刮刀、需带压更换刮刀和边刮刀，超前量为185mm。

第三层：刀盘钢结构磨损监测装置，超前量为120mm。

从上面的数据可以看出，原则是可常压更换的滚刀最超前，其次为刮刀，最后才是刀盘钢结构的最后防线——刀盘磨损监测。在这样的原则下，各种刀具可以充分发挥作用，最大限度地降低刀盘、刀具的损坏风险。

4）刀盘刀间距设计

刀盘一共设计有77个刀具轨迹，最外轨迹有两个刃，其余轨迹为一个刃，共78个刃。如图2-21所示，中心滚刀受空间限制刀间距为120mm；次中心区域受空间限制减弱，正滚刀大部分刀间距为100mm，沿刀盘径向受常压换刀装置掣肘作用减弱，同时间隔布置有80mm等小刀间距。

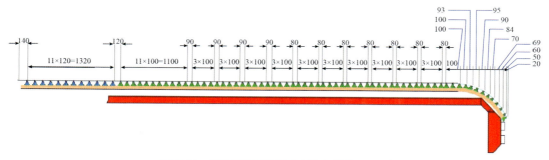

图2-21 滚刀刀刃轨迹图（尺寸单位：mm）

5）东、西线刀具配置对比

东、西线刀具配置对比见表2-5。

东、西线刀具配置对比表　　　　　　　　　　　表2-5

项目名称	单位	德国海瑞克盾构参数	中国中铁装备盾构参数
1. 滚刀			
中心滚刀数量/直径/刀高	刃/英寸/mm	12/17/225	12/18/225
最大工作荷载	kN	267	280
正滚刀数量/直径/刀高	刃/英寸/mm	52/19/225	54/19/225（双轴双刃）
边滚刀数量/直径/刀高	刃/英寸/mm	4（双轴双刃）/19 3（单刃）/19	10/19/225（双轴双刃） 2/19/225（单刃）
滚刀最大工作荷载	kN	315	315
滚刀安装方式		整体背装式	双楔块+拉紧块螺栓安装
正滚刀刀间距	mm	100	80/90/100
边滚刀刀间距	mm	58.1/59.4/67.8/76.1/83.4/89.6/94.5/97.7	100/93/95/90/84/70/69/60/50/20

续上表

项 目 名 称	单 位	德国海瑞克盾构参数	中国中铁装备盾构参数
1. 滚刀			
中心刀刀间距	mm	130	120
扩挖刀数量/扩挖量	把/mm	不适用	1/40
可常压更换刀具类型及数量	把	6（17英寸双轴双刃） 30（19英寸双轴双刃） 3（19英寸单刃）	6（18英寸双轴双刃） 32（19英寸双轴双刃） 2（19英寸单刃）
2. 刮刀			
刮刀数量/刀高	把/mm	（常压）48/185 （带压）153/185	（常压）48/185 （带压）162/185
3. 边刮刀			
边刮刀数量/刀高	把/mm	12 套	48/185

6）刀具磨损检测

为加强刀具管理，所有滚刀均配备刀具磨损检测装置，东线（德国海瑞克）盾构采用泄压点内置液压油管检测，西线（中国中铁装备）盾构采用电涡流传感器检测。东、西线滚刀磨损检测原理对比见表2-6。

东、西线滚刀磨损检测原理对比　　　　　　　　　　　　　　表2-6

类型	东线（德国海瑞克）	西线（中国中铁装备）
	泄压点内置液压油管检测	电涡流传感器检测
滚刀磨损检测原理	泄压点内置液压油管并充满具有设定压力的液压油，每一个辐臂的泄压点液压管连接在一起，形成一个单元。一旦一个单元中的任一个泄压点磨损而导致液压油泄漏施压，控制室将有指示该辐臂的编号。刀具维护人员即可进入此辐臂中，逐一检查每一个泄压点的油压，直到找到磨损的那一个，并进行更换作业	通过安装在刀箱上的电涡流传感器和磁开关传感器分别测量滚刀实际的磨损量和滚刀的转动。在刀盘回转中心处放置有传感器集线器，负责向传感器供电，并将传感器信号转换为通信信号，集线器电源及通信总线通过电滑环和盾构控制系统相连

此处以西线常压换刀实时磨损为例进行叙述。涡流传感器安装在滚刀刀箱内，滚刀转动时，滚刀的外圈与涡流传感器的距离不断变化进而产生信号，涡流传感器中的信号经过测量电路的放大、检波、信号调理后变成数字信号，数字信号利用天线以无线信号的方式传输至路由中端，路由中端采用电缆传输以有线的方式传输至主控室，通过上位机监控系统可以实时监测滚刀的磨损状态。盾构内监控的磨损信息传输至大数据平台，可以通过个人计算机、平板电脑、手机终端来查询磨损的状态信息。

常压更换滚刀实时磨损检测及旋转检测如图2-22所示。

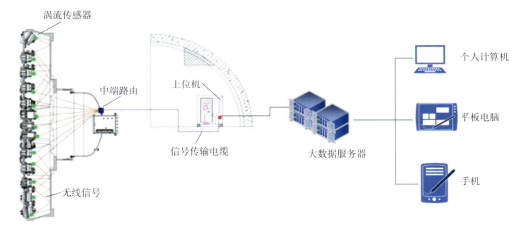

图 2-22 常压更换滚刀实时磨损检测及旋转检测

传感器布置如图 2-23 所示。现场安装常压滚刀检测传感器如图 2-24 所示。

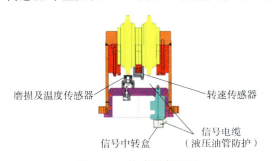

图 2-23 传感器布置图

图 2-24 现场安装常压滚刀检测传感器

滚刀磨损检测信号传递路线如图 2-25 所示。

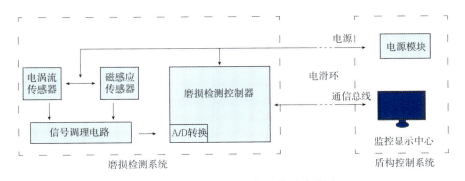

图 2-25 滚刀磨损检测信号传递路线图

电涡流传感器安装在刀箱内，正对滚刀刀圈测量，不同的磨损形式，其在系统中反馈的曲线各有特征。

（1）滚刀正常磨损

当滚刀磨损量加大时，可视为滚刀与传感器间距加大，从而引起传感器输出电压值的变化，随着滚刀自转及绕盾构刀盘公转，表现为趋势较明显的上下波动曲线，如图 2-26 所示。

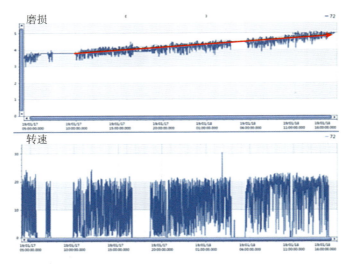

图 2-26　滚刀正常磨损特征识别曲线图

（2）滚刀回退

滚刀回退，可视为滚刀与传感器间距一直变小，此时会出现连续下降趋势的曲线，如图 2-27 所示。

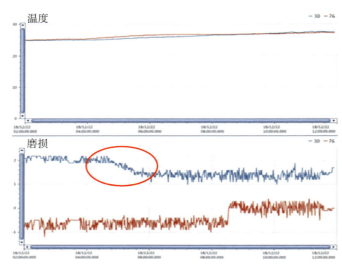

图 2-27　滚刀回退特征识别曲线图

（3）滚刀偏磨

滚刀偏磨，表现为刀圈周围磨损量不均匀。由于磨损量不均匀，某一区域磨损量较大时，滚刀与传感器的上下峰值之差会明显增大，出现类似如图 2-28 所示的曲线。

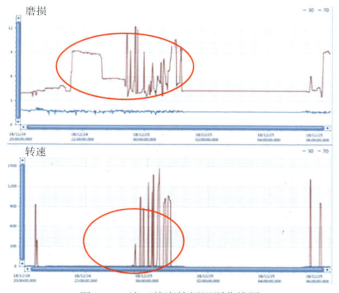

图 2-28　滚刀偏磨特征识别曲线图

7）常压滚刀旋转检测

滚刀旋转状态检测系统利用电磁感应原理来实现对滚刀旋转状态的采集，即在滚刀的刀体边缘上布置磁铁，在刀座上安装铁芯（探头，见图 2-29），滚刀旋转时，铁芯周围会产生变化的磁场，铁芯与磁场之间还存在相对的运动。常压换刀装置中的旋转状态检测传感器如图 2-30 所示。

图 2-29　滚刀旋转状态检测装置探头

图 2-30　常压换刀装置中的旋转状态检测传感器

根据法拉第电磁感应定律，导体在磁场中切割磁感线势必会产生感应电流（电压）；磁铁与铁芯的位置越近，铁芯周围的磁场越强，同样速度下切割磁感线产生的感应电流（电压）也越大，可以据此判断滚刀的旋转状态。

如果产生的感应电流（电压）基本为零且没有起伏，则滚刀没有转动；如果产生的感应电流（电压）呈周期性脉冲状，则滚刀处于转动状态。转动速度越快，则电流（电压）

的幅值越高，脉冲的频率也越高。

8）常压刀具回退检测系统

盾构在掘进过程中，发生常压刀具内部螺栓断裂时，施工人员不易察觉，刀具会产生回退现象。通过采用常压刀具回退检测系统，常压刮刀回退情况可以得到及时检测、处理。图 2-31 为常压刀具回退检测装置。

图 2-31　常压刀具回退检测装置

二、推进系统

1）推进液压缸设计

目前，推进液压缸的分区形式一般有四分区形式、五分区形式和六分区形式。四分区形式最简单且便于控制，而六分区形式一般在 ϕ15m 以上的大直径盾构中使用。汕头海湾隧道盾构推进液压缸的分区采用六分区形式（见图 2-32）。

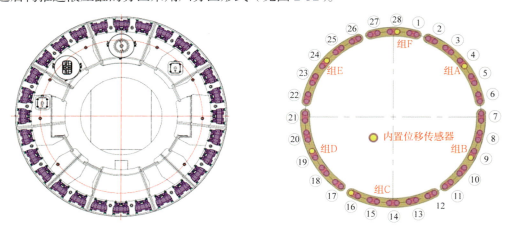

图 2-32　汕头海湾隧道盾构液压缸分布图

推进液压缸直接顶在舱板后部。每组液压缸均有独立的撑靴，推进时，各自独立进行压力调节。

盾构掘进时的姿态主要由推进系统来控制，通过控制不同分区液压缸之间的推力，使盾构姿态保持稳定并沿着隧道设计轴线掘进。

盾构液压推进系统单纯的压力控制方法或速度控制方法会引起流量的剧烈波动，从而导致推进速度及推力不稳定。因此，盾构掘进过程中需要实现对压力和流量的共同控制。

目前，常用的盾构液压推进系统的控制方式有两种。

第一种控制方式：采用变量泵供油，由流量控制阀控制系统流量，压力控制阀稳定系统工作压力。系统的输出压力等于推进系统液压缸推进所需压力与电磁比例调速阀工作所需压力的差值，并且液压推进系统每个分区液压缸的控制方式一样。

第二种控制方式：由减压阀控制液压缸的压力和流量。液压推进系统由变量泵供油，变量泵向比例减压阀输出液压油，多余的油液通过旁路的节流阀流回油箱。

第一种控制方式有压力控制阀和流量控制阀，不仅仅可以完成各分区液压缸的压力控制，还可以实现推进速度的控制，控制变量也比第二种多，因此采用第一种控制方式。

推进液压缸采用分组设计，掘进时每组液压缸能够单独控制，可更好地对盾构姿态进行调整和控制。每一分组液压缸中均配置有行程传感器，可为盾构姿态提供相应的参考数据。在拼装模式下，每对液压缸可以单独控制。

2）纠滚

盾构在上软下硬复合地层中掘进，由于刀盘扭矩较大，设备容易出现主机滚转趋势，通过调整推进液压缸浮动支撑调节液压缸安装角度进行反向纠滚，如图 2-33、图 2-34 所示。

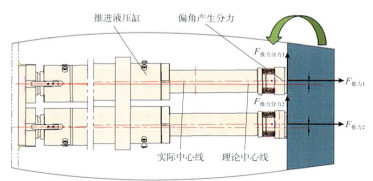

图 2-33　推进液压缸调整状态图

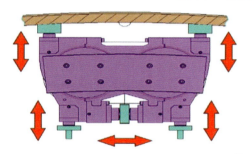 

图 2-34　推进液压缸浮动支撑

另外,浮动支撑形式,可有效地防止液压缸在较大侧向力的情况下造成量程损坏。

3)盾构推力计算

(1)推阻力估算

西线(中国中铁装备)盾构设计最大推力 222200kN,东线(德国海瑞克)盾构设计最大推力 219450kN。

(2)主机摩擦力 F_1

$$\begin{aligned} F_1 &= \pi L_1 D_1 \mu_1 (P_0 + P_2 + P_3 + P_0')/4 \\ &= 3.14 \times 15.01 \times 14.032 \times 0.15 \times (106.8 + 76.9 + 139.5 + 193.8)/4 \\ &\approx 12822 \text{kN} \end{aligned}$$

(3)掌子面迎面阻力 F_2

$$\begin{aligned} F_2 &= \frac{\pi D_2^2}{4}(P_d + P_w) \\ &= \frac{3.14 \times 15.01^2}{4} \times (108.2 + 299.5) \\ &\approx 72106 \text{kN} \end{aligned}$$

(4)尾刷段与管片间摩擦力 F_4

$$\begin{aligned} F_4 &= n_1 G_2 \mu_1 + \pi D_3 b P_{\text{油脂}} n_2 \mu_1 \\ &= 2 \times 817 \times 0.15 + 3.14 \times 10.5 \times 0.2 \times 600 \times 4 \times 0.15 \\ &\approx 2619 \text{kN} \end{aligned}$$

(5)后配套摩擦力 F_5

$$F_5 = G_3 \mu_2 = 1500 \times 0.15 = 225 \text{kN}$$

估算总推力:

$$\begin{aligned} F_{\text{总}} &= F_1 + F_2 + F_3 + F_4 + F_5 \\ &= 12822 + 72106 + 472.3 + 2619 + 225 \\ &\approx 88244.3 \text{kN} \end{aligned}$$

以上式中,D_1 为盾体直径;D_2 为开挖直径;D_3 为管片外径;G_2 为环管片质量;G_3 为后配套质量;n_1 为盾尾内管片环数(不包括尾刷段);n_2 为盾尾刷道数;b 为尾刷与管片接触长度;L_1 为主机壳体长度;μ_1 为金属与土体间摩擦系数;μ_2 为后配套滚动摩擦系数;P_d 为隧道中心土压;P_w 为隧道中心水压;P_0 为顶部土压;P_2 为顶部侧向土压;P_3 为底部侧向土压;P_0' 为底部土压;$P_{\text{油脂}}$ 为盾尾油脂压力。

东、西线盾构设计推力 220000kN,大于估算总推力 88244.3kN,满足使用要求。

三、主驱动系统

汕头海湾隧道盾构刀盘主驱动采用变频电驱形式。为确保驱动单元运行安全可靠,配置有扭矩限制器,当过载发生时,可快速有效反应,起到保护减速机、主轴承、小齿轮等关键部件的作用。

1) 刀盘主驱动摆动式球铰设计

为克服基岩凸起引起的偏载问题,减少孤石对刀盘和主轴承的冲击,降低滚刀的非正常磨损量,盾构刀盘在结构设计时充分考虑了结构强度,确保在偏载受力情况下有足够的安全系数。主驱动设计有摆动式球铰(见图 2-35),在刀盘受力不均的情况下,主驱动受力可进行主动调整。同时,盾构的主轴承设计为ϕ7.6m 重载轴承,抵抗偏载能力强。

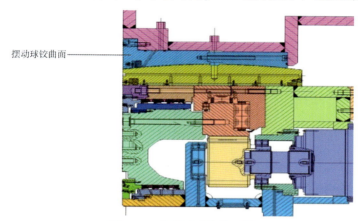

图 2-35　主驱动球铰截面图

2) 刀盘主驱动伸缩摆动设计

为实现常压换刀,确保换刀时新刀拥有足够的安装空间,盾构主驱动采用伸缩摆动式设计(见图 2-36),利用伸缩摆动功能实现超挖,便于更换弧形轨迹区域刀具。同时,该方式主驱动系统允许刀盘缩回一定距离(见图 2-37),为刀盘前面腾出一定空间,从而使得刀盘维护更便捷,也可防止刀盘被卡。

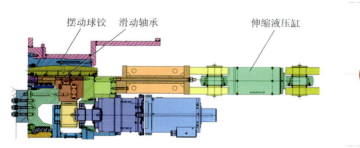
图 2-36　主驱动伸缩摆动结构图

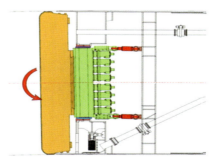
图 2-37　主驱动伸缩摆动示意图

3) 扭矩设计

(1) 盾构扭矩设计

西线(中国中铁装备)盾构主驱动脱困扭矩 58006kN·m,东线(德国海瑞克)盾构主驱动脱困扭矩 63630kN·m，为盾构掘进基岩提供了强劲的动力。

（2）盾构及载荷边界条件

刀盘主要承受主驱动的驱动扭矩和掌子面的土压力。经计算可知，取掘进推力 2184t，扭矩取主驱动扭矩 56370kN·m。

（3）驱动总扭矩计算

①滚刀切削扭矩：

$$T_1 = \frac{1}{2} \times 0.59 R_1 N F_{滚刀} \mu_3$$

$$= \frac{1}{2} \times 0.72 \times 7.53 \times 78 \times 280 \times 0.1$$

$$\approx 5920 \text{kN} \cdot \text{m}$$

②软土刀具切削扭矩：

$$T_2 = \frac{1}{2} \times \frac{1}{2} P_1 h_1 R_1^2$$

$$= \frac{1}{2} \times \frac{1}{2} \times 25 \times 0.01 \times 7.53^2$$

$$\approx 3.5 \text{kN} \cdot \text{m}$$

③主轴承周向滚子摩擦扭矩：

$$T_3 = G_1 R_2 \mu_1$$
$$= 4700 \times 3.62 \times 0.004$$
$$\approx 68 \text{kN} \cdot \text{m}$$

④主轴承轴向滚子摩擦扭矩：

$$T_4 = \left[\frac{1}{2} N F_{滚刀} + \frac{1}{2} \pi R_1^2 (P_0 + P_w) \alpha \right] R_3 \mu_1$$

$$= \left[\frac{1}{2} \times 78 \times 280 + \frac{1}{2} \times 3.14 \times 7.53^2 \times (108.2 + 299.5) \times 0.72 \right] \times 3.5 \times 0.004$$

$$= 519 \text{kN} \cdot \text{m}$$

⑤驱动密封摩擦扭矩：

$$T_5 = 2\pi R_4 F_s n_1 \mu_2 R_4 + 2\pi R_5 F_s n_2 \mu_2 R_5$$
$$= 2 \times 3.14 \times 3.63 \times 1.5 \times 4 \times 0.2 \times 3.63 + 2 \times 3.14 \times 2.93 \times 1.5 \times 4 \times 0.2 \times 2.93$$
$$\approx 164 \text{kN} \cdot \text{m}$$

⑥刀盘面板摩擦扭矩：

$$T_6 = \frac{1}{2} \times \frac{2}{3} \pi \alpha \mu_3 R_1^3 P_{d1}$$

$$= \frac{1}{2} \times \frac{2}{3} \times 3.14 \times 0.72 \times 0.15 \times 7.53^3 \times 61.1$$

$$\approx 2949 \text{kN} \cdot \text{m}$$

⑦刀盘圆环摩擦扭矩：

$$T_7 = 2\pi R_6 B \frac{P_0 + P_2}{4} \times \mu_3$$
$$= 2 \times 3.14 \times 7.46^2 \times 0.52 \times \frac{106.8 + 76.9}{4} \times 0.15$$
$$\approx 1252 \text{kN} \cdot \text{m}$$

⑧驱动总扭矩：

$$T_\text{总} = T_1 + T_2 + T_3 + T_4 + T_5 + T_6 + T_7$$
$$= 5920 + 3.5 + 68 + 519 + 164 + 2949 + 1252$$
$$= 10875.5 \text{kN} \cdot \text{m}$$

以上式中，P_1 为土体天然抗压强度，按淤泥混砂进行选取；P_{d1} 为隧道中心土压；P_w 为隧道中心水压；P_0 为顶部土压；P_2 为顶部侧向土压；h_1 为最大贯入深度；R_1 为开挖半径；R_2 为圆周滚子分布半径；R_4 为外密封半径；R_5 为内密封半径；R_6 为大圆环外径；B 为大圆环宽度；N 为滚刀刃数；$F_\text{滚刀}$ 为滚刀承载力；μ_1 为滚子摩擦系数；μ_2 为密封与金属摩擦系数；μ_3 为土体与金属摩擦系数；G_1 为刀盘重力；F_s 为密封单位长度压紧力；n_1 为外密封数量；n_2 为内密封数量；α 为刀盘不开口率。

（4）设计扭矩

主驱动恒功率曲线（转速—扭矩）如图 2-38 所示。

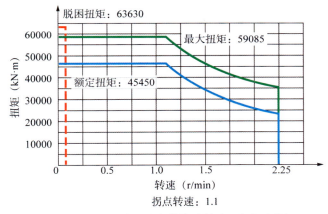

图 2-38 主驱动恒功率曲线（转速—扭矩）图

设计额定扭矩为 37580kN·m，有一定富裕量。

（5）驱动功率计算

由计算知，在软土地层中，刀盘掘进所需扭矩 $T = 14796 \text{kN} \cdot \text{m}$，取刀盘转速 1.5r/min，由公式 $T = 9550 P/n$ 计算功率消耗约为 2324kW。电驱效率按照 0.9 考虑，则实际消耗功率为 $2324/0.9 = 2582 \text{kW}$。

由计算知，在上软下硬地层中，刀盘掘进所需扭矩 $T = 11510\text{kN}\cdot\text{m}$，取刀盘转 1.5r/min，由公式 $T = 9550P/n$ 计算出功率消耗约为 1808kW。电驱效率按照 0.9 考虑，则实际消耗功率为 1808/0.9 = 2009kW。

设备配置功率为 5250kW，有较大富裕量。

四、密封系统

1. 主驱动密封

主驱动包括两套密封系统：外密封为开挖舱方向的密封，内层密封为常压换刀舱侧的密封。

1）外密封

外密封把主轴承与外面承压的开挖舱隔开。密封类型为大直径轴密封，共有多层唇形密封和一个迷宫密封，从而形成多个分隔的区域（见图 2-39）。密封作用在一个表面硬化处理过的耐磨圈上，该耐磨圈为第一层唇形密封提供了可变的接触面。

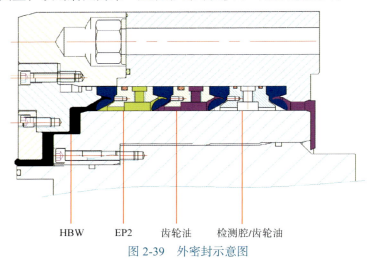

图 2-39　外密封示意图

向齿轮箱一侧的密封为特殊的轴形密封，可以承受齿轮腔的压力。外层密封直接从主轴承前部安装以确保径向的系统偏差。密封附带有连续油脂润滑和泄漏监测系统。

2）内密封

内密封也是多层唇形密封和一个前导的迷宫密封，从而形成多个分隔的区域，通常情况下为常压密封，密封的润滑在日常维护时集中以半自动方式进行（见图 2-40）。内密封的设计同样与外密封设计一致，密封作用在一个表面硬化处理过的耐磨圈上，该耐磨圈为第一层唇形密封提供了可变的接触面。

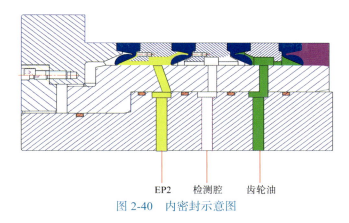

图 2-40 内密封示意图

刀盘腔体为常压模式时且齿轮室不加压情况下,第三道腔作为检测腔,则前两道需要间断性注油脂使唇口充分润滑,第四道腔作为齿轮油腔,维持一定高度油量,使后部两道唇口充分润滑。

2. 盾尾密封

盾尾密封采用 5 道钢丝刷和 1 道钢板束的组合设计(见图 2-41),尾刷腔内设计有盾尾油脂注入通道,可利用这些通道注入油脂形成可靠的密封油环,以保证盾尾密封的密封性能。同时,盾尾末端外侧还布置有一道止浆板,可以有效地防止砂浆前串和地下水后串影响注浆效果。前面可更换处尾刷采用螺栓连接方式,洞内可实现两道尾刷的更换。

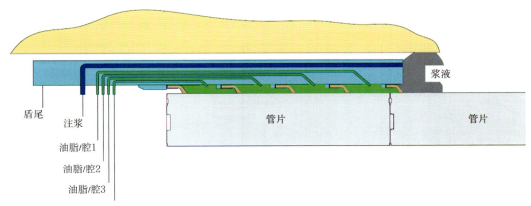

图 2-41 盾尾密封示意图

盾尾油脂系统的作用是通过与盾尾刷配合,抵抗外部压力。盾尾油脂系统主要包括气动柱塞泵、气动球阀、压力传感器以及其他控制元件等。

五、冲刷系统

1. 刀盘、刀具冲刷

刀盘中心面板区域设计有多路冲刷喷口,喷口方向为刀盘径向方向,既不会对掌子面泥膜造成损坏，又能有效地缓解常压刀盘面板开口区域小、中心区域无开口而引起的渣土滞留问题，降低刀盘中心面板泥饼的形成概率（见图2-42）。

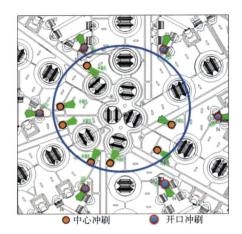 

图2-42　刀盘中心部位冲刷布置简图

另外，为防止由于刀盘开口溜渣不畅引起的刀盘泥饼，刀盘设计有相应的刀盘开口冲刷，可有效地防止开口堵塞，降低刀盘泥饼形成概率。中心面板冲刷布置和模式如图2-43、图2-44所示。

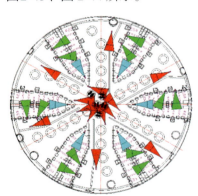 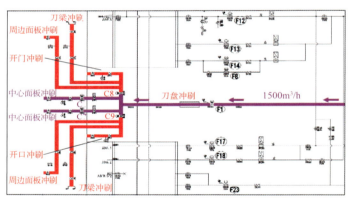

图2-43　刀盘冲刷布置简图　　　　　　图2-44　刀盘冲刷模式图

刀盘泥浆冲刷系统主要由P0.1泥浆泵、液动球阀、流量计、单向阀、手动球阀、分流块和管路等组成，如图2-45、图2-46所示。刀盘区域的冲刷泥浆均由P0.1泥浆泵增压后供浆，P0.1泵电机驱动功率为355kW，最大冲刷流量1500m^3/h。刀盘上设置的冲刷喷口分别有7路中心面板冲刷、6路刀梁开口冲刷、6路周边面板冲刷和7路刀梁冲刷（预留），通过冲刷管路上的液动球阀开关实现中心面板、左侧和右侧共三个区域的切换和组合冲刷，以增加冲刷针对性和地层适应性，降低常压刀盘中心结泥饼的概率。

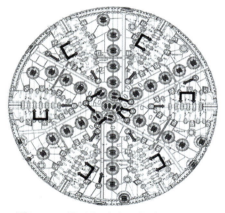
图 2-45　德国海瑞克盾构冲刷系统图

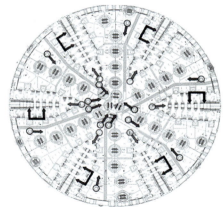
图 2-46　中国中铁装备盾构冲刷系统图

2. 主机段多层级冲刷

在主机段泥水舱、气垫舱底部设计了泥浆门前部冲刷、泥浆门后部冲刷、破碎机前部冲刷、格栅前部冲刷、格栅内部冲刷等多道泥浆冲刷（见图 2-47），可有效地对底部渣土进行扰动，降低滞排的概率。

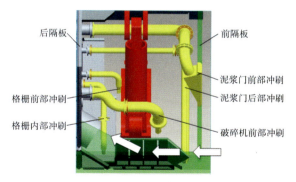
图 2-47　主机段冲刷布置图

盾构掘进时，特别是始发过孤石或遇到长达 180m 三段基岩凸起时，滚刀磨损量大大增加，破岩能力降低，导致切削下来的岩砾粒径较大，如不加处理直接由泥浆管排出，则极易造成堵塞，导致盾构无法继续掘进。

为解决上述问题，东、西线盾构均配备具有摆动功能的破碎机，在破碎岩块的同时对气垫舱底部渣土进行搅动，减少岩渣沉积导致的滞排问题。当采用破碎机等装置处理后，排泥管路基本无大颗粒岩石，可有效降低管道的负荷，减少管道磨损，提高出渣系统的安全稳定性。

利用大流量冲刷系统，在泥水舱和气垫舱底部，由前到后布置泥浆门前部冲刷（P0.2 泵增压冲刷）、泥浆门后部冲刷（P0.1 泵增压冲刷）、破碎机前部冲刷、格栅后部冲刷（P0.3 泵增压冲刷）、格栅前部冲刷（P0.3 泵增压冲刷），且各喷口冲刷浆液覆盖气垫舱下部纵断面（见图 2-48、图 2-49），可有效避免气垫舱底部渣土的滞排，提高盾构的施工能力。

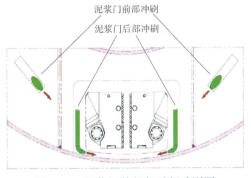
图 2-48　泥浆门前部与后部冲刷图

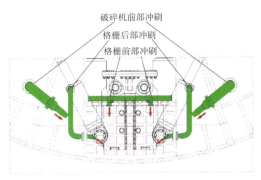
图 2-49　破碎机前部及格栅内部冲刷图

六、环流系统

为解决盾构在穿越孤石与基岩掘进时可能造成的泥水舱滞排和泥水循环管路不畅、堵塞等问题，盾构设计时加大了管路流量及多种循环模式，东线（德国海瑞克）和西线（中国中铁装备）盾构环流系统设计基本相同，本节以中国中铁装备盾构进行环流系统介绍。

中国中铁装备盾构进、排浆管路的直径设计为 DN500mm，设计进浆流量为 2700m³/h、排浆流量为 3200m³/h。

盾构区间大部分地层为软弱淤泥质地层，该类地层含水率高，掌子面开挖出来的渣土主要为块状或者团状，很难溶于泥浆，影响盾构掘进效率和环流系统运行的通畅。

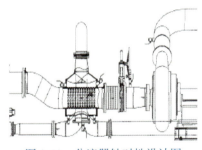
图 2-50　分流器针对性设计图

为确保环流系统运行通畅，在泥浆泵的吸浆口处增设了分流器。分流器支管可以对即将排出的泥浆进行分流，对即将排出的渣浆进行简单过滤再次利用。该措施可有效降低排浆泵负载，增加冲刷泵吸浆量。过滤筒式分流器是汕头海湾隧道典型地质的针对性设计（见图 2-50），在实际掘进中，提高了淤泥地层的掘进效率，出现滞排、结泥饼的情况也不多。

泥水循环系统设计有掘进模式、旁通模式、连续逆冲洗模式、维修保压模式、周末保压模式、机内小循环模式等（见图 2-51）。当主机段管路滞排时，可以切换不同模式来解决管路堵塞或滞排的问题。

图 2-51　中国中铁装备盾构环流模式控制系统

1. 掘进模式

掘进模式需在盾构掘进时采用。旁路状态运转数分钟，且当进、排泥水压力和流量趋于稳定并基本相同后，方可操作运行掘进状态。盾构掘进时要及时调整进、排浆量。

汕头海湾隧道盾构掘进模式分为常规掘进模式与前舱直排掘进模式两种。由于汕头海湾隧道进排浆管流量较大，管内流量冲刷力较大，管内泥渣不易堵塞，故盾构掘进时以常规掘进模式为主，一般不采用前舱直排掘进模式。

1）常规掘进模式

常规掘进模式下（见图 2-52），进浆浆液进入气垫舱和泥水舱，对刀盘、气垫舱底部进行冲刷。掘进模式需要至少开启前方 3 根进浆支路，气垫压力通过泥浆门（主）和连通管（副）传递。排浆口位于气垫舱底部，进浆浆液与开挖渣土混合成浓度适中的排浆浆液，通过排浆泵及管道输送到地面分离设备。P2.1 泵进口端布置分流器，可筛选大粒径石块，有效防止泥浆泵和后续管路的堵塞。

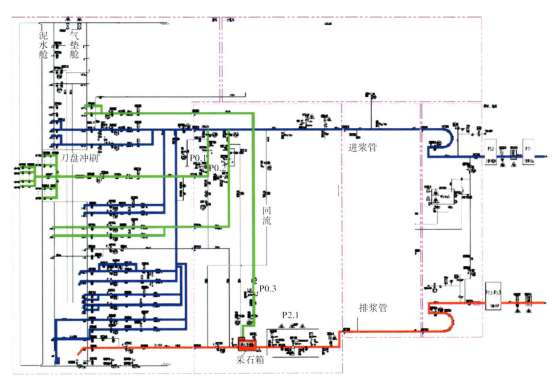

图 2-52 常规掘进模式简图

2）前舱直排掘进模式

环流系统设计有一根备用排浆管，管道直接伸入泥水舱内。在前舱直排掘进模式下（见图 2-53），新鲜浆液可以绝大部分注入泥水舱内，有效降低泥水舱内浆液的密度，降低刀盘形成泥饼的概率。在这种模式下，依靠气垫舱内的连通管道进行压力的传递，可保证压力控制的精度。

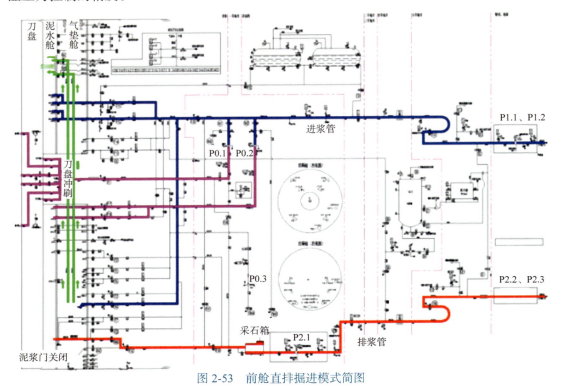

图 2-53　前舱直排掘进模式简图

2. 旁通模式

地面泥浆池的膨润土浆液经进浆泵送入盾构后，并不进入开挖舱，而是通过旁通阀后直接进入排浆管，从而返回地面泥浆池。掘进模式、逆冲洗模式、保压模式和管路延伸模式相互切换时都必须通过旁通模式（见图 2-54）。

旁通模式是泥水循环系统的中间模式。掘进前依靠调节进浆泵和排浆泵的转速来控制进浆管和排浆管的压力，直到达到泥水循环的最佳流量，同时将隧道内的排浆泵和进浆泵同步调整至需要的转速和流量。

3. 连续逆冲洗模式

当管路或排浆泵口堵塞时，可开启逆冲洗（反循环）模式。逆冲洗模式必须由旁通模式转入，待逆冲洗模式完成后先切换到旁通模式再切换到掘进模式。

连续逆冲洗包括气垫舱逆冲洗模式和泥水舱逆冲洗模式（见图 2-55、图 2-56）。

常规掘进模式下，当 P2.1 泵前方管路堵塞或气垫舱底部渣土滞排时，可使用气垫舱逆冲洗模式进行疏通。气垫舱逆冲洗模式直接从气垫舱进行泥浆的循环，东、西线盾构均设计了气垫舱逆冲洗管路，能够实现逆冲洗时浆液的排放，并持续逆冲洗直至堵塞的管路疏通；泥水舱逆冲洗模式进排浆则从泥水舱进行。

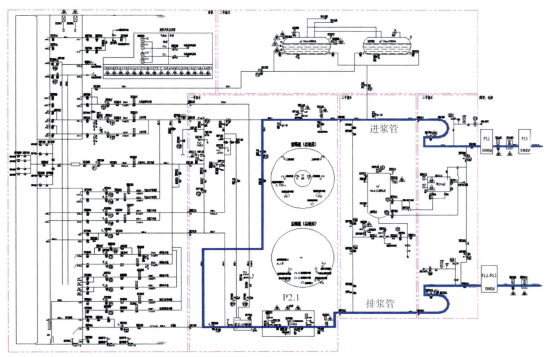

图 2-54　旁通模式简图

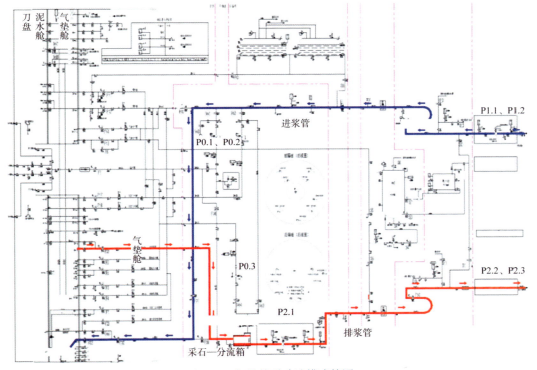

图 2-55　气垫舱逆冲洗模式简图

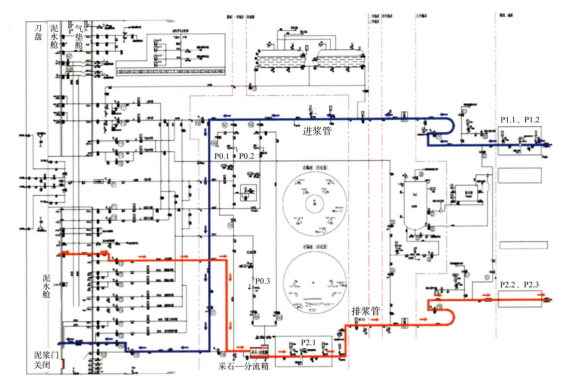

图 2-56　泥水舱逆冲洗模式简图

4. 维修保压模式

当需要在气垫舱内常压维修部件时，由于泥浆门/连通管路关闭，气垫舱与泥水舱不再连通，可采用保压气罐来保证泥水舱内压力的稳定，同时也能对泥水舱内的泥浆进行补充。进浆通过压力舱，以便更好地控制气垫舱压力，而不是直接通过进浆管进浆（见图 2-57）。

5. 长时间停机保压模式

在长时间停机保压时，由于盾构处于停机状态，泥水舱内可能发生泥浆的损失，为了保持掌子面的压力需要对泥水舱内的泥浆液位进行控制，必要时应进行液位补充。因此，有必要对泥水舱的泥浆液位进行控制，必要时应进行泥浆的补充（见图 2-58）。

6. 主机段小循环系统

主机段小循环系统（见图 2-59），由独立的泥浆泵将排浆线路上的浆液回打到泥水舱或气垫舱内，增大了主机段总体的排浆流量，可有效地降低渣土滞排的概率。

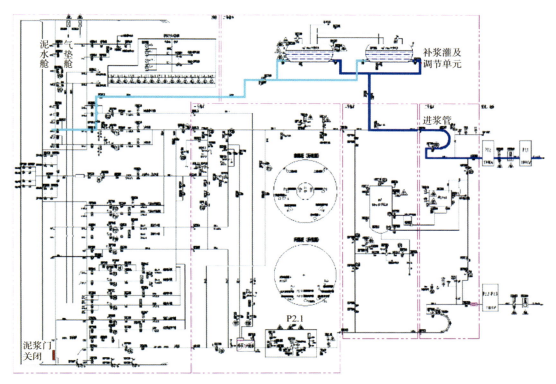

图 2-57 维修保压模式简图

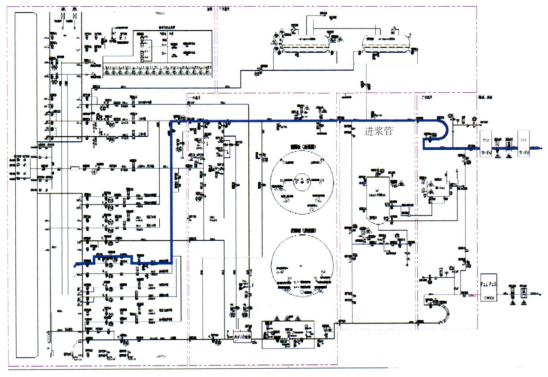

图 2-58 停机保压模式简图

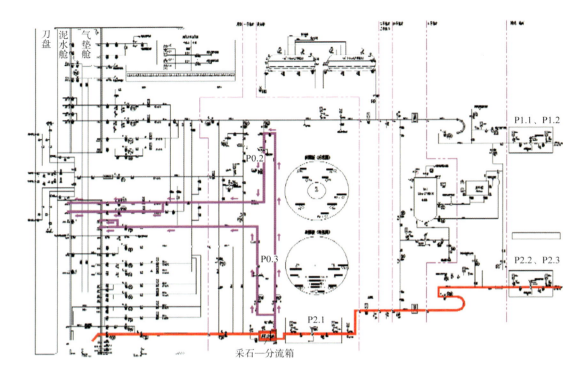

图 2-59　主机段小循环模式图

七、注浆系统

同步注浆系统的作用主要是将砂浆注入管片背部，填补管片与隧道内壁之间的空隙。尾盾注浆管采用内嵌式，相比外置式注浆管，尾盾的摩擦阻力小。注浆管规则地分布于圆周的 8 个象限中，具有 8 个现用和 8 个备用注浆通道，单液和双液共用通道，如图 2-60 所示。注浆管上都设计有操作窗口，便于工作人员在管路堵塞时进行疏通。单液注浆系统分为手动模式和自动模式。

图 2-60　盾构同步注浆系统

八、其他

1. 管路延伸设计

在盾构完成推进后,需对管路进行延伸。管路延伸是通过延伸装置,周期性地对进排浆管路进行加长,同时需要对泥浆管内的泥浆进行处理。管路延伸情况下,设计的泥浆收集系统可将主进、排浆管道内剩余的浆液,通过渣浆泵排送至气垫舱或泥浆临时储存箱内。

东、西线隧道管路延伸采用的设备有所区别,具体见表2-7。

东、西线隧道管路延伸设备对比　　　　　　　　　　　表2-7

隧道名称	设备使用情况
东线隧道 (见图2-61)	管线延伸系统能够保证泥水管线延伸工作的安全、洁净。该系统位于最后一节台车上,由泥水管回路、管线延伸吊机、管线存放区域组成。 　　后配套系统和主机一起向前行进。管线延伸车一端和泥水管路相连接,另一端和最后安装的一条管路相连。在隧道开挖过程中,管线延伸车向后滑动(与开挖方向相反),从而延伸泥水管回路。更换管之前,必须先关闭隧道内和后配套系统上的阀门。为避免新鲜膨润土浆液的流失和将泥浆排到隧道内,应在延伸管路前使用泥浆泵将管路排空。 　　为保证管路彻底排空,在台车上加装了一个泵和一个废水箱。管线延伸系统被断开后,拉到起始位置,下一段管线就被安装、连接到上一段管线上。这时可打开阀门,管路重新灌满膨润土浆液,盾构便可以运转
西线隧道 (见图2-62)	由于进排浆管管径较大,不能使用类似水管卷筒的装置进行管路延伸,针对本区间配置了一种卧式软管式管路延伸装置,可周期性增加隧道内泥浆 　　泥水盾构在实际掘进中要进行循环性的管路延伸,需要专门的换管装置来实现这个功能。盾构采用软管延伸式换管装置,结构简单、功能可靠

图2-61　东线管路延伸

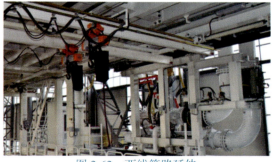

图2-62　西线管路延伸

2. 排渣耐磨设计

在经常堆积渣土的盾构气垫舱、泥水舱底部,采取了加强耐磨设计(见图2-63)。

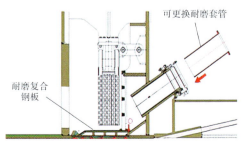
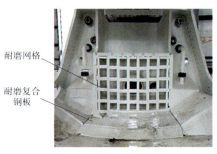

图2-63　气垫舱、泥水舱耐磨设计

3. 四回路气压控制设计

常规泥水盾构一般采用双回路气体保压系统，而汕头海湾隧道盾构针对浅覆土掘进、地表沉降控制要求高的特点，其气体保压系统采用四回路设计（见图 2-64），配置两大两小并联式进气阀和排气阀，通过 PI 控制器分段控制大小阀门开度，来精确调整舱内压力，避免因压力波动过大造成地表被击穿。

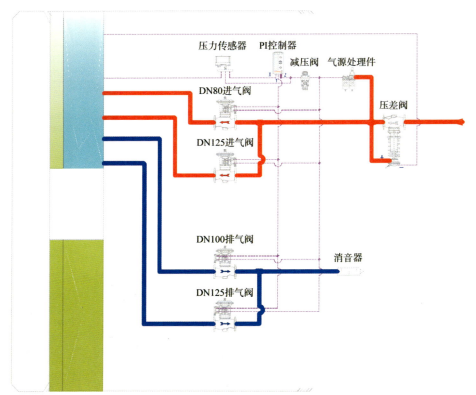

图 2-64　汕头海湾隧道保压系统四回路设计

4. 泥水舱可视化设计

汕头海湾隧道双线盾构在泥水舱内均配置可视化系统，在降液位后，操作人员在主控制室可对泥水舱状态进行观察，如图 2-65 所示。

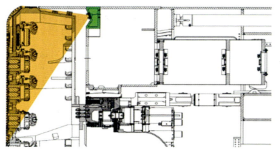 

图 2-65　泥水舱可视化系统

5. 地质超前预报设计

汕头海湾隧道范围内存在花岗岩孤石、基岩凸起等不良地质，在越海段进行海上勘探时，由于海平面起伏不定，难以采用小间距勘探，因此，盾构配备了超前实时地质预报设备。

德国海瑞克S1046盾构配置SSP超声波地质预报，并已在工程实例中应用，有效探测距离40m，如图2-66所示。中国中铁装备306盾构配置地震波法地质预报，通过对发射和反射的声波信号处理分析，判断前方的地质情况，如图2-67所示。

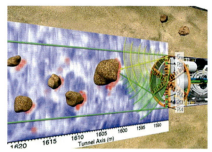
图2-66　德国海瑞克盾构SSP探测

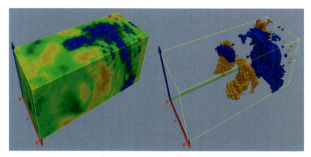
图2-67　中国中铁装备盾构地震波法探测

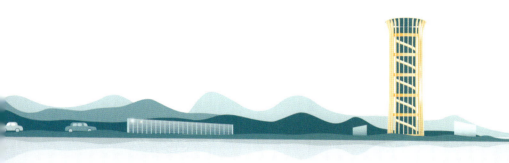

第三章 盾构施工准备

汕头海湾隧道
复合地层超大直径盾构
施工关键技术研究

RESEARCH ON KEY CONSTRUCTION TECHNOLOGY OF
SUPER-LARGE DIAMETER SHIELD OF
SHANTOU BAY TUNNEL
IN MIXED FACE GROUND CONDITIONS

汕头海湾隧道工程为跨海公路隧道工程，施工采用的两台超大直径盾构为超大型设备，同时由于项目场地位于内陆海湾，浅层土体地质软弱。盾构施工准备工作具有以下特点：①工程建设规模大，施工组织筹划复杂；②两台超大直径泥水盾构需要配备大面积的泥水处理场地，同时泥水处理站场建设在软弱地基上；③盾构设备部件超大，运输和吊装工艺复杂。本章结合工程特点，对以上三个方面进行叙述。

第一节 施工组织设计

汕头海湾隧道两岸分别设置始发端和到达端，始发端场地较为开阔，同时利用了围堰范围堆填的场地，设备、管片等布置条件较好，办公生活区与盾构始发作业区、预制件生产区均互不影响。同时，汕头海湾隧道项目充分利用邻近出海口的地理位置优势，合理地排布了盾构开挖的渣土和废气泥浆，达到了绿色环保的标准，为工程顺利实施提供了基础保障。本节对超大直径盾构施工组织设计中的资源配置、进度计划、场地布置和弃浆与渣土运输四个方面进行分析。

一、资源配置

盾构资源配置主要包括人员、机械设备、材料方面的配置。

1. 人员配置

盾构工程部分共配置管理人员 10 人，施工人员 144 人。施工人员分为 4 个班组，每班组 36 人，采用两班工作制。

2. 机械设备配置

盾构施工中用到的机械设备主要用于隧道掘进、泥浆处理、垂直与水平运输。主要机械设备的配置情况见表 3-1。

盾构施工设备配置表　　　　表 3-1

序 号	机 具 名 称	规 格 型 号	单 位	数 量
1	盾构及配套设备	$\phi 15.03m$、$\phi 15.01m$	台	2
2	泥水处理系统	$3000m^3/h$	套	2
3	离心机	CS30-4t	套	2
4	调制浆系统	$200m^3/h$	套	2
5	泥水进浆泵	$2700m^3/h$	套	4
6	泥水排浆泵	$2900m^3/h$	套	6

续上表

序 号	机 具 名 称	规 格 型 号	单 位	数 量
7	空压机	12m³/h	台	2
8	污水泵	60m³/h	台	6
9	泥浆泵	80m³/h	台	6
10	门式起重机	ME650t	台	1
11	门式起重机	MG32t-32m	台	2
12	门式起重机	MG32t-26m	台	1
13	门式起重机	MG25t-25m	台	1
14	箱涵运输车（兼砂浆运输）	DCY65	台	2
15	管片运输车	DCY75	台	4
16	砂浆搅拌站	HSZ90	台	1
17	装载机	ZLC30	套	1
18	泥浆搅拌机	UJ200	台	2
19	储浆罐	10m³	台	4
20	通风机	2×110kW	套	2
21	循环水泵	160m³/h	台	2
22	冷却塔	SRM-120	台	2

3. 材料配置

盾构施工材料主要有同步注浆材料、管片及防水材料、管片螺栓、口子件、盾构辅助材料等，根据场地容量及现场工程进度计划情况编制物质需求计划，以2019年4~9月为例，盾构施工材料计划表见表3-2。

盾构施工材料计划表　　　　　表3-2

序 号	材料名称	规格型号	单 位	月度需求量					
				4月	5月	6月	7月	8月	9月
1	水泥	42.5级	t	852	972	1044	852	720	192
2	粉煤灰	F类2级	t	2627	2997	3219	2627	2220	592
3	细砂	细砂	t	1718	1960	2105	1718	1452	387
4	膨润土	钠基100目	t	809	923	992	809	684	182

续上表

序号	材料名称	规格型号	单位	月度需求量					
				4月	5月	6月	7月	8月	9月
5	袋装水泥	42.5	t	85	97	104	85	72	19
6	水玻璃		t	43	49	52	43	36	10
7	管片	C60/ϕ14.5m	环	142	162	174	142	120	32
8	口子件	5000mm×4483mm	块	142	162	174	142	120	32
9	M42 管片纵向螺栓	6.8级/8.8级普通螺栓	套	7952	9072	9744	7952	6720	1792
10	M36 管片环向螺栓	8.8级普通螺栓	套	4260	4860	5220	4260	3600	960
11	M30 口字件连接螺栓	6.8级普通螺栓	套	426	486	522	426	360	96
12	三元乙丙弹性密封垫	50mm×32mm	环	284	324	348	284	240	64
13	海绵橡胶条	30mm×4mm	环	142	162	174	142	120	32
14	定位销	120mm×60mm	个	3976	4536	4872	3976	3360	896
15	泥浆管	DN500	m	568	648	696	568	480	128
16	水管	DN200	m	852	972	1044	852	720	192
17	路板		块	568	648	696	568	480	128
18	风管	ϕ2000mm	m	284	324	348	284	240	64
19	EP2 主轴承润滑脂	BP	kg	7952	9072	9744	7952	6720	1792
20	HBW 密封油脂	康达特	kg	11928	13608	14616	11928	10080	2688
21	盾尾密封脂	上海茨夫进口型	t	28	32	35	28	24	6

二、进度计划

合同工期为总目标控制时间,按照关键线路倒排工期确定盾构始发、到达等关键时间节点。现场影响盾构施工进度计划的因素很多,从施工单位自身因素来说,其主要影响因素有盾构主要材料供应计划、每环工序时间计划等。

1. 主要材料供应计划

施工用到的预制构件主要有管片、口子件、烟道板三种。每种构件投入4套模具进行生产。每天各生产6环(件),考虑管片堆场和掘进使用情况,堆场的存储量保持在500环(件)以上,预制件生产量根据掘进进度进行调整。

2. 每环工序时间计划

1）洞内材料运输计划

共配置 3 辆运输车，每车运输 4 块管片，剩余 2 块管片与箱涵车一起运输进洞；砂浆采用 3 辆混凝土罐车（容积 12m³）运输。

施工过程中洞内行车限速 12km/h，每个循环的运输材料时间如下：

（1）会车时间 40min；

（2）进洞行驶时间 20min；

（3）出洞行驶时间 15min；

（4）3 辆车装载时间 25min；

（5）每车材料卸车时间 15min（3 车共计 45min）。

由此计算每个循环的材料运输时间为 145min。

2）循环作业时间

以盾构掘进一环并完成管片拼装为一个循环，每循环作业时间预计 200min。作业时间安排见表 3-3。

始发、到达段盾构作业时间安排表　　表 3-3

序 号	工 序 名 称	作业时间（min）	并行作业内容
1	盾构掘进	120	管道及口字件吊装、砂浆运输、材料吊装下井
2	管片拼装	80	
理论循环时间（min）		200	—

3）作业形式

劳动组织安排为两班掘进，每班 12h，其中掘进时间 10h，保养时间 2h。

3. 盾构隧道工程进度指标

盾构在软土地层掘进，每月需延长管道 25 次，总用时约 20h；导向系统延伸 8 次，总用时约 64h（均不占用掘进循环时间）。考虑故障停机、工序停机等情况，盾构施工效率按 80% 计算。每月 25 个工作日，则每月掘进进尺计算如下：

$$10h/班 \times 60min/h \div 200min/循环 = 3 循环/班$$

$$2m/循环 \times 3 循环/班 \times 2 班/d \times 25d \times 80\% = 240m/月$$

根据地质勘察报告，本工程盾构穿越地层为上软下硬地层，基岩为坚硬花岗岩，且始发段存在较大孤石，使得盾构掘进难度及风险加大，对盾构掘进速度产生较大影响。因此本工程单台盾构掘进月进尺计划按施工效率 50% 考虑，即 120m。

根据施工总进度计划，制定各施工节点进度指标，见表 3-4。

盾构隧道工程进度指标　　　　　　　　　　　　　　　　　　　　　表 3-4

序　号	工序名称	进度指标	实　际　进　度
1	组装与调试	75d/台	—
2	始发掘进	1 环/d	始发段掘进包含孤石地层，总体而言东线约 0.5 环/d，西线约 0.5 环/d
3	孤石地层掘进	0.5 环/d	
4	软土地层掘进	4 环/d	东线约 4.5 环/d，西线约 5 环/d
5	基岩凸起地层掘进	1 环/d	东线约 1.2 环/d，西线约 1.6 环/d
6	到达掘进	2 环/d	东线约 3.5 环/d，西线约 4 环/d
7	拆机吊出	45d/台	60d/台

三、场地布置

场地布置的合理性和科学性在工期、成本和安全管理中起着重要的作用。施工场地布置的主要目的是在有限的场地范围内，对施工过程中材料、机械和各种临时设施所占的空间做出最合理的分配，保证施工过程安全、有序、高效地运行，从而获得较高的施工效率和经济效益。

汕头海湾隧道盾构工程采用两台直径15m级别的泥水平衡盾构施工，工程施工场地主要划分为办公及生活区、南岸盾构始发施工区、管片及其他材料堆放区、预制构件生产区四个部分（见图 3-1）。南岸围堰施工区总面积约 96800m²，南滨路南施工区总面积约 67200m²，办公区及生活区总面积约22010m²。

1）办公及生活区布置

办公区及生活区位于南滨路南施工场地西侧，项目部占地面积约 18600m²，规划办公区、生活区两个主要功能区域，办公及生活区总建筑面积3737.02m²，主要设置有会议室、展厅、监控室、活动室、办公楼、职工住宿楼、厨房、职工食堂、男女浴室、卫生间等。

2）南岸盾构始发施工区布置

根据泥水盾构施工工艺及隧道内部结构特点，始发施工区布置主要分为盾构组装吊装区、泥水处理场站、砂浆搅拌站等。

盾构组装吊装区域位于始发井和预留井口旁，区域内安装 ME650t 门式起重机，用于吊装盾构主机及 1 号台车。按照施工计划，先组装东线盾构，组装结束后，通过门式起重机平移设备将门式起重机平移至西线，进行西线盾构主机及 1 号台车组装。预留井口采用400t 履带式起重机进行 2～5 号台车的组装。

砂浆搅拌站型号为 HZS120，占地面积约 2000m²。搅拌站配置 8 个储存罐，主要分拌和作业区、材料堆放区（砂料堆放场地）、机械停放区。

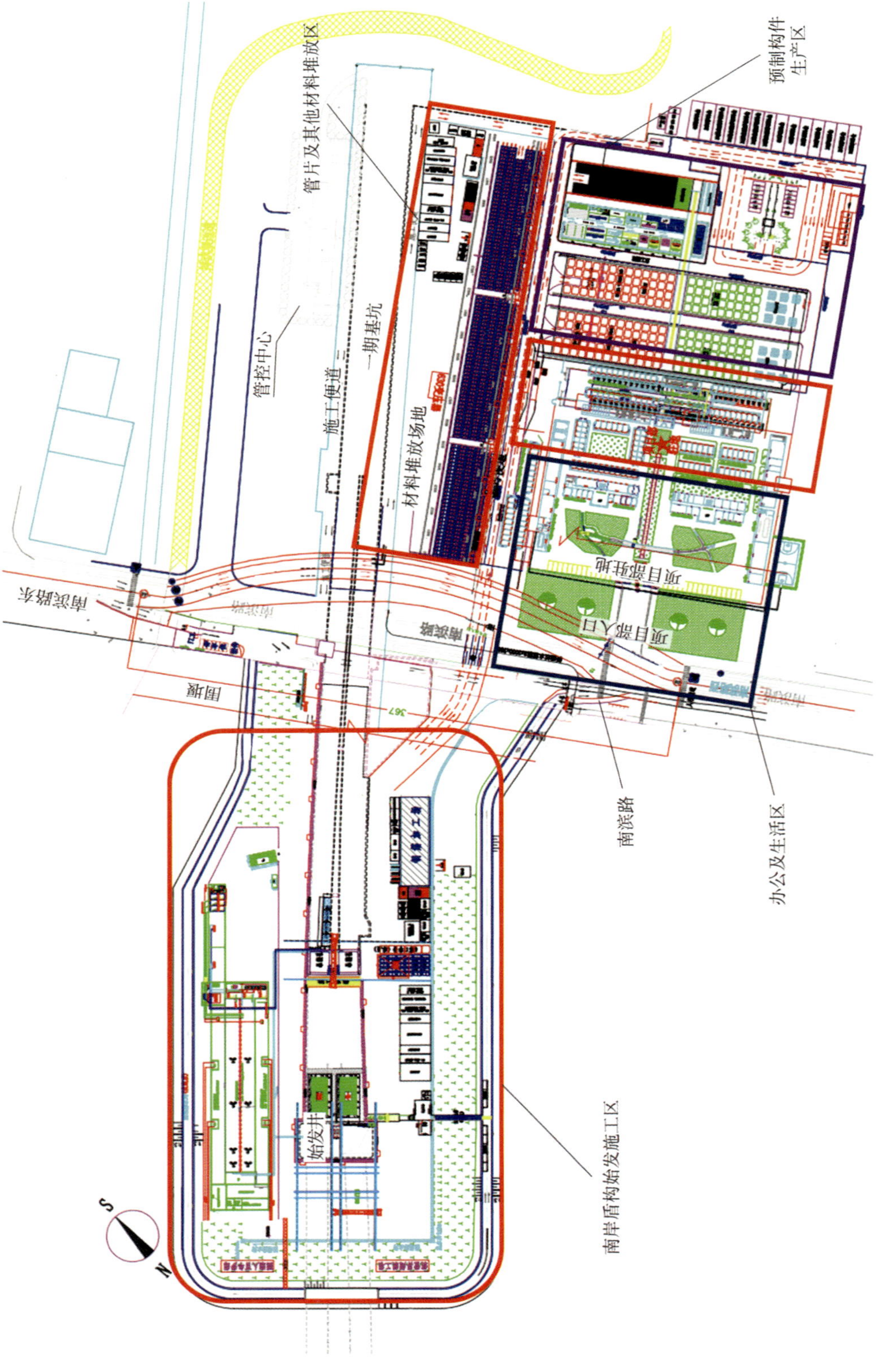

图 3-1 南岸施工场地总平面布置图

3）管片及其他材料堆放区布置

管片厂位于广州市番禺区，距离本项目约500km。为保障现场管片供应，在施工现场设置了可储存约500环管片的存储区。管片存储区设置2台32t门式起重机，用于盾构施工中垂直运输作业。管片螺栓、防水材料和盾构润滑油及盾尾油脂等材料也在管片存储区建立存储库房集中存放。

4）预制构件生产区布置

预制构件生产区占地面积约60000m²，区内包含混凝土拌合站、钢筋加工厂房、预制构件浇筑和养护区、预制构件成品存放区、预制构件缺陷修补区等。预制构件钢筋笼加工在钢筋加工厂房内进行；浇筑、养护在室外进行，试验室设置在混凝土拌合站西侧场地内。口子件及烟道板存储区分别设置1台32t门式起重机及1台25t门式起重机进行吊装运输作业。

5）临时用电布置

临时用电分两期进行报装。

一期临时用电报装包含生活区临建、预制构件厂以及围堰内工作井围护结构施工三处用电。

二期临时用电报装包含盾构、台车、中继泵、泥水分离设备及地面配套设备施工用电。

四、弃浆与渣土运输

1. 弃浆量计算

汕头海湾隧道盾构在淤泥、淤泥质土、粉质黏土施工时弃浆量最大，在砂层、风化程度弱的岩层中施工时弃浆量较小，因此以黏性土为例，计算每环弃浆量。

每台盾构每天施工4环，弃浆约1888m³（弃浆密度按1.5g/cm³计），两台盾构每天共计弃浆约3776m³。

2. 渣土运输

1）运输线路

泥水处理场设置在南岸始发端围堰场地内，位于围堰东北角端头井东侧，泥浆分离出的渣土采用自卸汽车运输，24h出土。弃浆采用排浆管路沿海堤泵送至码头上船。

渣土从泥水处理场起运，沿南滨路→053县道→磊广大道→达南路→河中路，在河中路行驶3.5km，于河中路中段左转抵达渣土受纳场。全程运输距离约15km。运输路线如图3-2所示。

图3-2 盾构掘进渣土外运线路示意图

2）出渣机械配置

综合考虑项目施工现场、土方工程量、工期、受纳场址、运输线路、施工时段、运量及运速、挖掘与装载时间等情况及因素，尽可能保证挖掘机及自卸车能够不间断连续作业。主要因素如下：

运量：采用渣土自卸车货箱一次载土容量 $15m^3$。

运速：考虑施工场外道路较差、运输距离长、夜间运输、道路交通管制、装卸时间、机械施工组织等因素，取往返综合平均速度 30km/h。

运距：泥水分离场到渣土收纳场运输距离约 15km。

运时：考虑泥水场装车、受纳场集中卸车排队等因素，装车等待时间取 7min，卸车等待时间取 5min。

自卸车正常利用系数：参考国家基础定额测算确定为 0.8。

自卸车运输渣土一循环所需时间见表 3-5。

自卸车运输渣土一循环所需时间表 表 3-5

项目	自卸车货箱一次装载容量（m^3）	运距（km）	装土（含等待）时间（min）	往返运输时间（min）	卸土（含等待）时间（min）	自卸车一次循环正常延续时间（min）
参数	15	15	7	60	5	72

东、西线盾构同时掘进最大值按照 12 环/d 考虑，每日需外运筛分干渣及沉淀渣共计 $1994m^3$。每辆车每天工作 16h，共配备了 13 辆自卸车。

3. 废浆排放

1）弃浆场地及线路

弃浆采用排浆管路泵送至主航道侧搭建的临时码头上船，临时码头在盾构泥水处理场正前方约 1.5km 处，经泥浆专业运输船运至淤泥排放受纳场，航运距离约 16km。

临时码头为一条 1500t 级船舶改装而成，安装有泥浆泵，通过泥浆泵将弃浆泵送至运输船。为满足 1500t 级泥浆船停靠要求，临时码头位置不能紧靠岸边，因此必须从泥浆处理场铺设泥浆管至码头。泥浆管铺设时，先从泥水处理厂铺设约 200m 长泥浆管至围堰海堤边，再沿海床铺设 ϕ400mm 泥浆管至临时码头并通过橡胶桶固定。

2）泥浆运输船配置

采用运浆船货箱一次载土容量 1500t，配备 2 艘泥浆运输船，其海上弃运一循环所需时间见表 3-6。

泥浆海上弃运一循环所需时间表 表 3-6

项目	泥浆船货箱一次装载容量（t）	运距（km）	装浆（含等待）时间（min）	往返运输时间（min）	卸浆（含等待）时间（min）	泥浆船一次循环正常延续时间（min）
参数	1500	16	90	60	120	270

3）地面临时应急弃浆场

为避免天气、海上通航限制、弃浆船故障等异常情况影响盾构施工弃浆外运，在施工场地内设置应急弃浆场。应急弃浆场地设置于路基施工段东侧空地。泥水处理场废浆池接出两路ϕ200mm 泥浆管，沿围堰南北方向铺设，下穿南滨路后沿路南明挖段东侧铺设至应急弃浆场地内。

第二节　泥水处理场

泥水处理场是泥水盾构施工不可缺少的配套系统，其优质、高效运行，不仅可以保证泥水盾构的顺利施工，而且对环境、工期、成本都将有积极影响。汕头海湾隧道泥水处理场布置在海边软弱地基上，承载力达不到施工机械行驶和设备安装要求，需进行地基处理和桩基础施工。

一、设备选择

1. 泥浆处理能力要求

1）进、排浆量

进、排浆量按照西线中国中铁装备泥水平衡盾构设备参数为依据进行计算，盾构施工技术参数见表3-7。

盾构施工技术参数表　　　　表3-7

名　称	参　数	备　注
盾构直径D（m）	15.03	
环长（m）	2	
最大掘进速度（mm/min）	50	
送排泥管通径（mm）	500	
隧道长度（m）	3048	单盾构
进浆密度	1.10～1.25	
盾构平均送浆流量（m³/h）	2500～3000	
排浆密度	1.35～1.45	
盾构平均排浆流量（m³/h）	2500～3000	
废浆密度	1.45～1.55	
废浆处理量（m³/d）	6000	
制浆能力（m³/h）	160	
调浆能力（m³/h）	6000	

根据盾构设备参数，泥浆循环进排浆流量和流速计算方法如下。

盾构开挖面积：

$$A = \frac{\pi}{4} \times D^2 = \frac{\pi}{4} \times 15.03^2 = 177\text{m}^2$$

盾构切削量：

$$q_1 = A \times V = 8.9\text{m}^3/\text{min}$$

$$q_2 = A \times V \times 60 = 534\text{m}^3/\text{h}$$

送泥流量 $Q_1 = 2500\text{m}^3/\text{h}$，排泥流量 $Q_2 = 3000\text{m}^3/\text{h}$

管内流速：

送泥管通径为 500mm，则

$$V_1 = \frac{2500}{\frac{\pi}{4} \times 0.5^2 \times 3600} = 3.54\text{m/s}$$

排泥管通径为 500mm，则

$$V_2 = \frac{3000}{\frac{\pi}{4} \times 0.5^2 \times 3600} = 4.25\text{m/s}$$

综上所述，泥浆处理设备应选用能满足送浆能力2500m³/h、排浆能力3000m³/h，送浆流速 3.54m/s、排浆流速 4.23m/s 要求的设备。

2）弃浆量

以本工程黏性土取样颗粒分析结果为例（见表3-8），说明弃浆量计算方法。

黏性土取样颗粒分析结果表　　　　　表 3-8

颗粒粒径（mm）	5~1	1~0.5	0.5~0.25	0.25~0.074	0.074~0.045	0.045~0.020	0.020~0.005	<0.005
颗粒组成百分比（%）	2.5	2.8	3.7	1.8	8.9	16.5	27.3	36.5
粒径20μm以下颗粒含量（%）	63.80								

筛分、旋流设备能分离的最小颗粒粒径为20μm，在黏土层中粒径小于20μm的颗粒占63.80%，这部分细颗粒需经过压滤机或离心机处理。压滤机或离心机按照完全分离上述黏土颗粒计算，需要处理的量为：

$$462.8 \times 63.8\% = 295.3\text{m}^3$$

式中，462.8m³ 为类似工程地质掘进经验取值。

处理泥浆总量：

$$295 + 295 \times 2.5 = 1032.5\text{m}^3$$

泥浆密度：

$$(1.8 + 2.5)/3.5 = 1.23\text{g/cm}^3$$

泥浆总量约 1032.5m³，泥浆处理总量约 472m³（根据设备相关参数确定）。

按每台盾构每天施工 4 环计算，弃浆约 1888m³（弃浆密度取 1.5g/cm³），两台盾构每天共计弃浆约 3776m³。而 APN18SL80M 压滤机泥浆处理量约 1900m³/d，选用两套便可满足两台盾构每天施工 8 环对弃浆的处理要求。

2. 泥浆处理流程

泥水处理场按功能要求由泥浆制备场、泥浆分离场两部分组成。

泥浆制备场主要由制浆系统、调浆池、沉淀池等组成。泥浆分离系统采用二级分离模式（见图 3-3），具体过程如下：

（1）盾构排出的泥浆进入入料箱缓冲减压后，流到下部的预选振动筛进行筛分，粒径大于 2～4mm 的大块物料被筛分出来落到渣场。

（2）经预筛分离后直径小于 2～4mm 的物料和泥浆进入下部储浆槽 A，由 1 号渣浆泵抽至一级旋流器进行分级，直径大于 0.074mm 的颗粒物进入底流，落至一级振动筛。此振动筛的筛上物主要为 0.074～4mm 的砂料，经振动筛脱水后落至渣场。经一级筛分后的泥浆进入下部储浆槽 B。

（3）一级旋流器的溢流经一级旋流回浆箱进入二级分离模块，由 2 号渣浆泵将其抽至二级旋流器分级。直径大于 0.020mm 的颗粒物进入二级旋流器底流，落入二级振动筛。此振动筛的筛上物为粒径大于 0.020mm 的颗粒，经振动脱水后落入渣场。经二级筛分后的泥浆进入下部浓缩池。

（4）二级旋流器的溢流进入制、调浆系统，调整后送回盾构循环使用。

（5）泥浆处理过程中经振动筛筛分出的渣土，含水率均小于 25%，在渣场晾晒后能够满足汽车运输要求。

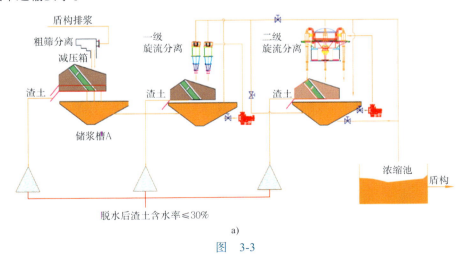

a)

图 3-3

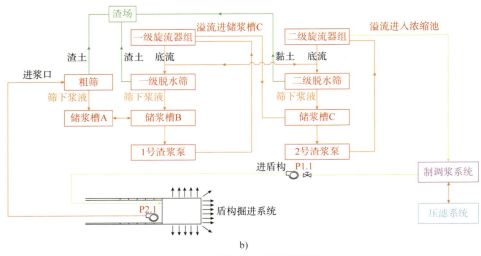

图 3-3 泥浆分离处理流程图

3. 泥浆处理设备选型

泥浆处理设备配置与隧道掘进进度、掘进地层颗粒分布及水文地质条件等直接相关。泥浆处理设备根据前述计算的泥浆处理能力要求进行选型和设计。

1）分离设备

（1）泥浆泵选用 12/10AH-ST 型泥浆泵，该型泥浆泵扬程 27m，泵送密度 1.5g/cm³，泥浆流量 1000m³/h。

（2）一级旋流器选用 HC-750 型。

（3）二级旋流器选用 Gmax-u6 型。

（4）选择 VS21-39、VS2136 型振动筛能够满足盾构最大掘进速度（50mm/min）时的泥浆处理需求。

（5）旋流器选用 MTP-3000 型泥水处理系统，能满足盾构最大排浆速度 3000m³/h、最大掘进速度 50mm/min 时出渣量的分离要求。

2）制调浆系统

选用 2 套 ZTJ-160 型制调浆系统，有效制浆量每小时为 100m³。

制浆过程为：制浆加药时间 1h，新浆搅拌、膨化时间 30min。本系统按每天制浆时间 20h 计算，制浆总量为 2000m³。

3）压滤机

选用 2 套 APN18SL80M 型压滤机，每天能够处理泥浆约 1900m³。

二、场地地基基础和结构

泥水处理场布置按功能可分为主要设施区、辅助设施区及场内道路。

主要设施区布置有沉淀池、调浆池、储浆池、膨化池等，辅助设施区布置有材料仓库等。主要设施区内沉淀池、调浆池、储浆池、膨化池、清水池尽量集中布置，渣土场按方便机械运输原则布置。

泥水处理场地主要位于填海范围，下部主要为淤泥地层，承载力不足以满足施工机械行驶和设备安装需要，因此应对泥水处理场地基进行加固，设备基础为管桩，泥浆池为C30钢筋混凝土结构。

地基加固主要采用 P.O42.5 普通硅酸盐水泥与淤泥地层进行搅拌，提升淤泥质地基承载力。渣土运输便道采用 8m 深ϕ600mm@1200mm 单轴搅拌桩加固，并铺设 30cm 厚双层钢筋网片混凝土路面。

管桩施工区域布置有泵座、药剂房、化剂池、新浆制备池、分离机、压滤机、进浆池、调整池、废浆池、储浆池、泵坑。管桩深度达岩层，间距为 5m×5m，特殊部位加密布设。另外，进浆池与调浆池沿隧道延伸方向采用 H175 型钢与钢筋混凝土底板兼做立柱作为轨道基础。管桩混凝土强度等级为 C80，桩径为 400mm，标准为 PHC-AB400-90 型，壁厚为 90mm。施工桩长达岩层，桩顶进入底板 20cm。

泥水分离系统剖面示意图如图 3-4 所示，平台立面示意图如图 3-5 所示。

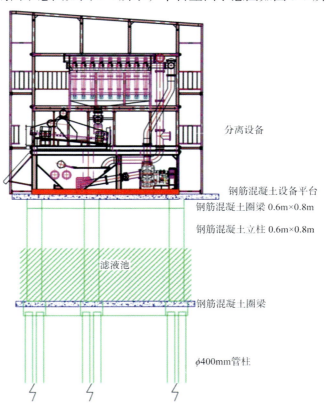

图 3-4　泥水分离系统剖面示意图

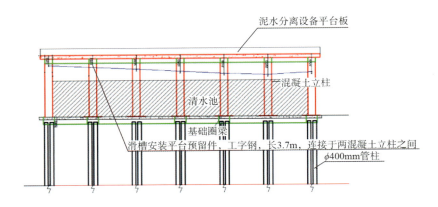

图 3-5 分离系统平台立面示意图

第三节 盾构运输

超大直径盾构构件具有超大、超重等特点,盾构能否安全、准时运抵目的地并顺利吊装到预定位置,将直接决定盾构能否按期始发。本节从安全性、可靠性、时限性、经济性四个方面进行分析,总结超大直径盾构运输与吊装关键控制点。

一、盾构运输方式比选

1. 运输种类及优缺点

根据运输工具的不同,盾构运输方式可分为公路运输、水路运输、铁路运输、联合运输四种(见表 3-9)。实际操作中要结合运输方式的安全性、经济性、时效性等对比各运输方式的优缺点,综合选择最合适的运输方式及线路。

盾构运输方式对比　　　　表 3-9

运输方式	优　点	缺　点
水路运输	载运量大,额外基础设施修建少,运费低	水路运输不形成运输网,距离较短时经济性较差,枯水季节无法运输,存在二次转运和装卸问题
公路运输	厂家直接运到目的地,运输时间灵活	运输费用高,安全性较差,沿途制约因素多
铁路运输	安全性高,资金耗费少,运输范围广	运输条件制约因素多
联合运输	可避免单一运输的缺点,充分发挥各运输方式的优点	运输衔接的环节较多,运输衔接成本高

2. 盾构运输条件分析

汕头海湾隧道东线盾构由广州市起运,西线盾构由郑州市起运。下文将结合沿途交通状况,对水路运输、公路运输和铁路运输三种运输方式的可行性进行分析。

1)水路运输分析

汕头市海岸线和岛岸线长达 289.1km,纳入汕头市海洋功能区域的海域面积约 10000km^2,是陆域面积的 5 倍之多。汕头港位于广东省东部沿海,是中国沿海 5 个港口群中的主要港口之一,拥有5000t级以上泊位38个,其中1万t级以上泊位16个,具备水路运输的优良条件。

2)公路运输分析

汕头公路运输发达,其中高速公路有深汕高速公路、汕汾高速公路、汕梅高速公路等。干线公路有福昆线、烟汕线、潮汕线等。公路通广州、深圳、厦门、潮州、揭阳、汕尾、梅州等市。城市快速路有西港—金凤—黄河路、泰山路、海滨路、汕北大道、中阳大道、牛田洋快速通道、陈沙公路。工程所在地汕头市具备盾构直接由工厂运输至工地的条件。

3)铁路运输分析

汕头目前拥有两条铁路线,分别为广梅汕铁路和厦深铁路汕头联络线。广梅汕铁路全线为单线Ⅰ级非电气化铁路,运力极其有限,难以满足盾构运输需求。

考虑盾构外形尺寸、质量等因素,结合上述交通运输条件,最终施工方决定将盾构运输分为大件运输和普通货物运输。根据海湾隧道工程所在位置,大件运输采用公路与水路联合运输方式,普通货物运输采用公路运输方式。

二、运输方式确定

最终确定东线盾构由广州从水路运输到汕头,西线盾构由郑州公路运输到连云港,再由水路运输到汕头。盾构在汕头上岸后,再最终由公路运输到工地。本节以西线盾构海运及公路运输的要点进行阐述,双线盾构主要零部件设备尺寸及质量见表3-10。

汕头海湾隧道盾构设备尺寸及质量情况　　表3-10

设备名称	尺寸(mm)		质量(t)	数量(件)
盾构主驱动总成	西线	8500×8500×2200	320	各1
	东线	8000×8000×3600	300	
盾构刀盘中心块	西线	8577×8404×2795	205	各1
	东线	8625×8000×2600	180	

续上表

设备名称	尺寸（mm）		质量（t）	数量（件）
盾构伸缩机构	西线	8050×8050×2150	82	各1
	东线	8625×8000×2600	80	
管片拼装机	西线	8356×7975×3667	49.3	各1
	东线	8356×7975×3667	49.3	
双管片起重机主结构	西线	10713×7780×2670	30	各1
	东线	10713×7780×2670	30	
箱涵件起重机	西线	8890×7660×3676	34	各1
	东线	8900×7650×3710	35	
盾构盾体	西线	9486×5165	总重1322	共10
	东线	9200×5700	总重1301	

1. 西线大件设备海运运输

在海运过程中，盾构分两批次进行装船，具体如图3-6、图3-7所示。

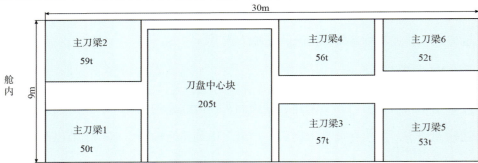

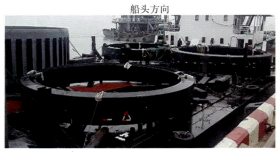

图3-6　第一批次装船

图 3-7　第二批次装船

2. 西线设备陆地运输情况

盾构主驱动总成采用 485kW 德国曼牵引车头，后接 14 轴线液压轴线板（见图 3-8）。刀盘中心块使用 397kW 奔驰牵引车头，后接 12 轴线液压轴线板。

图 3-8　14 轴液压轴线板

主驱动伸缩机构使用 353kW 康明斯牵引车头，后接 32 轮平板（见图 3-9）。管片拼装机使用 353kW 康明斯牵引车头，后接 24 轮低平板。

图 3-9　32 轮平板

箱涵件起重机主结构、双管片起重机主结构使用353kW 康明斯牵引车头，后接17m大平板车（见图3-10）。

图3-10　17m大平板

盾体运输使用2纵列12轴液压板（见图3-11）。

图3-11　12轴液压轴线板

第四节　盾构组装与调试

一、盾构组装

1. 盾构组装概况

东线德国海瑞克盾构刀盘开挖直径为15.01m，主机总长约为15.5m，整机总长130m；主机质量约为2800t，后配套台车质量约为1600t，质量最大的单件为刀盘，共550t（含刀具、吊具）；后配套台车由1~4号台车、1节连接桥及辅助平台组成。

西线中国中铁装备盾构刀盘开挖直径为15.03m，主机总长约为15m，整机总长为135m；主机质量约为2700t，后配套台车质量约为1600t，质量最大的单件为刀盘，共570t（含刀具、吊具）；后配套台车由1~5号台车、1节连接桥及辅助平台组成。

主要吊装部件最大尺寸及质量见表3-11。

主要吊装部件最大尺寸及质量一览表　　　　　　　表3-11

吊件名称	吊件尺寸（m）		吊件质量（t）
	东线	西线	
单件尺寸及质量最大的刀盘	直径15.01 尺寸15.01×15.01×2.5	直径15.03 尺寸15.03×15.03×2.8	530/570
主驱动	7.8×7.8×2.9	7.8×7.8×2.9	450
其他设备	≤10	≤10	≤190/200

根据施工现场情况,盾构组织在始发井、预留井两个位置进行(见图3-12)吊装,始发井口尺寸为 18m×18m×21m(长×宽×深),预留井口尺寸为 14m×12.5m×15m(长×宽×深)。始发井尺寸满足上述吊装刀盘、主驱动、1号台车使用需求。

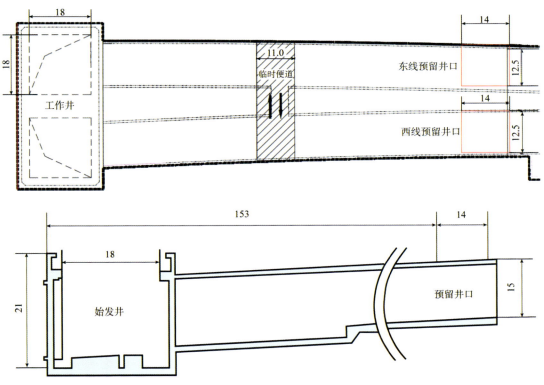

图 3-12 始发井与预留井口平纵断面示意图(尺寸单位:m)

2. 组装准备工作

1)吊装设备选型

根据现场施工环境情况,结合盾构井尺寸和吊装最大质量进行选型,主吊装设备选择 22~28m 可变跨距,部距 50cm,ME650t/22~28mm 型门式起重机(见图3-13),辅助吊装设备选择 400t 履带式起重机辅助吊装作业。

图 3-13 ME650t/22~28mm 型门式起重机

2）吊装区域地基加固

（1）门式起重机基础加固

采用钻孔灌注桩+桩顶纵梁进行基础处理，梁底设置 20cm 厚 C20 混凝土垫层。钻孔桩桩径 1m，桩间距 7m，桩长 30m，桩端进入中风化岩层 0.5m。

（2）刀盘组装区域地基加固

采用 C20 混凝土垫层+0.5m 厚 C30 筏板做基础，梁底设置 20cm 厚 C20 混凝土垫层。

（3）始发井、预留井履带式起重机基础加固

采用钻孔灌注桩+混凝土板进行基础处理，板底设置 20cm 厚 C20 混凝土垫层。钻孔桩桩径 1m，桩间距 7m，桩长 30m，桩端进入中风化岩层 1m。

3）其他准备工作

盾构工地组装作业量大、难度高、周期长，需要提前做好所需材料、设备、人员的准备工作，同时应考虑临时加固措施、吊装配件等。此外，组装时所需要的水、电、气等条件也必须保证。

3. 组装顺序

根据汕头海湾隧道的始发井及后配套段结构分布，盾构组装分为以下两个工作面同步进行：始发井井口组装主机及 1 号台车，预留井井口组装连接桥及 2~4 号台车。

1）始发井井口吊装顺序

始发井井口吊装流程如图 3-14 所示。

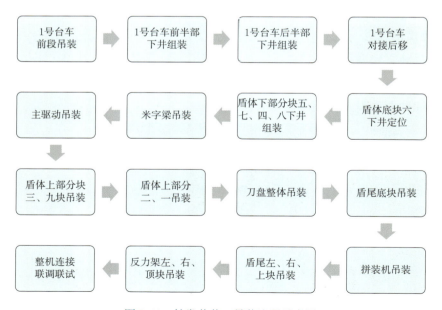

图 3-14　始发井井口吊装流程示意图

2）预留井井口吊装顺序

预留井井口吊装顺序如图 3-15 所示。

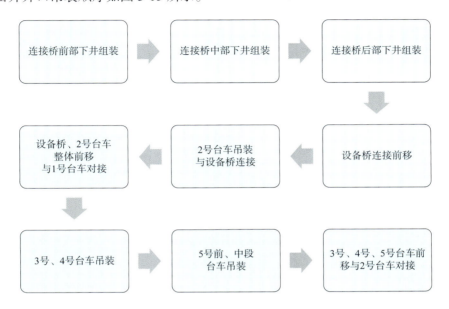

图 3-15　预留井井口吊装流程示意图

4. 盾构组装关键控制要点

1）盾构组装

关键部件如盾体、主驱动、刀盘的现场装配，因其规格、重量的特点，直接影响到设备的整体性能甚至工程成败，其装配工艺尤为重要。

（1）盾体组装

超大直径盾构外径达 15m，前中盾分为 10 块（见图 3-16），尾盾分为 4 块（见图 3-17），各分块运到工地后再进行拼装、焊接，形成由前中盾、尾盾组成的完整盾体。前中盾底块 6 的调整定位、顶块 1 的下井安装，以及盾尾的调圆、焊接是关键的技术难题。

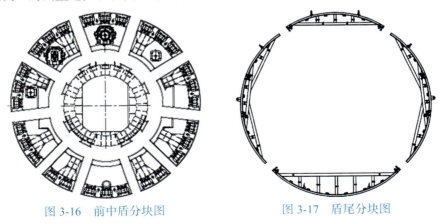

图 3-16　前中盾分块图　　　　图 3-17　盾尾分块图

盾构主设备组装从前中盾底块 6 的下井组装开始，随后进行的组装均为定位基准。底块 6 中心要求与隧道轴线对齐，盾体切割环与井口结构预留 3500mm 的距离，以满足刀盘下井安装（见图 3-18）。底块 6 避开切口环位分前后 2 排布置 4 个调平液压缸，通过液压缸升降调整底块 6 到合适位置，与其左右 5 号、7 号盾体进行法兰连接，并按要求安装密封条和涂胶。

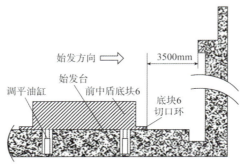

图 3-18　底块 6 定位示意图

（2）主驱动组装

盾构主驱动质量为 450t，用两对 ϕ90mm×20m 钢丝绳挂到 ME650t 门式起重机上，在支撑平台上安装好主驱动翻转架。装好翻转架后，用双钩及主驱动两端的 4 个吊耳，将主驱动平放至地面。门式起重机双钩挂上主驱动的两个主吊耳，直接用翻转架翻身后吊装下井。

（3）刀盘组装

汕头海湾隧道盾构吊装作业吊装最大部件为刀盘，由 6 个边块（含副梁）和 1 个中心块（见图 3-19）拼接组装而成。刀盘吊装之前先在地面进行拼装（见图 3-20），拼装完成后测量刀盘平面度、圆度等参数并调整各个分块高度（见图 3-21、图 3-22），最后进行焊接，将各分块连接成整体。

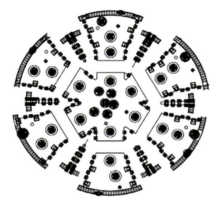

图 3-19　刀盘分块示意图

图 3-20　刀盘分块吊装

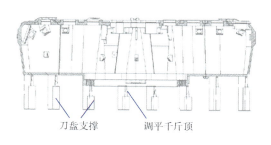
图 3-21 刀盘静置调整示意图

图 3-22 刀盘中心块与边块的微调

2）盾构吊装关键控制要点

（1）盾构吊装翻转

汕头海湾隧道盾构吊装下井的深度为 21m，属于高空作业，吊装时还需由履带式起重机配合将刀盘翻转 65°再由门式起重机垂直吊装下井。刀盘翻转时，需要 400t 履带式起重机搭配全配重配合。

超大直径盾构主驱动的直径达 7.6m，质量达 450t，远远超过 ϕ6m 盾构主驱动的规模，其吊装所需的吊装设备和吊装方式也大有不同。

目前，超大直径盾构主驱动的起吊一般是采用两台大型起吊设备（1 号起重机和 2 号起重机，1 号起重机可单独起吊盾构主驱动，2 号起重机辅助），分别在盾构主驱动两侧连接吊钩，整个盾构主驱动平躺起吊，起吊至满足翻转高度后，1 号起重机将盾构主驱动一端往上起吊，以达到盾构主驱动翻转的动作，随后 2 号起重机扯离，1 号起重机将盾构主驱动往始发井下吊，下吊至合适高度后，完成盾构主驱动和盾体的连接。此吊装方法主要存在以下缺陷：

①对起吊设备的起吊能力要求较高；

②需要两台超大型起吊设备，需要足够大的吊装场地；

③对操作人员的要求较高，操作人员需要有足够丰富的经验并相互配合操作；

④下吊时盾构主驱动无保护，吊装稳定性不足。

因此主驱动翻转通过门式起重机外加翻转支架进行，如图 3-23、图 3-24 所示。翻转支架包括吊装架和支撑架，其分别用于与起重机连接、吊装翻转过程对盾构主驱动的保护，且均连接于盾构主驱动的端面和外侧面。在吊装过程中，利用翻转支架不仅能够实现盾构主驱动起吊时的轻松翻转，而且能够在下井吊装过程中对盾构主驱动进行保护；另外，利用翻转支架只需采用一台起重机便能起吊及吊装盾构主驱动，节省吊装空间。

图 3-23　翻转支架与主驱动安装对接　　图 3-24　门式起重机外加翻转支架起吊主驱动

（2）盾构吊装验算

对主要受力件，包括刀盘主吊耳、扁担梁、过渡板进行三维建模及有限元分析。

①主吊耳。利用 ANSYS 对吊耳受力分析计算结果显示，刀盘吊耳作业时，吊耳的最大等效应力为 118.1MPa，吊耳绝大部分的等效应力小于 100MPa，吊耳的最大综合位移为 1.2445mm，刀盘吊耳材料为 Q345B，该材料的许用应力为 295MPa，吊耳的设计满足强度要求。主吊耳最大位移云图如图 3-25 所示。

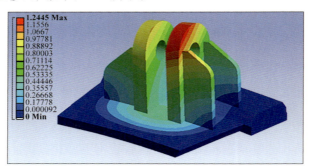

图 3-25　主吊耳最大位移云图

②扁担梁。利用 ANSYS 进行分析计算结果显示，刀盘吊装过程中，扁担梁的最大等效应力为 100.68MPa，过渡板绝大部分的等效应力小于 70MPa，吊耳的最大综合位移为 0.19mm，刀盘扁担梁材料为 Q345B，该材料的许用应力为 295MPa，扁担梁的设计满足强度要求。扁担梁最大位移云图如图 3-26 所示。

图 3-26　扁担梁最大位移云图

二、盾构调试

1. 调试前准备

1）电力准备

高压：高压配电间为 10kV 双路供电，在两条母线间设有联络柜，以实现应急状态下的电源转换。同时高压成套柜配置有速断、过流保护，并增设零序电流保护，整个配电间设置有监控报警系统。

低压：1号台车上部设备安装完成后，台车会整体后移进入明挖结构段。在1号台车、设备连接桥以及 2 号台车连成整体，3 号、4 号、5 号台车连成整体后，可以分两个工作面独立进行电缆的敷设。

一部分进行 4 号台车上设备的接线，包括盾构自带高压电缆与下井高压电缆的连接防护，盾构高压电缆与高压柜的接线，高压柜与两台变压器的接线，变压器与变频柜、动力柜的接线，变频柜与动力柜间的接线，动力柜至泥浆延伸系统及污水系统的接线。

一部分进行 1 号台车上主机室内接线，包括计算机与 PLC（可编程逻辑控制器）之间的接线、主控室与空压机控制柜的接线、主控室与注浆泵控制柜的接线、控制柜与注浆泵的接线、主控室与台车各控制柜的环网接线。

2）管线延伸

东线德国海瑞克盾构泥浆管延伸系统为伸缩管式，西线中国中铁装备盾构泥浆管延伸系统为弯曲式。泥浆管路延伸位于 4 号、5 号台车末端，两台盾构分别设置于台车的左右两侧。始发时需要从地面安装管路从预留井口下井对接。

两台盾构最大总功率达 9040kW，由 2 根 $185mm^2$、10kV 专线提供电力，5 号台车顶层安装有 2 套各 400m 储存电缆卷筒。盾构上水管卷筒储备的 40m、200mm 软管，借助电动卷筒可实现循环水管延伸。

3）电气元件测试

高压电缆卷筒、高压柜、变压器在安装完成后，进行耐压泄流测试，测试方法与上述高压电缆测试方法相同。变频柜及动力柜需进行线路绝缘检查。安装时，需核对所有台车上预留的接线口，定位时需注意各部件间的尺寸，保证电缆长度能满足连接需要。定位完成后，对各部件进行固定防滑，变压器在接线完成后需用栅格网进行防护。在台车型钢梁上，焊接接地排，将各部件与台车、主机连接成整体，同时与预留井口的预留接地端相连，并测量接地电阻，确保其低于 4Ω。

以上所有高压部分，在通电前都必须按照技术规范进行相关测试，包括交直流耐压、直流电阻、吸收比、变比等，测试合格后方可通电。

2. 调试主要内容

盾构调试分台车调试及盾构主机联机调试两部分进行。相关检查项目和检查内容详见表 3-12。

盾构设备调试项目与内容　　　　　　　　　　表 3-12

调试内容	检查项目	检查内容
后配套台车调试	动力柜、变频柜	高压柜、变压器送电前需做耐压测试，测试标准与高压电缆一样。动力柜、变频柜送电后先检测电压是否正常
	照明系统	动力柜送电后照明系统运行，检测所有照明设备是否正常运行
	网络连接系统	台车网络包括 PLC 通信、控制回路、语音视频系统等。先检测控制系统，保证所有控制电路正常，控制回路正常后连接 PLC 通信，保证所有 PLC 从站在线
	泥浆延伸系统	检测伸缩管机构是否水平、延伸架行走是否平稳，泥浆泵空载变速运行是否正常
	污水系统	检测污水泵与潜污泵转向、污水箱液位、污水系统的自动运行是否正常
	水循环系统	检测各电机转向是否正确，水箱液位是否正常，自动加水装置是否正常
	液压油过滤、循环系统	检测各液压系统电机转向、液压过滤系统压力差是否正常
	空压机	检测空压机本地启动是否正常，远程控制是否正常，反馈压力与罐体压力表压力是否一致
	注浆系统	检测砂浆罐搅拌电机转向、砂浆罐搅拌叶转动是否正常，润滑系统注入是否正常，注浆泵液压系统是否正常，注浆压力传感器及脉冲传感器是否正常，B 液泵运转是否正常，B 液流量计是否正常
	泥水系统测试	检测泥浆泵运转是否正常，主控室反馈信息是否正确，各阀位是否正确，阀位开关反馈信息是否正确
主机联机调试	密度计	密度计的首次安装由厂家指导安装，首次调试由厂家进行。密度计厂家免费调试培训，后续调试可由项目人员进行。密度计操作根据"密度计操作说明书"进行
	保压系统	检测控制气压是否正常，气路反馈是否正常
	主轴承 HBW 系统	检测工作压力是否正常，并对刀盘进行油脂注入直至从刀盘法兰面溢出
	EP2 油脂密封系统	检测 EP2 油脂密封系统是否正常，并将油脂注满主轴承直至溢出
	盾尾油脂注入系统	检测工作压力是否正常，各球阀开关是否正常，自动工作情况是否正常
	齿轮油循环系统	检测压力流量、液位报警功能是否正常，保压罐液位是否正常
	管片安装系统	检测各自由度功能、真空吸盘功能、吸盘试压是否正常
	推进系统	检测推进速度、液压缸压力是否正常
	刀盘驱动系统	检测正转、反转功能、最大速度、速度调节、压力等是否正常
	岩石破碎系统	检测动作、工作压力、破碎能力是否达到设计指标

续上表

调试内容	检查项目	检查内容
主机联机调试	泥水处理系统	检测工况是否正常，压力、速度自动调节是否满足设计要求
	整机联动控制	检测各个环节在控制室的控制情况是否正常
	盾构故障显示测试	检测盾构故障显示是否正常

3. 盾构调试要点

（1）盾构调试应先局部后整体，从外到内，首先检查电源，然后检查外部线路。PLC程序出现故障情况较少，对于电气故障，首先要将可能的外部故障点全部排除后，再判断是否为PLC故障问题。

（2）连接线路问题。将电箱中的线路一端短接，再测量另一端的电阻，如果显示短接，则线路正常；显示有电阻或断线，表明接线有松脱或中间断线，找出故障点，再重新接线，设备即可正常工作。

（3）元件故障。采用排除法，将传感器安装到同一工作的传感器接口，若传感器起作用，其他正常工作的传感器就会接到一个失败的接口；再观察是否正常工作，若不能正常工作，则判定该传感器接口出现问题；依次类推，在排除传输线的故障以及显示器的接口后，才能准确快速地找出电气元件出现问题的位置。若元件损坏或接头损坏，则必须进行更换。

（4）参数及程序问题。在排除电气线路和元件等外部可能出现的故障后，若问题仍未解决，应考虑PLC程序或放大版参量等可能出现的问题。通过对螺旋输送机的调试发现，该机组的最高转速与设计值偏差较大。经过检查，螺旋输送机的外部线路和元件等故障点无异常，其后对液阀连接方式进行检查，也无异常，PLC的输入输出信号正常。随后，对螺旋输送机的放大参数进行了检测，发现其输出电流过小，于是对放大参数进行修改，并重新进行检测，使其转速达到调试要求。

第四章　盾构井及端头加固

汕头海湾隧道
复合地层超大直径盾构
施工关键技术研究

RESEARCH ON KEY CONSTRUCTION TECHNOLOGY OF
SUPER-LARGE DIAMETER SHIELD OF
SHANTOU BAY TUNNEL
IN MIXED FACE GROUND CONDITIONS

汕头海湾隧道盾构始发井位于南岸的围堰内，接收井位于北岸海堤附近，两口井的开挖范围内都存在富水软弱地层，始发井内还存在孤石。与常规直径盾构工程相比，本项目盾构井具有开挖深、开挖面积大的特点，南岸始发井深29.6m，局部深31.6m，开挖尺寸为49.9m×25m；北岸接收井深32.5m，开挖尺寸为30m×48.1m。两口井施工时同步进行了盾构始发与到达端头加固。

第一节　盾构井

一、围堰设计与施工

汕头海湾隧道始发南岸基岩凸起较高、孤石发育、分布不规则，硬岩和孤石段隧道长约400m。为减少两台盾构在基岩及孤石段的掘进长度，将盾构始发井、后配套段及隧道暗埋段结构往外延伸布置，设置于围堰内。围堰长约405m、宽约125m，采用外侧抛石+山皮土+内侧闭气土方的土石结构（见图4-1）。

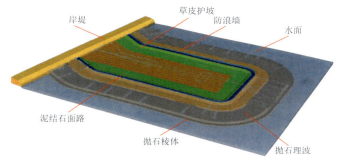

图4-1　填海围堰效果图

围堰顶部填至4.5m，其上依次铺设0.3m厚的石渣垫层、0.2m厚泥结石至5m，浆砌块石防浪墙设置在堰顶迎水侧，防浪墙顶宽0.5m，围堰顶高程5.8m。

压载平台位于围堰迎水侧高程3m处。平台以上坡比为1:3，上有80cm厚灌砌块石护面，下有30cm碎石垫层，坡脚为1.2m×1.0m素混凝土镇脚，平台以下以1:3的坡比降至2.0m高程、增加二级压载平台保证稳定，围堰护脚采用0.6m厚的抛石结构（见图4-2）。

图4-2　隧道填海围堰段平面图和全景

围堰填筑时,先在外侧 2.0m 高程抛填顶宽 6.0m 的抛石棱体,达到 3m 厚碎石垫层后,内侧抛砂至 1.5m 高程,再进行上部山皮土及闭气土方的填筑。围堰山皮土填筑背水侧坡比为 1：1.5。铺设防渗土工膜后,再填筑闭气土方。闭气土方顶宽 1m,坡比为 1：2.5。在 3.0m 高程处设 22m 宽的压载平台,坡面采用草皮护坡,坡脚设素混凝土排水沟,尺寸为 1.0m×1.0m,壁厚 0.3m,并在围堰轴线上设置 6 座混凝土集水井,尺寸为 2.0m×2.0m×2.0m,底板及壁厚 0.4m。其施工顺序见表 4-1。

围 堰 海 上 施 工　　　　　　表 4-1

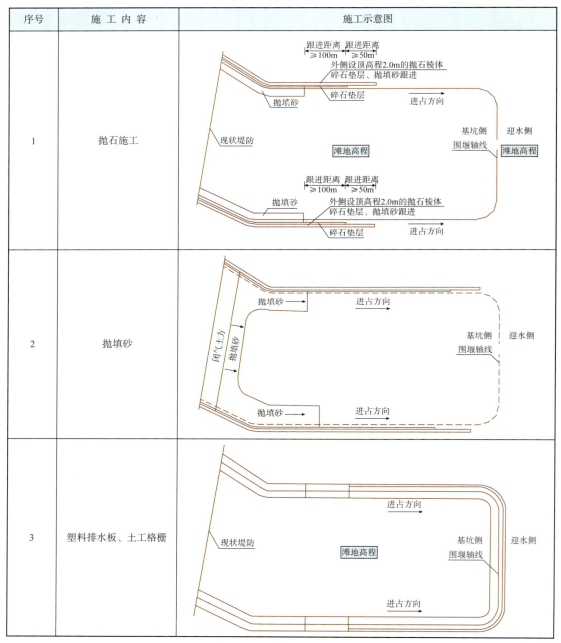

序号	施工内容	施工示意图
1	抛石施工	
2	抛填砂	
3	塑料排水板、土工格栅	

续上表

序号	施工内容	施工示意图
4	山皮土、闭气土及防渗土工膜	

二、盾构井设计与施工

1. 始发井与接收井设计概况

1）始发井地质及设计情况

盾构始发井基坑位于围堰内（见图 4-3）。场地范围内地层上部主要为淤泥、淤泥质土。其中淤泥层厚度达 11m，含水率高达 70.4%，孔隙比大（1.96），压缩系数达 1.65MPa，强度低（承载力特征值 50kPa），基坑开挖易发生"蠕动"，可能导致土体剪切破坏，造成基坑变形、塌陷。下部分别为淤泥混砂、粉质瓢土、中粗砂层等，水量较为丰富，基坑开挖易发生涌泥涌沙。因此，海域围堰复杂地质盾构始发深基坑的设计尤为重要。

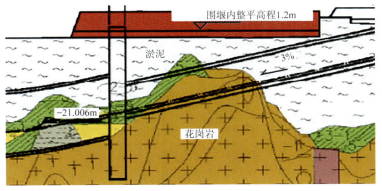

图 4-3 隧道填海围堰段地质纵断面图

具体设计概况及参数见表 4-2。南岸始发井结构剖面图如图 4-4 所示。

盾构始发井设计概况及参数　　　　　　　　　表 4-2

项　目	设计概况及参数
基坑尺寸	49.9m（长）×25m（宽），深 29.6m，局部深 31.6m
支护形式	基坑开挖阶段采用"连续墙+环框梁+内支撑"支护体系，地下连续墙厚 1.2m，采用 6 道钢筋混凝土斜撑；盾构始发时，需要拆除混凝土斜撑，围护结构支撑受力体系转换为"地下连续墙+侧墙+环框梁+井内纵梁"
建筑面积	1250m^2
施工方法	侧墙及支撑采用逆作法施工，内部结构采用顺作法施工
围护结构	采用 1200mm 厚地下连续墙围护，H 型钢接头形式，盾构出洞位置采用锁口管接头形式
主体结构形式	（1）盾构接收井主体为混凝土箱形框架结构。 （2）内部结构横断面为板式箱形框架，纵向为连续梁式体系
降水设计	管井井点降水+坑外明排

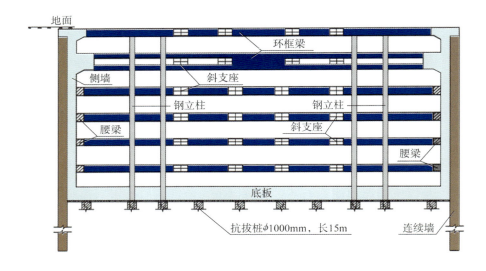

图 4-4　南岸始发井结构剖面图

2）接收井地质及设计情况

盾构接收井场区范围内从上到下穿越地层主要为②$_1$淤泥、③$_3$粉细砂、②$_2$淤泥质土、②$_6$砾砂、③$_4$中粗砂、⑥$_{2a}$强风化花岗岩、⑥$_3$中风化花岗岩，如图 4-5 所示。盾构接收端场区内钻孔揭露地层主要为第四系（Q）海积沉积层、海陆交互相沉积、残积土层及燕山期侵入岩。其中，第四系地层主要包括填筑土、淤泥、淤泥混砂、粉细砂、淤泥质土、中粗砂、粉质黏土、砾砂等，燕山期侵入岩主要为花岗岩，局部见辉绿分岩（脉）穿插。

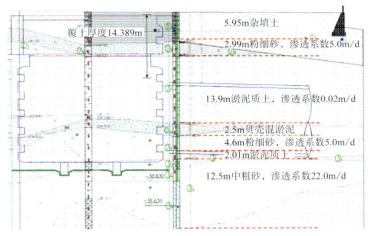

图 4-5 盾构接收井地质纵断面图

盾构接收井设计概况及参数见表 4-3，结构剖面图如图 4-6 所示。

盾构接收井设计概况及参数　　　　　　　　　　　表 4-3

项　目	设计概况及参数
基坑尺寸	48.1m（长）×30m（宽），深 32.5m
支护形式	（1）采用 1200mm 厚地下连续墙围护，H 型钢接头形式，盾构出洞位置采用锁口管接头形式，洞身范围采用玻璃纤维筋；旋喷桩止水，接收井端墙洞门范围内的连续墙迎土侧钢筋采用玻璃纤维筋替代。 （2）围护结构内支撑采用六道混凝土腰梁+混凝土支撑（均采用斜撑）
建筑面积	1440m²
施工方法	侧墙及支撑采用逆作法施工，内部结构顺作法施工
主体结构形式	（1）盾构接收井主体为混凝土箱形框架结构。 （2）内部结构横断面为板式箱形框架，纵向为连续梁式体系
降水设计	管井井点降水+坑外明排

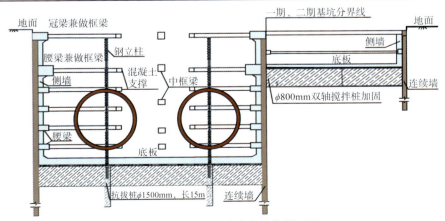

图 4-6 北岸盾构接收井结构剖面图

2. 围护结构

1) 始发井围护结构

南岸围堰内北端头设置始发工作井,南岸盾构井采用地下四层三跨框架结构,基坑长度 25m,宽度 49.9m,深 29.6m。始发工作井围护结构采用 1.2m 厚地下连续墙,始发井处顶面高程为 2.8m,围护结构顶(冠梁)高程为 1.7m,挡水墙高度为 0.4m。始发井开挖阶段采用连续墙+内支撑体系,连续墙厚 1.2m,采用 6 道钢筋混凝土支撑:第 1、2、5、6 道混凝土支撑截面尺寸为 1300mm×1000mm,第 3、4 道混凝土支撑截面尺寸为 1300mm×1200mm。

后配套基坑地下连续墙厚 1m,桩顶设尺寸为 1000mm×1000mm 的钢筋混凝土冠梁;第 1、2 道截面设尺寸为 1300mm×1000mm 的混凝土支撑+4 道钢支撑。

2) 接收井围护结构

北岸明挖段围护结构采用地下连续墙及直径为 850mm 的 SMW 工法桩支护形式。基坑深度大于 17m 时,采用厚 1000mm 的地下连续墙;基坑深度在 12～17m 之间时,采用厚 800mm 的地下连续墙;基坑深度大于 2.5m 且小于 12m 时,采用直径为 850mm 的 SMW 工法桩;基坑深度小于 2.5m 时,采取 1:2 放坡开挖。

内支撑采用混凝土支撑、钢支撑两种形式。第一道采用混凝土支撑(尺寸为 1000mm×1000mm),基坑角部各道支撑采用混凝土支撑,较深基坑隧道顶板以上设置第二道混凝土支撑(尺寸为 1000mm×1200mm),其余采用 ϕ609mm/800mm 钢管支撑。根据基坑宽度设置中立柱及连系梁,中立柱采用尺寸为 550mm×550mm 的格构柱,柱下采用 ϕ1000mm 的钻孔桩基础。混凝土支撑间采用尺寸为 600mm×700mm 混凝土连系梁,钢管支撑间采用双榀 I45C 连系梁,混凝土腰梁尺寸为 490mm×1200mm(对应 1200mm 混凝土支撑),钢腰梁采用双榀 I45C。

3. 主体结构

1) 始发井主体结构

始发井主体结构底板厚度 2m、顶板厚度 1.4m、侧墙厚度 1.2m、车道厚度 0.7m、中板厚度 0.4m。设置五道腰梁(环框梁),环框梁截面尺寸为 2500mm×3500mm,第一、二道腰梁截面尺寸为 1200mm×2200mm,第三、四道腰梁截面尺寸为 1000mm×2200mm。

盾构井底板中部设置两排每排两根 1000mm×1400mm 的中立柱,北端设置两根防淹门立柱，截面尺寸为1200mm×2823mm和1200mm×1866mm；主体结构侧墙阴角处设置四根2200mm×2200mm的暗柱，盾构井和后配套连接处侧墙阳角设置1200mm×1200mm的暗柱。端墙和两侧侧墙各设置两根1000mm×2000mm的扶壁柱。

盾构井底板纵横向各设置两道1000mm×2000mm板梁，车道板纵横向设置600mm×1000mm的暗梁，两层中板纵横向设置1000mm×1000mm的暗梁，顶板设置纵横向设置两道1000mm×1400mm的暗梁。

始发井主体结构纵断面图如图4-7所示。

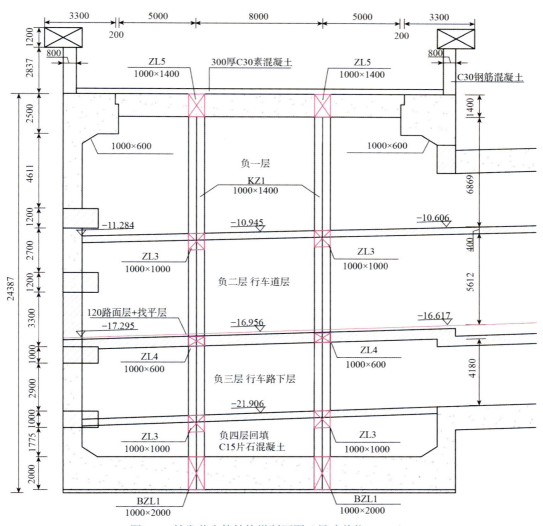

图4-7 始发井主体结构纵断面图（尺寸单位：mm）

2）接收井主体结构

接收井主体结构纵断面图如图4-8所示。

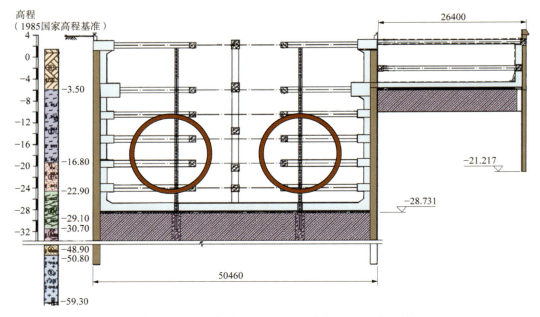

图 4-8　接收井主体结构纵断面图（尺寸单位：mm；高程单位：m）

3）洞门预埋钢环设计

盾构隧道与始发井连接洞门处采用钢环相接，其中钢环外径为 16.25m（内径为 15.45m），厚为 0.1m，环框面板宽 0.40m，整套钢环质量约为 16.7t。钢环中间采用型钢网格结构支撑及连接，钢环安装分阶段进行。

受盾构井围护结构内支撑的影响，端头井处内衬墙须采用分段分层浇筑，因此，盾构始发井侧墙分段施工分块（分 8 块）预埋安装完成，分块钢环之间用型钢网格支架连接，在第一层腰梁垫层浇筑前先通过测量放线安装上部两块钢环，待上部侧墙浇筑完开挖下道腰梁，再安装下部两块钢环，循环直至钢环安装完成（见图 4-9）。

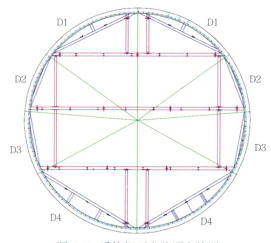

图 4-9　盾构钢环安装顺序简图

为便于钢环安装和保证安装质量，安装钢环前须在围护结构上凿露钢筋，焊好定位钢筋，定位钢筋的数量以托住钢环的重量为限。

在洞门钢环外侧肋板均匀焊接三排ϕ16mm、L=480mm 的锚筋，钢环沿翼板一周焊接一排ϕ16mm、L=480mm 的斜锚筋（见图 4-10）。其中，不少于 12 根锚筋和盾构井主体钢筋进行搭接焊，搭接长度不少于 30cm。

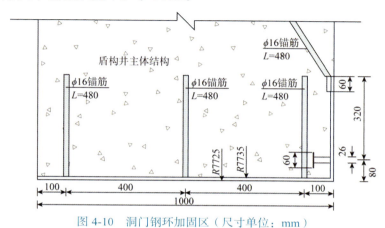

图 4-10　洞门钢环加固区（尺寸单位：mm）

4. 基坑加固

1）阴角加固

为提高始发井后靠土体强度，防止转角处的地下连续墙发生较大扭转变形，在始发井与明挖暗埋段相接转角基坑外侧，采用高压旋喷或三轴搅拌桩加固，加固范围为地面至始发井坑底下 5.0m，要求后靠土体无侧限抗压强度不小于 1.5MPa。

2）地下连续墙槽壁加固

因基坑开挖范围内存在淤泥、淤泥混砂、粉质黏土等软弱地层，为了防止塌槽，增强槽壁稳定性，对地下连续墙两侧进行软土加固，加固方法为：对淤泥深厚段采用 3 排ϕ650mm 单轴搅拌桩进行加固；其他段采用单排ϕ650mm 单轴搅拌桩进行加固。加固深度 15m，如 15m 以内遇到基岩凸起，则加固到基岩面即可，如遇孤石则槽壁加固采用旋喷桩。

槽壁加固水泥掺量不低于 15%，加固后水泥土强度不低于 0.8MPa。搅拌桩位置应适当外扩，并严格控制搅拌桩垂直精度，这样既能防止成槽施工中的槽壁坍塌，又能防止搅拌桩侵入槽内位置。

3）基坑内加固

为增大基坑被动土压力、控制土体变形，以及增强基坑稳定性，沿基坑纵向设置裙边加固区，加固宽度为 4m、加固深度为基坑底下 4m。加固方式采用双轴搅拌桩（2×ϕ700mm，间距 514mm），加固后水泥土强度不低于 1.0MPa。

为增强深厚淤泥段被动区土压力，也便于桩基成孔施工，填海围堰段明挖隧道基坑采用双轴搅拌桩（2×φ700mm，间距514mm）抽条加固。抽条宽度为4.5m，抽条间距为4.5m，加固深度为4m。

第二节 端头加固

端头加固质量的好坏关系到盾构能否安全始发与到达。超大直径盾构工程由于隧道断面更大，端头加固范围相应增大，风险也更大。端头加固目前已经有相当多的经验，而汕头海湾隧道盾构端头加固与过往端头加固范围有一定区别，主要是由于地质条件不同以及本工程盾构采用水中到达的方式导致。始发端头加固长度为18m，接收端头加固长度为9m+1.7m，接收端头加固长度几乎仅为始发端头加固长度的一半，而最终盾构安全水中出洞，证明了端头加固方案在本项目中是可行的，同时加固范围的缩短节约了工程成本，为此方案后续在同类工程项目中推广应用提供了参考。

一、端头加固方法比选

始发/到达端头加固所采用的施工工法较多，主要取决于地层情况、地下水、覆盖层厚度、盾构直径、盾构型、地面和地下环境等因素，同时，还需统筹考虑安全、施工方便、经济、进度等因素。目前，端头加固大多采用多种工法相结合的方案，主要包括搅拌桩法、高压旋喷桩法、注浆法、SMW工法、冻结法、降水法等，也可采用素混凝土连续墙或素钻孔桩等方法。常规端头加固工法地层适应性见表4-4。

常规端头加固工法地层适应性统计表　　　　　　　　表4-4

序号	工法	地层适应性	优缺点
1	搅拌桩法	适用于加固各种成因的饱和软黏土，如未固结的淤泥、淤泥质土、素填土、黏性土（软塑、可塑）、粉土（稍密、中密）、饱和黄土等。含水砂层中一般加固质量较差。不适用含大孤石或障碍物较多、硬塑及坚硬的黏性土、密实的砂土类，以及地下水渗流影响成桩质量的土层	该方法受设备性能限制，一般单轴搅拌在14m深度以下加固效果会变差，优点是造价相对低
2	高压旋喷桩法	适用于第四纪松散土层，包括人工填土、淤泥、淤泥质土、粉土、黄土、砂土和碎石土等，当土中含有较多的大粒径块石、坚硬黏土、大量植物根茎或过多有机质时，应根据先行试验结果确定其适用范围	加固深度超过22m时，效果降低。由于其造价偏高，施工单位往往不愿采用，但在围护结构与加固体的间隙加固以及角部加固中经常被采用
3	注浆法	适用于端头周边存在建筑物或路面交通无法导改，场地无法提供时；适用于多种地层，尤其是深度较深的砂质地层、砂砾层、全风化及强风化地层，或与搅拌桩等工法相结合，对于含水量不大的地段进行加固止水。可进行单液和双液注浆，同时可进行跟踪注浆；常用的水泥浆适用于颗粒较粗的土层或者直径大于0.2～0.3mm的裂缝或孔隙；淤泥质黏土、粉土质淤泥或者直径小于0.2mm的裂缝或孔隙往往需要采用超细水泥或化学浆液	注浆材料和施工方法种类较多，可根据地下水、地质、施工环境等来确定；经济性和可施工性好；但需考虑因注浆而引起地基隆起及结构变形等问题的处理对策

续上表

序号	工法	地层适应性	优缺点
4	SMW 工法	适用于砂层、淤泥层、黏土层等各类软土地层	该工法加固质量、连续性好、强度高（黏土 0.5～1MPa，砂和砂卵石 0.5～30MPa），但造价偏高
5	冻结法	适用于淤泥层、含水砂层、砂砾层，该工法的冻土强度和止水性高。地下水流速大于 10m/d，冻土扩展受到抑制，冻土形状不规正；流速大于 40m/d，冻土帷幕扩展困难	冻结法是高可靠性的施工工法。且冻土会产生冻胀和融沉效应，对地面沉降控制和周边建筑物影响较大，且造价高
6	素混凝土连续墙、素钻孔桩法	对于富水动水土层中，素混凝土连续墙主要用作加固体的止水帷幕，墙的形态呈"冂"字形或"口"字形；其内施作旋喷桩或搅拌桩	该方法需注意控制素墙混凝土的强度，不能过高；而且要注意素墙接缝位置防水的处理
7	降水法	适用于均一砂性地层，需考虑对周边环境、建（构）筑物沉降的影响。应用于始发/到达时还要考虑降水对隧道的影响，多与其他加固措施相结合	可能会产生地基沉降等现象，必须事先评估地下水位下降对周边环境的影响后再实施，或与回灌相结合实施

二、始发端头加固

1. 始发端头地质概况

始发加固区洞身顶部为淤泥，洞身段自上而下依次为淤泥、淤泥质土、粉质黏土、中粗砂、花岗岩，底部为花岗岩，其中淤泥比例为 24%，淤泥质土为 27%，粉质黏土为 20%，中粗砂为 11%，花岗岩为 18%，如图 4-11 所示。

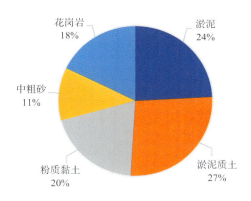

图 4-11 始发加固区土层占比示意图

始发端头存在较厚的淤泥层，含水量高、透水性差、呈流塑状，地层情况如图 4-12 所示。

根据详细勘察资料，在西线端头加固区风化岩层范围存在石英岩脉，岩芯多呈块状，裂隙发育，继而进行补勘。端头加固区补勘 7 孔，第一次补勘钻孔编号为 BK04～BK07（BK 代表补勘拼音首字母大写），第二次补勘钻孔编号为 ZBK02～ZBK04（BK 代表补勘孔，Z 代表增加孔位），补勘孔位平面图如图 4-13 所示。

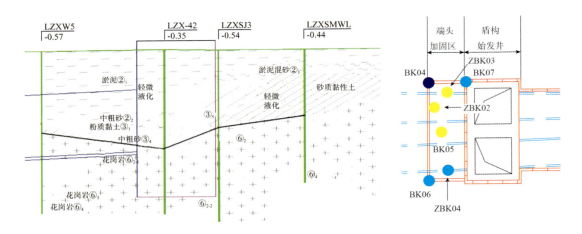

图 4-12 始发端头加固地质纵断面图　　　图 4-13 补勘孔位平面图

其中 BK04 孔在 25.5m 深度范围揭露基岩凸起，ZBK02 孔在 25.2～26.5m 和 28.5～29.3m 分别揭露孤石，ZBK03 孔在 23.4～25.1m 和 29～29.8m 分别揭露孤石，揭露孤石最大直径为 1.7m。

2. 始发端头加固设计

1）加固方案

盾构始发井位于南岸围堰范围内，具体加固措施如下：

（1）始发井端头纵向加固长度为 18m，上部加固至场地高程，左右加固至盾构隧道管片外边缘 5.5m，下部至隧道底以下 5m，加固方式采用外围三面 800mm 厚素混凝土连续墙与始发井围护结构组成合围区，合围区内地层用 ϕ850mm、间距 600mm 的三轴搅拌桩加固，如图 4-14 所示。

（2）为防止凿除始发井端头连续墙后地层坍塌，始发井端头墙开洞范围外侧设计为 1000mm 厚的素混凝土连续墙。

（3）为保证超大直径盾构始发洞门破除安全，在设计洞门范围素混凝土地下连续墙基础上，沿盾构掘进方向设置 3 排 ϕ1200mm、间距 800mm 的高压旋喷桩；素混凝土连续墙与始发井围护结构地下连续墙接头处采用 3 根 ϕ1200mm、间距 800mm 的三重管高压旋喷桩止水；同时对素混凝土地下连续墙与三轴搅拌桩间形成的间隙，采用 ϕ1200mm、间距 800mm 的高压旋喷桩补强，桩长同三轴搅拌桩长度，如图 4-15 所示。

2）端头加固验算

（1）加固强度验算

在进行始发端头加固强度验算过程中，对地层进行简化计算（见图 4-16）。

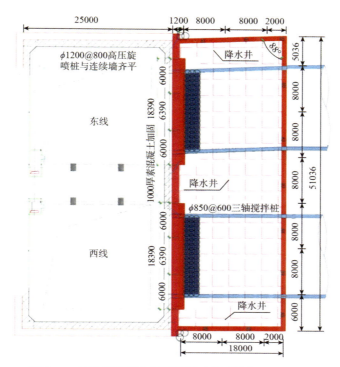

图 4-14 始发端头段加固平面图（尺寸单位：mm）

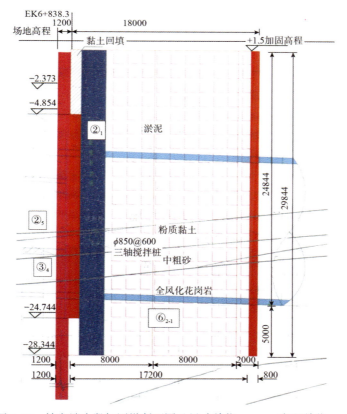

图 4-15 始发端头段加固纵断面图（尺寸单位：mm；高程单位：m）

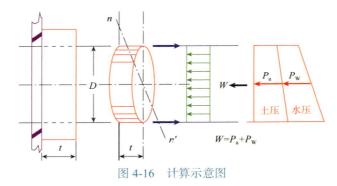

图 4-16 计算示意图

将加固土体视为厚度为t的周边自由支承的弹性圆板，在外侧水土压力作用下，板中心处的最大弯曲应力按弹性力学原理求得，强度验算公式为：

$$\sigma_{max} = \pm\beta\frac{Wr^2}{t^2} \leqslant \frac{\sigma_t}{K_1}$$

其中：
$$\beta = \frac{3}{8}\times(3+\mu) = \frac{3}{8}\times(3+0.2) = 1.2$$

$$W_1 = 0.82\times15.4\times8.5 = 107.34\text{kPa}\ (\text{上点水土压力})$$

$$W_2 = 0.82\times15.4\times8.5 + 0.54\times16.7\times2.6 + 0.25\times19.5\times9.9$$
$$= 179.05\text{kPa}\ (\text{下点水土压力})$$

$$W = \frac{W_1+W_2}{2} = 143.2\text{kPa}$$

$$W = 143.2\text{kPa},\ r = \frac{D}{2} = 7.55\text{m},\ t = 18\text{m}$$

由于始发端头除了满堂三轴搅拌桩加固外，还进行了素混凝土墙施工，因此，经过端头加固后，土体抗压强度q_u取值为：淤泥、淤泥混砂为 1.0MPa，强风化花岗岩为 1.5MPa。

$$\sigma_t = \frac{q_u}{10} = 0.125\text{MPa} = 125\text{kPa},\ K_1 = 1.5$$

$$\sigma_{max} = \beta\frac{Wr^2}{t^2} = 1.2\times\frac{143.2\times7.55^2}{18^2} = 30.23\text{kPa} \leqslant \frac{\sigma_t}{K_1} = \frac{125}{1.5} = 83.33\text{kPa}$$

周边自由支承的圆板，其支座处的最大剪力亦可按弹性力学原理求得，其抗剪强度的验算公式为：

$$\tau_{max} = \frac{3Wr}{4t} \leqslant \frac{\tau_c}{K_2};\ \tau_c = \frac{q_u}{6}$$

代入数据得：

$$\tau_{max} = \frac{3Wr}{4t} = \frac{3\times143.2\times7.55}{4\times18} = 45.05\text{kPa} \leqslant \frac{\tau_c}{K_2} = \frac{208.33}{1.5} = 138.89\text{kPa}$$

因此，加固土体强度验算满足要求。

（2）整体稳定验算

洞外加固土体在上部土体和地面堆载q等作用下，可能沿某滑动面向洞内整体滑动，假定滑动面是以端墙开洞顶点O为圆心，开洞直径D为半径的滑弧面（见图4-17），此时，引起的下滑力矩为：

$$M = M_1 + M_2 + M_3 = \frac{qD^2}{2} + \frac{Q_{\pm}D}{2} + \frac{r_t D^3}{3}$$

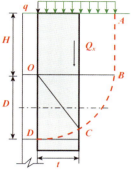

图4-17　整体稳定性验算

其中，地面堆载q设为70kPa，加固土体重度$\gamma_t = 20\text{kN} \cdot \text{m}^3$，则下滑力矩为：

$$M = \frac{70 \times 15.1^2}{2} + \frac{20 \times 15.4 \times 8.5 \times 15.1}{2} + \frac{20 \times 15.1^3}{3}$$
$$= 7980.35 + 19765.9 + 22953 = 50699.25 \text{kN} \cdot \text{m}$$

抵抗的下滑力矩为：

$$\overline{M} = \overline{M_1} + \overline{M_2} + \overline{M_3}$$
$$= 9 \times 8.5 \times 15.1 + 9 \times 15.1^2 \times \left(\frac{\pi}{2} - 0.94\right) + 350 \times 0.94 \times 15.1^2 = 77463.26 \text{kN} \cdot \text{m}$$

抗滑移安全系数：

$$K_2 = \frac{\overline{M}}{M} = \frac{77463.26}{50699.25} = 1.53 \geqslant 1.5$$

因此，加固土体整体稳定性验算满足要求。

3. 始发端头加固施工情况

根据端头加固总体施工安排，始发井端头素混凝土墙施工分两步，在三轴搅拌桩施工加固区周圈3排三轴搅拌桩时，完成素混凝土地下连续墙槽壁加固施工；在三轴搅拌桩机施工剩余端头加固期间，进行素混凝土地下连续墙导墙施工；然后根据场地条件，施工端头外围三面800mm厚的地下连续墙。端头加固三轴搅拌桩全部施工完成并完成工作井端部地下连续墙后，再施工始发井端头墙开洞范围外侧1000mm的素混凝土地下连续墙。

加固效果检验采用钻孔取芯、标准贯入试验和室内样芯抗压试验相结合方法，钻探取芯工艺采用无泵连续取芯钻进，共完成取芯孔10个，孔深30m，钻探总进尺300m，标准贯入试验16次，取水泥土芯样15组（见图4-18）。

根据钻探取芯、标准贯入试验和抗压试验检测可知，水泥土岩芯呈灰色，水泥土固结较好，岩芯硬塑~坚硬；大部分芯样较完整，呈柱状或短柱状，局部地段岩芯较软和松散。芯样28d强度值为2.08~3.80MPa，说明海域环境的潮汐、地下水对地层加固效果无影响，满足设计要求。

图 4-18 三轴搅拌桩取芯芯样

三、接收端头加固

1. 接收端头地质概况

接收端头范围地层主要包括填土、淤泥、淤泥质土、淤泥混砂、粉细砂、粉质黏土、淤泥质土等。其中，基坑开挖范围内主要为填土、淤泥、粉细砂和淤泥混砂，基底主要坐落在淤泥、淤泥混砂和粉细砂层上（见图 4-19）。

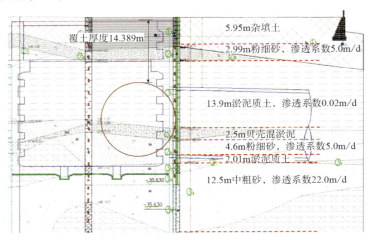

图 4-19 接收端头加固地质纵断面图

由地下连续墙施工期间补勘孔可知，端头区域−27.5m 以下进入粉质黏土层（见图 4-20）。

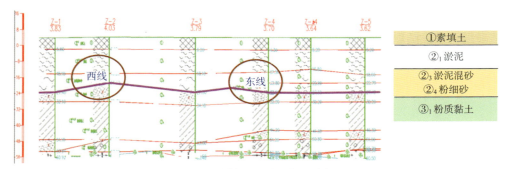

图 4-20 补勘后地质纵断面分析图

2. 接收端头加固设计

盾构接收井位于北岸华侨公园内,盾构采用水中到达的方式到达接收井。具体加固措施如下:

(1)纵向加固长度为 9m+1.7m(9m 为原设计加固长度,1.7m 为增加两排搅拌桩长度),上部加固至场地高程,下部至隧道底以下 5m 并进入不透水层(孔深 34m),左右加固至盾构隧道管片外边缘 5.0m,采用ϕ850mm、间距 600mm 的三轴搅拌桩满堂加固。

(2)搅拌桩加固体与接收井围护结构间缝隙采用ϕ600mm、间距 400mm 的高压旋喷+袖阀管压密注浆止水,钻孔深度至搅拌加固体底,钻孔间距 400mm。

(3)为满足盾构水下接收施工需求,在到达端头加固体周边设置 13 口降水井,加固体内部设置 1 口观测井。降水井与观测井深度均为 36m,钻孔至加固体底部以下 2m,井底至透水层顶进入隔水层 2m 范围内采用花管,花管长度 15m,其余位置采用实管。盾构刀盘进入加固体后即开始进行抽排降水,并在后续施工过程持续降水。

接收端头加固平面图、断面图及降水井布置图分别如图 4-21~图 4-23 所示。

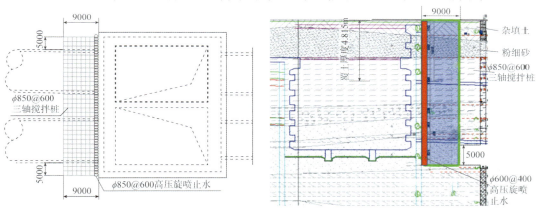

图 4-21 接收端头加固平面图(尺寸单位:mm) 　　图 4-22 接收端头加固断面图(尺寸单位:mm)

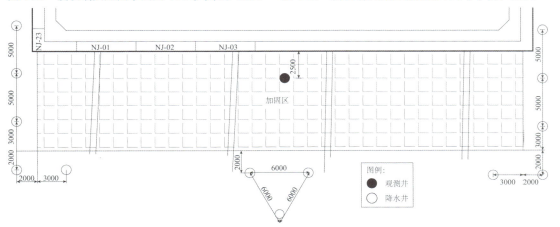

图 4-23 接收端头加固降水井布置图(尺寸单位:mm)

第五章　盾构掘进关键技术

汕头海湾隧道
复合地层超大直径盾构
施工关键技术研究

RESEARCH ON KEY CONSTRUCTION TECHNOLOGY OF
SUPER-LARGE DIAMETER SHIELD OF
SHANTOU BAY TUNNEL
IN MIXED FACE GROUND CONDITIONS

本章系统总结了海域复合地层中超大直径盾构掘进关键技术，主要包括盾构始发与到达技术，盾构过孤石段施工技术、盾构过海域基岩凸起段掘进技术、常压刀盘换刀与带压开舱技术、盾构过浅覆土段掘进技术、盾构施工测量与监测技术等。

第一节　盾构始发与到达技术

始发与到达是盾构法施工中不可缺少的施工工序。由于始发及到达施工工作繁杂，极易发生施工安全风险事故，稍有不慎将直接影响隧道工程的实施与贯通。汕头海湾隧道开挖断面大，始发与到达井均紧邻汕头海湾，工程地质环境复杂，给超大直径盾构始发与到达带来了诸多新的难题。

一、盾构始发技术

1. 盾构始发风险分析

盾构隧道始发井位于南岸围堰内，周边均无管线，亦无其他重要建（构）筑物，盾构始发段主要为淤泥、淤泥质土等软土，且覆土较浅，始发风险主要包括：

（1）洞门密封失效。盾构始发端头埋深 8.5m 左右，洞门圈底部埋深 23m，水土压力超过 0.23MPa。如果洞门密封失效，地下水土会涌入工作井中。

（2）破除洞门时坍塌。在洞门破除后直至盾构刀盘完全顶到掌子面上，期间需进行洞门渣土清理、焊接密封刷、安装橡胶帘布、导轨延伸、盾构前移等工作，需要较长时间来保证掌子面的稳定性。如端头加固效果差，洞门处加固土体长时间暴露，容易导致洞门坍塌。

（3）地表沉降坍塌。盾构始发掘进过程中掘进施工参数设定不合理，可能造成始发段地表沉降、塌陷，地面沉降可能导致围堰大堤损坏，造成海水倒灌始发井被淹。

（4）盾构栽头。从始发基座前端至开挖掌子面有 4.4m 的距离。盾构前移过程中如果没有可靠的延伸基座支撑，极有可能发生盾构的栽头现象。

（5）负环管片失稳。负环拼完后整体后移到指定位置处与反力架连接。在拼装、移动的过程中如果加固不到位，容易发生负环管片失稳的危险。同时，负环管片脱出盾尾后，由于没有周边土体的约束，负环管片轴线易出现位移。

2. 始发施工工艺流程

在始发井主体结构基本施工完毕后，将地面测量控制点引测到工作井内，即可对始发台和反力架进行放样施工，同时按照设计要求对端头进行加固，完成盾构吊运及组装、系统调试、洞门密封安装及泥水设备联机调试；盾构组装完成后进行联机空载调试，同步进行洞门密封安装、反力架钢支撑焊接、泥浆制备等工作；盾构空载调试完成后进行负载调试、拼装负环管片；分层破除洞门，向前推进盾构，刀盘接触土体，开始盾构试掘进施工等，如图5-1所示。

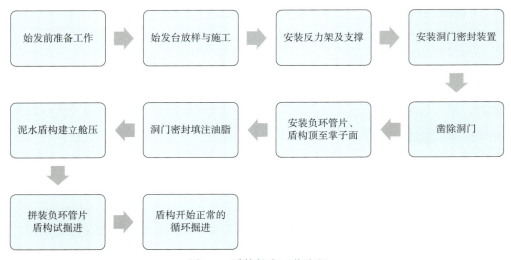

图 5-1　盾构始发工艺流程

3. 始发台放样与施工

盾构始发基座安装精度控制是盾构按设计线路始发的重要保证。汕头海湾隧道工程始发段东线洞身位于直线上，西线洞身位于半径$R=6900\text{m}$的曲线上，盾构始发设计坡度均为−3‰，由于盾构整体相对前重后轻，重量主要集中在刀盘和前盾体上，为防止栽头适当放缓盾构始发坡度，盾构始发台实际放样坡度按−1.5‰进行设置，盾构平面控制由于始发曲线半径较大，不需要采取割线始发方案，如图5-2所示。

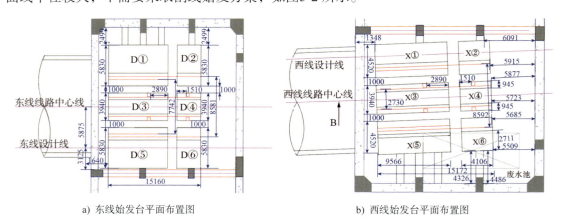

a) 东线始发台平面布置图　　　　b) 西线始发台平面布置图

图 5-2

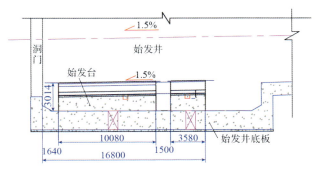

c) 盾构始发台剖面图（东、西线）

图 5-2　盾构始发台示意图（尺寸单位：mm）

始发台采用钢筋混凝土结构，采用 6 根 U100 型钢作为盾构放置轨道，由于始发台在盾构始发时要承受纵向推力、横向推力以及约束盾构旋转的扭矩，所以在盾构始发前，必须对始发台两侧与盾构井预埋件及混凝土支撑进行连接固定，如图 5-3 所示。

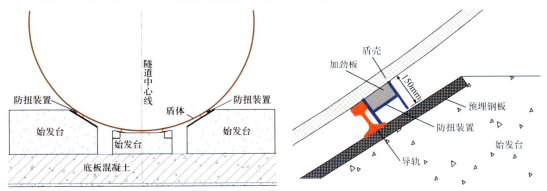

图 5-3　盾构始发台及防扭转示意图

延长导向轨道采用混凝土圆弧形式，基座距离洞门 4.4m，基座和洞门距离太长，盾构始发到前方土体的过程中容易发生栽头现象，对盾构始发的姿态调整非常不利。因此，在洞门凿除后设置 5 根延长导轨，如图 5-4 所示。

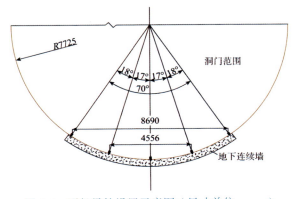

图 5-4　延长导轨设置示意图（尺寸单位：mm）

4. 反力架系统安装

反力架按最大总推力为60000kN进行设计计算，反力架采用组合钢结构件，反力架面板为Q345级钢4cm厚钢板焊接组合而成，腹板为Q345级钢4cm厚钢板焊接组合而成，反力架总质量为295t；为方便运输，反力架由16部分组成，每相邻部分连接采用高强度螺栓连接，共计700套螺栓；反力架下半部分内部采用圆弧结构，内径13.3m，内部与负环完成贴合；反力架支撑系统采用φ609mm钢管及双拼175型钢进行支顶，支撑与结构间原则上采用预埋钢板焊接方式进行连接，部分主体结构完成后需凿除钢筋，植筋并与钢板穿孔焊接，如图5-5所示。反力架结构强度分析结果见表5-1。

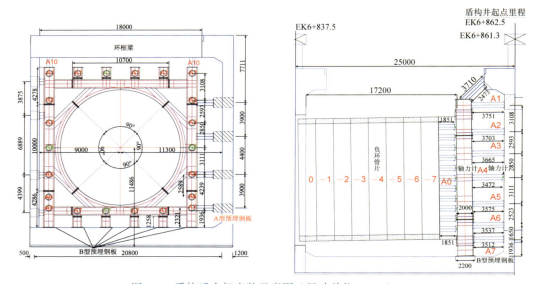

图 5-5 盾构反力架安装示意图（尺寸单位：mm）

反力架结构强度分析结果　　　　　　　　　　　　表 5-1

位　置	90000kN 工况应力（MPa）	60000kN 工况应力（MPa）	90000kN 工况变形（m）	60000kN 工况变形（m）
前面板	343（超过屈服强度335）	230（安全系数1.3）	0.019，挠度容许值达到中级工作制桥式起重机的水准	0.013，挠度容许值达到重级工作制桥式起重机的水准
腹板	200（安全系数1.47）	150（安全系数2.0）		
环形腹板	349（超过屈服强度335）	234（安全系数1.26）		
面板	209（安全系数1.41）	150（安全系数1.93）		
最大应力/变形处	前面板	前面板	上横梁位置	上横梁位置

5. 洞门密封装置

为提高始发时盾体与洞门之间的密封效果，防止盾构斜体始发洞门密封长度不足引起洞门漏浆，在洞门钢环上增加1340mm的延长洞门，在延长洞门内设置2道钢丝刷及2道帘布橡胶板，其中钢丝刷及帘布橡胶板之间预留油脂加注孔。在盾构始发前，安装密封环后对密封环底部施作 C20 混凝土以填充洞门与始发台前段的空隙，其尺寸和始发导台相同，以达到对密封环支撑作用。施作前将底部预留的注浆及油脂孔的注浆管及油管接出，方便后续洞门密封充填施工。洞门临时密封装置如图 5-6 所示。

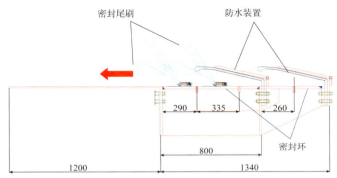

图 5-6　洞门临时密封装置（尺寸单位：mm）

6. 洞门凿除

由于本工程采用泥水平衡盾构，为降低盾构始发滞排情况发生，故采用洞门凿除后始发的方式。洞门凿除平台采用脚手架搭设，脚手架采用φ48mm 钢管，高度 17.6m（含顶部 1.3m 护栏），设置 21 道竖撑，14 道横撑，间距均为 0.8m，宽度为 1.2m。脚手架需下部垫实，脚手架侧面须用斜撑将其撑实，正面与盾构撑实。

洞门地下连续墙采用 C30 水下混凝土，抗渗等级为 P10，厚度为 1200mm。地下连续墙钢筋净保护层厚度为 80mm，槽段接头采用玻璃纤维工字板接头。

采用风镐凿除洞门地下连续墙的所有钢筋混凝土。根据洞门地下连续墙实际位置及地质情况，采用分层分块、从外到里、从上到下的方式进行凿除。第一次破除厚度 1m，剩余地下连续墙迎土面钢筋及 0.2m 混凝土待盾构调试完成后进行第二次破除。根据实际洞门大小共分为 44 块（见图 5-7）。

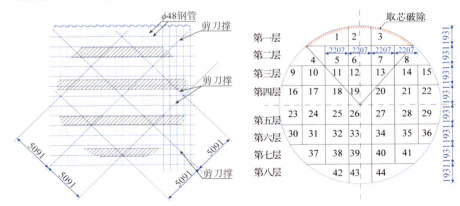

图 5-7　洞门凿除脚手架搭设及洞门分块示意图（尺寸单位：mm）

破除前在第一层上弧段，采用水钻取孔，提供破除临空面。第一层洞门破除完成后，采取膨胀剂预裂+人工破除作业方式。采用"18+8"的作业模式，即每天 18h 进行破除作业，8h 进行清渣及破除面垂直钻孔装膨胀剂预裂。

7. 负环管片安装

为保证管片圆度，留出足够的盾尾间隙，同时保护下部盾尾密封刷不会被负环管片挤压变形失效，在拼装负环管片前，在盾尾管片拼装区 180°范围内均匀安设 9 根长 2500mm、厚 8cm（西线 7cm）的钢垫条，在进行第一环负环管片安装时应确定计算安装封顶块点位，如图 5-8 所示。

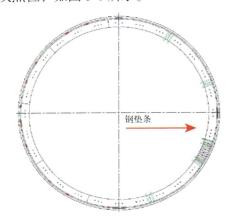
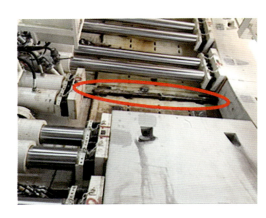

图 5-8　盾尾钢垫条设置

负环管片拼装过程中，管片无法提供液压缸推进及封顶块插入时所需的反力，因此，在管片背后焊接 20mm 厚 L 形钢板以提供管片拼装的反力（见图 5-9），并且在管片液压缸一侧也要焊接 L 形钢板，保证拼装的管片在未成环前不掉落。

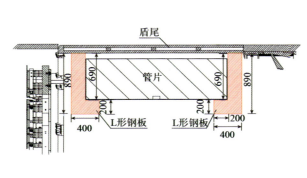

图 5-9　管片 L 形钢板设置（尺寸单位：mm）

在进行后续管片安装时，立即将管片环向连接螺栓插入连接孔，并安装上螺母，用风动扳手紧固。管片安装到位后，应及时伸出相应位置的推进千斤顶固定管片，防止管片倾覆，并且紧固相邻管片的环向螺栓，焊接相邻管片之间的U形钢板（见图5-10）。

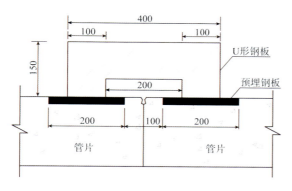

图 5-10　管片 U 形钢板设置（尺寸单位：mm）

在始发台两侧安装三角支架，三角支架顶部加 175H 型钢，且 175H 型钢与盾壳紧密接触。在每环管片推出盾尾后，将管片与始发台导轨间隙用钢楔子及时进行支垫（见图5-11），将管片压力均匀地传递给三脚架。

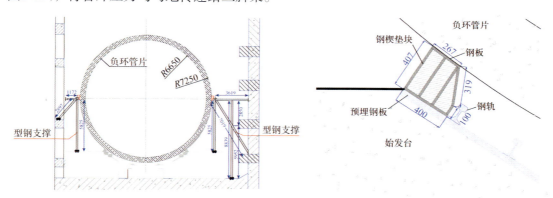

图 5-11　负环管片支撑设置（尺寸单位：mm）

8. 洞门密封填注油脂

泥水建舱前，提前在帘布橡胶板间注入油脂，在泥水建舱过程中根据帘布橡胶板漏水情况，在渗漏点附近通过密封环上的油脂注入孔加注油脂，以封堵帘布橡胶板与盾体之间的空隙。

盾构向前推进过程中，待盾尾最后一道钢丝刷完全进入密封环内后，在密封环处安装 0 环管片，用 20mm 厚钢板加工成楔形，将最外侧折页压板与 0 环管片抵紧，并与密封环焊接固定，形成二次密封，确保盾构泥水压力平衡，提供密封效果，以保证盾构同步注浆的顺利实施，楔形钢板可根据折页压板与 0 环管片之间的间隙进行调整。

9. 盾构泥水建舱

盾构切口环进入第一道橡胶帘布板后开始逐步建立泥水压力，初设盾构切口上部泥水压力为 0~0.15MPa。盾构泥水压力的精调可通过调控气垫舱的气压来实现，开始建立平衡过程中不仅需要加泥水，还需要加气，建舱时分四步进行：

第一步：将气垫舱与泥水舱连通阀关闭，并将泥水舱排气阀打开，气垫舱排气阀关闭。

第二步：将泥浆场准备好的浆液打入切削面中，保持开挖舱泥浆液面在中线以上3m。

第三步：对气垫舱进行缓慢加压，每次加压不高于 0.01MPa，观察盾构前后舱内的液位显示，当泥水舱最上方的排气阀开始喷出泥浆时，将该排气阀门关闭。此时，检查气垫舱液位，若液位在中心线附近（-0.5~+0.5m），则不需调整；若在-0.5~+0.5m 范围之外，启动泥浆循环系统，微调液位至该范围，此时切口环顶部压力显示为 0。

第四步：低速转动刀盘约 15min，同时对气垫舱加压至切口环顶部压力显示为 0.01MPa，打开泥水舱排气阀，把转动刀盘搅拌产生的气体排净。再缓慢降低气压，直至将切口环顶部压力缓慢调成 0MPa。

进行上述操作时，应观察洞门密封情况，及时堵漏。如发生小规模渗漏，则可采用棉布、棉纱、沙袋、聚氨酯、盾尾密封油脂等材料进行正面封堵，并适当增加泥浆的黏度；如发生较大渗漏，则需立即停止加注泥浆，待查明原因并处理完毕后方可继续注入泥浆。

建舱的同时在橡胶帘布间、帘布与第二道密封刷之间预埋管，往两道密封刷之间注入密封油脂。

10. 盾构始发施工效果分析与小结

对于本工程来说，由于具有盾构开挖断面直径大、盾构自身重量大、盾构施工环境复杂等特点，盾构始发安全风险及难度大，本工程能够顺利始发，主要采取以下措施：

（1）盾构始发台采用现浇钢筋混凝土结构、混凝土结构设置 6 条 U100 轨道、在洞门底部处设置 5 道延长导轨、盾构始发坡度由设计的 3‰调整为实际的 1.5‰等措施，保证了盾构的安装及顺利始发。

（2）盾构反力架按最大始发推力进行设计及验算，反力架与始发井结构采用预埋件方式进行连接,确保盾构始发反力架强度、刚度、稳定性满足要求。

(3)洞门密封采用延伸洞门环,安装两道钢丝刷、两道橡胶帘布板的止水装置。两道钢丝刷具有形状可塑性强的优点,可实现与盾构壳体或者管片的无缝接触,增强了洞门密封效果。

(4)洞门凿除分层、分块进行;采取膨胀剂预裂+人工破除方式作业缩短了洞门破除时间,降低了洞门长时间暴露的风险。

(5)对负环管片采取了辅助固定与定位措施,保证了负环管片的拼装精度和洞门底部的密封效果,增强了负环管片稳定性,减小了负环管片脱出盾尾后的变形。

(6)在安装密封环后,对密封环底部施作 C20 混凝土以填充洞门与始发台前段的空隙,达到对密封环的支撑作用,同时在底部预留注浆孔及油脂孔,并由注浆管及油管接出,方便油脂注入。

(7)选择合理的加压建舱时机,待刀盘全部进入密封系统后方可建舱,建舱压力不仅需要考虑切削面的稳定,还需要考虑建压时造成的涌水涌沙等情况。

(8)当盾构盾尾全部进入洞门后,采用二次密封板将洞门与管片预埋钢板焊接成整体,并及时通过管片注浆孔对洞门进行注浆封堵。

二、盾构水下到达技术

1. 不同到达方法的选择依据及优缺点

本工程接收端头地处汕头湾海边,隧道处于富水砂性土层中,地层水头压力高,盾构上覆土层浅。为增加到达安全系数,最终选择三轴深层搅拌桩+高压旋喷桩+玻璃纤维筋+水中接收,并在接收井设置了应急降水井。不同接收方法的优缺点对比见表 5-2。

不同接收方法的优缺点对比表　　　　表 5-2

接 收 方 法	优 点	缺 点
三轴深层搅拌桩+高压旋喷桩+水中接收	成本较低、工期短、安全系数较高	受场地条件制约
三轴深层搅拌桩+高压旋喷桩+垂直冻结+水中接收	强度高、抗坍塌能力强、止水性好,安全系数高	受场地条件制约,成本较高、工期长
水平冻结工法+水中接收	不受场地制约、止水性较好,安全系数较高	成本高、工期较长
玻璃纤维筋+水中接收	成本低,工期短	钢筋笼吊装施工困难

2. 接收井端头概述

1）接收端头水文地质情况

详见第四章第二节"接收端头地质概况"相关内容。

2）接收井周边环境情况

根据现场环境调查情况，接收井位于北岸华侨公园内，南侧为苏埃海湾海堤，东侧约50m处为城市排洪通道龙湖沟，开挖到达端头海堤至端墙44m范围内无管线等地下物。海堤为M7.5浆砌石挡墙结构，设置抛石护脚，且对其底部进行了地质补勘，未发现切削面有抛石情况。接收井端头周边环境情况如图5-12所示。

图 5-12 接收井端头周边环境情况

3）接收井设计情况

北岸盾构接收井位于华侨公园内，深32.49m、长48.06m、宽30m，盾构井开挖阶段采用连续墙+内支撑体系，连续墙厚1.3m，采用六道钢筋混凝土支撑：第一、二、三道混凝土支撑宽×高为1000mm×1000mm，第四、五、六道混凝土支撑宽×高为1300mm×1200mm，洞门预埋钢环内径为15.45m（见图5-13），接收井端墙洞门范围内的连续墙迎土侧钢筋采用玻璃纤维筋替代，背土面采用ϕ32mm的钢筋，连续墙接头采用锁扣管接头设计。因盾构吊出需要，内支撑需在主体结构完成后拆除，围护结构支撑受力转换为环框梁+内部框架梁柱受力。在围护结构顶设置尺寸为 3500mm×1800mm 的冠梁（兼做顶框梁），在冠梁下设置尺寸为 3500mm×2500mm 的第二道腰梁（兼做中框梁）。

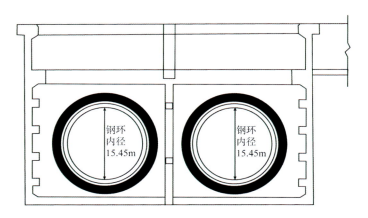

图 5-13 接收井主体结构横断面图

3. 水下到达流程及条件

水下工艺顺序：洞门背土侧钢筋及保护层凿除后，向接收井内回填砂土及水，可保持洞门内外水土压力的平衡，并可提供压紧管片环间止水条的反力，确保到达的安全与质量。

水下到达施工流程如图 5-14 所示。

图 5-14 水下到达施工流程图

4. 接收基座施工

盾构接收井底板整体回填约 2m 素混凝土，素混凝土上再整体回填 0.9mm（最低处）M15 砂浆，回填砂浆考虑 2.9% 纵坡（见图 5-15）。根据拆机位置预留一道 1.5m 宽盾尾拆解通道、两道 1m 宽后体拆解通道、一道 1m 宽施作洞门封堵的空间，横向预留至主体墙，在各预留空间内使用沙袋回填，并在洞门封堵空间沙袋内掺入 5% 的水泥以提高沙袋硬度（见图 5-16）。浇筑砂浆前在接收井靠近北端墙位置预留出施作卷扬机基础的空间。

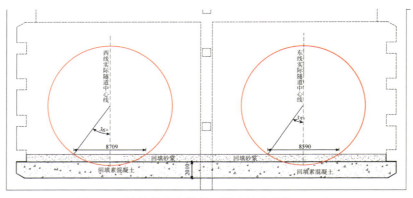

图 5-15 接收井基座横断面图（尺寸单位：mm）

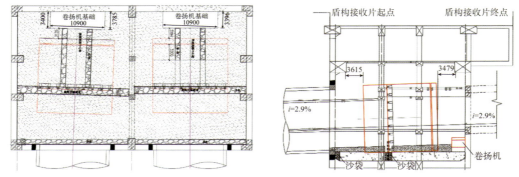

图 5-16 接收井基座平、纵断面图（尺寸单位：mm）

5. 洞门凿除

接收井洞门范围内的地下连续墙为双层配筋，其中迎土侧为玻璃纤维筋，背土侧为钢筋，连续墙钢筋笼接头采用了玻璃纤维工字板（见图 5-17）。

图 5-17 接收井洞门范围内玻璃纤维工字板

洞门凿除仅需破除背土侧全部的 $\phi 32mm$ 钢筋网及其 80mm 厚保护层。洞门凿除利用回填好的砂作为凿除施工的作业平台，利用机械方式从下到上 2m 一个循环分层进行凿除（见图 5-18）。

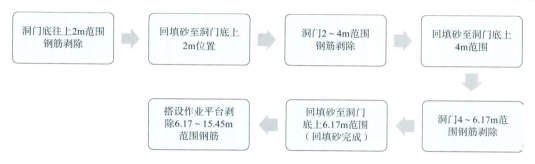

图 5-18　洞门凿除顺序图

6. 接收井回填

在洞门结构外排钢筋及保护层破除，接收基座施工完成后，进行接收井砂、水回填施工，回填之前在侧墙上标记刻度线，以便降水清砂时判断液位变化情况，井内回填分为以下两个阶段。

第一次回填与洞门破除同步进行。其目的主要是回填底部洞门圈与盾壳的间隙，在后续洞门封堵注浆时，底部砂与注浆浆液混合保证后续注浆效果，同时防止盾构后续推进时由于回填过高对封堵墙造成影响。该部位首先回填砂至封堵墙底部，高度 7.48m，然后回灌水至设计高程（环框梁顶部），高度 22.33m。回填完成后提供水土压力为 0.126MPa（盾构顶高程为 -10.6m，回灌水面高程为 +2m，盾构顶距离回填水面为 12.6m），如图 5-19 所示。

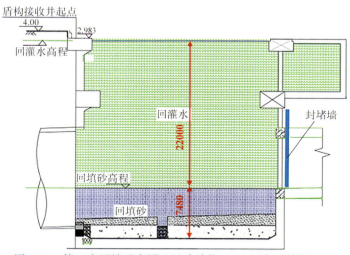

图 5-19　第一次回填示意图（尺寸单位：mm；高程单位：m）

第二次回填在盾构盾尾到达地下连续墙迎土侧。其主要目的是保证盾尾离开地下连续墙时的注浆效果。此次回填砂至盾构顶上 2m，回填高度距底板 18.78m，然后回灌水至设计高程，高度 11.03m（水深减少高度与二次回填砂高度一致）。回填完成后提供泥水压力 0.143MPa，如图 5-20 所示。

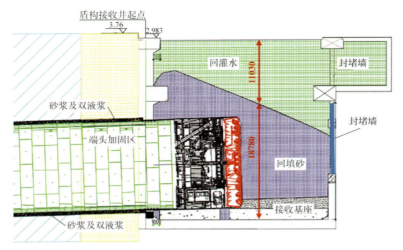

图 5-20　第二次回填示意图（尺寸单位：mm；高程单位：m）

7. 盾构分段到达掘进

盾构到达段的施工，泥水压力的设定、控制、调整以及同步注浆和补偿注浆的效果是关键。掘进速度要保持相对平稳，同步注浆量和注浆压力要根据推进速度和排浆量适当调整，尤其是加固段注浆效果必须得以保证；到达段需加强盾构的姿态控制，将施工轴线与设计轴线的偏差及地层变形控制在允许的范围内。盾构到达阶段划分见表 5-3。

盾构到达阶段划分表　　　　　　表 5-3

序号	阶段	盾构接收步序名称	主要工作内容及注意事项
1	第一阶段	盾构推进至加固体前 90m 范围内掘进	盾构掘进，大堤沉降控制
2	第二阶段	盾构加固体内掘进	加强同步注浆，并在盾尾后 3 环开始二次注浆，施作止水环
3	第三阶段	刀盘进入地下连续墙掘进	加强同步注浆及二次注浆，同时控制掘进参数
4	第四阶段	盾尾到达地下连续墙掘进	加强同步注浆及二次注浆，并停机开孔检查封堵止水效果，到达后开始二次回填砂
5	第五阶段	盾尾中心进入地下连续墙 60cm	加强同步注浆及二次注浆，并停机开孔检查封堵止水效果
6	第六阶段	盾构到达施作临时封堵洞门位置	圈梁间隙封堵，分层降水、清砂，施作临时洞门
7	第七阶段	盾构推进至拆机位置	等待西线盾构贯通出洞后开始拆机

1）第一阶段：盾构推进至加固体前 90m 范围内掘进（刀盘进入加固体前）

该段由海域推进至陆域，通过海堤时，覆土陡增 2.5～3m（11.6m→14.3m），需掌控好泥水舱顶部压力，并通过监控量测、注浆等措施确保海堤稳定（累计沉降≤15mm，且沉降速度不大于 3mm/d）。刀盘进入加固体前掘进控制参数见表 5-4。

刀盘进入加固体前掘进控制参数表　　　　　　表 5-4

到达阶段	泥水舱顶部压力（MPa）	推力（kN）	掘进速度（mm/min）	刀盘转速（r/min）	注浆压力（MPa）	泥水相对密度	同步注浆量（m³）
第一阶段	0.175～0.225	70000～90000	25～35	1.0	0.4～0.6	1.25～1.35	38～42

2）第二阶段：盾构加固体内掘进（刀盘进入加固体）

该阶段盾尾还未进入加固体，掘进过程需严格控制泥水压力、速度、泥浆环流等参数，尽量保持盾构姿态不变，避免造成超挖。进加固体前需要将泥水压力设定值由 0.21MPa 调整至 0.14MPa，逐环调整到位。加强同步注浆控制，同时每环掘进后二次注浆施作止水环。刀盘进入加固体前掘进控制参数见表5-5。

刀盘进入加固体前掘进控制参数表　　　　　　表 5-5

到达阶段	泥水舱顶部压力（MPa）	推力（kN）	掘进速度（mm/min）	刀盘转速（r/min）	注浆压力（MPa）	泥水相对密度	同步注浆量（m³）
第二阶段	0.14～0.21	40000～60000	5～10	1.0	0.3～0.4	1.2～1.25	26～28

3）第三阶段：刀盘进入地下连续墙掘进

该阶段重点在于掘进参数控制，加强同步注浆及二次注浆。该阶段掘进参数设置及注浆控制标准与第二阶段一致。严格控制盾构姿态，防止卡壳。

4）第四阶段：盾尾到达地下连续墙掘进

该阶段是水下接收关键控制点之一。控制重点是加强该段注浆，以确保管片背部填充密实并堵塞漏水通道，避免发生涌水涌沙等风险，如图 5-21 所示。

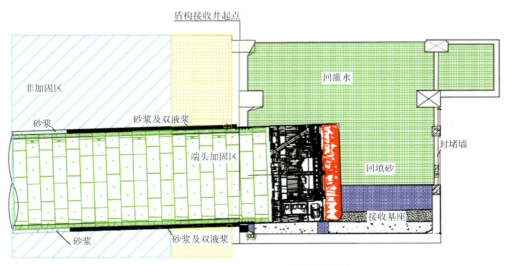

图 5-21　盾尾到达地下连续墙示意图

（1）掘进参数控制

刀盘进入加固体前掘进控制参数见表5-6。

刀盘进入加固体前掘进控制参数表　　　　表5-6

到达阶段	泥水舱顶部压力（MPa）	推力（kN）	掘进速度（mm/min）	刀盘转速（r/min）	注浆压力（MPa）	泥水相对密度	同步注浆量（m³）
第四阶段	0.14～0.21	40000～60000	5～10	1.0	0.3～0.4	1.2～1.25	26～28

（2）同步注浆参数控制

保证浆液填充饱满，注浆浆液选择水泥砂浆，水泥砂浆的凝结时间在3～6h之间，浆液的强度不小于2.0MPa，注浆压力控制在0.4～0.5MPa之间，注浆充盈系数为1.1～1.2，注浆量控制在26～28m³。同步注浆配合比控制见表5-7。

同步注浆配合比控制表（单位：kg）　　　　表5-7

注浆方式	配合比					
	水泥	砂	粉煤灰	泥浆	外加剂	水
同步注浆	165	1120	55	460	—	—

（3）二次注浆参数控制

二次注浆封堵分两次进行，当盾尾进入加固区4m后进行第一次注浆，当盾尾进入加固区8m后进行第二次注浆，盾尾底部到达地下连续墙过程每环掘进完成后停机进行二次注浆。二次注浆在脱出盾尾后3环处开始，从下到上左右对称、多次、少量进行，二次注浆采用单液浆配合双液浆形式，以水泥浆为A液、水玻璃为B液，A、B液混合后的凝结时间控制在60s左右，双液浆配合比应在每次施工前进行试验调整，根据试验结果确定实际配合比。浆液材料选用42.5普通硅酸盐水泥和波美度35°Bé的水玻璃。控制压力在0.4～0.5MPa之间，注浆量0.2m³/孔。二次注浆配合比控制见表5-8。

二次注浆配合比控制表　　　　表5-8

注浆方式	配合比				
	35°Bé水玻璃（kg/cm³）	水泥（kg/cm³）	水（kg/cm³）	水泥浆水灰比	A、B液混合体积比
二次注浆	447	500	500	1:1	1:0.5

（4）注浆效果检查

盾尾到达地下连续墙注浆完成后需检测止水效果，注浆效果检查利用电钻钻透注浆孔进行观察的方式，钻孔深度至管片外弧面20cm，检查位置主要为管片腰部以上，检查合格标准为孔内不出现明显线流，允许有清水滴流，无泥沙流出。若检查不合格则再次补充注浆。检查合格后用注浆孔密封塞盖及止回阀进行封口。

（5）管片连接设置

刀盘推出地下连续墙前，应将管片最后10环拼装进行连接。该段掘进应严格控制泥水压力、速度、泥浆环流等参数,确保其稳定。

加固体内管片使用 5 环多孔特殊环管片(每环每块 9 个孔,封顶块 F 块 3 个孔共 84 个孔,见图 5-22)和一环外弧面预埋钢板及接驳器特殊管片。多孔特殊环管片用于二次注浆施作封堵环。预埋钢板特殊环为主线隧道最后一环管片,用于施作洞门接口结构。

盾构接收过程中,当刀盘通过地下连续墙后,掌子面提供给盾构的反力骤减,接收段管片会松弛,导致管片环缝张开,影响密封防水效果。因此,需在接收段管片拼装完成后立即焊接拉紧装置,最后 10 环利用管片螺栓处连接挂耳后再用 16 号槽钢将两环管片拉紧,每环拉紧 9 处,拉紧装置保持到洞门现浇钢筋混凝土达到设计强度,如图 5-23 所示。

图 5-22　多孔特殊管片孔位分布

图 5-23　管片拉紧装置

5)第五阶段:盾尾中心进入地下连续墙 60cm

盾构推进至盾尾中心进入地下连续墙 60cm 停机,进行二次注浆,对地下连续墙与加固体接缝位置止水,并在二次注浆完成后开孔检查止水效果,如图 5-24 所示。该阶段掘进参数设置及注浆控制标准与第四阶段一致。

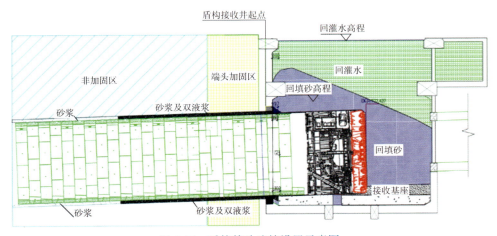
图 5-24　盾构管片连接设置示意图

6)第六阶段:盾构到达施作临时封堵洞门位置

洞门临时封堵位置定于盾尾顶部离开洞门端墙 0.85m 处,此时,最后一环特殊管片(预埋钢板)已完全脱出盾尾,依靠一环完整辅助环密封盾尾。此阶段施工重点为加强同步注浆及二次注浆,对管片背部进行止水,缓慢转动刀盘出渣,并在止水完成后开孔检查地下连续墙及盾尾处止水效果,止水效果满足后即可降水、清砂施作临时封堵洞门。盾构进入工作井掘进参数控制见表5-9。

盾构进入工作井掘进参数控制表　　　　　　　　表5-9

到达阶段	泥水舱顶部压力（MPa）	推力（kN）	掘进速度（mm/min）	刀盘转速（r/min）	注浆压力（MPa）	泥水相对密度	同步注浆量（m³）
第六阶段	0.14	20000~40000	5~10	1.0	0.3~0.4	1.05~1.15	35~38

7）第七阶段：盾构推进至拆机位置

东线盾构推进至拆机位置应在西线盾构到达施作洞门临时封堵位置，并将砂、水清理到底，洞门临时封堵施作完成后进行。为确保盾构到达安全，先到达的东线盾构应等待西线盾构到达后再进行洞门封堵。此过程推力只需拼装底部3块管片提供盾构向前的推进反力，然后推进至拆机预定位置。

8. 洞门临时封堵

1）接收井内分层降水

盾构推进到施作洞门临时封堵位置后，进行井内逐级降水。加固区内降水井持续降水，首先将水位降低至回填砂高程，然后清砂至盾构顶，随后按3m层高分层降水、清砂。井内降水、清砂先利用盾构循环系统进行抽排，在接收井水位降低至设定位置后，改为挖机配合人工方式进行，放坡清除洞门周边砂土。每层降水、清砂完成后记录高程刻度线，并且观察刻度线变化，确定无异常变化后方可进行下一层作业。施工前准备好弧形钢板、棉絮等应急堵水物资，必要时井内紧急回灌升压。盾构管片连接设置示意图如图5-25所示。

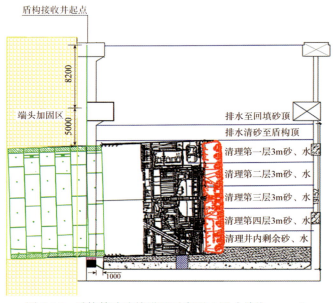

图5-25　盾构管片连接设置示意图（尺寸单位：mm）

2）临时洞门封堵

洞门临时封堵采用钢筋架+喷射混凝土形式，钢筋骨架为两排环向主筋。主筋 ϕ20mm、间距 200mm，箍筋 A10mm、间距 250mm。当每层砂、水清理完成后，立即使用 ϕ20mm 钢筋将钢筋骨架与洞门圈及特殊管片预埋接驳器连接固定，随即喷射 C25 早强混凝土封堵洞门，应保证管片背部间隙填充密实，在混凝土达到一定强度后开始清理下一层砂、水。洞门封堵完成后，再施作永久洞门结构。临时洞门封堵设计图如图 5-26 所示。

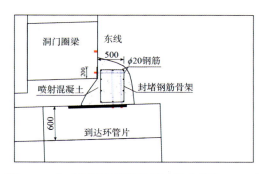

图 5-26　临时洞门封堵设计图（尺寸单位：mm）

9. 盾构到达施工效果分析与小结

1）施工效果分析

（1）盾构接收前做好接收准备工作，对刀盘刀具进行全面检查，清理洞门四周障碍物，做好管片壁后注浆以形成有效的止水环，达到封堵效果后方涌水通道，减少接收时各工序的作业时间。

（2）接收洞门范围内地下连续墙钢筋笼迎土侧采用玻璃纤维筋设计，背土侧采用普通钢筋，地下连续墙接头采用玻璃纤维工字板接头设计，这样盾构到达时仅需要凿除钢筋混凝土保护层，然后割除钢筋并同步分层回填砂（水）后，盾构刀盘便可直接破除洞门。

（3）采用素混凝土+水泥砂浆基座既解决了导轨接收时存在的高差问题，避免了盾构到达时盾构刀盘无法顺利推上基座的风险，同时又给洞口几环管片拼装提供了反力。

（4）采用盾构水下到达，不仅可以取消洞门密封帘布安装，利用接收井回填砂（土）平衡了盾构管片与洞门钢环之间的渗漏水通道的水土压力，同时可为最后几环管片拼装提供反作用力，减少应力释放引起的管片松弛，有助于防止管片错台发生及洞门漏水。

（5）采用盾构水下接收，可在接收井周边增设降水井，当洞门发生渗漏水时，可进行适当的降水。

（6）施作临时封堵洞门时，采用分层降水、清砂，从上至下分层采用喷射混凝土作为临时封堵措施，可以减少临时洞门封堵时间。在分层降水过程中，若出现洞门渗漏较大可快速采取回灌、注浆等应对措施。

（7）在盾构掘进过程中，可多次进行陀螺定向，进行方位角约束，显著减少测角误差，避免误差积累；在 100 环、50 环进行洞内导线控制点复测，与洞门中心进行多次复核，比较盾构刀盘水平及垂直偏差，提高了盾构到达贯通精度。

2）小结

（1）在水下到达时可一次填砂到设计高程处，底部可用纯度较高的中粗砂保证承载能力，上部可采用含泥量高的砂防止板结，以减少盾构接收的工序时间。

（2）盾构到达井回填砂高度宜进一步优化。东西线盾构到达回填砂到达井处为 6m，封堵墙处为 7.3m，增加回填砂高度有利于盾构到达阶段管片同步注浆及二次注浆，但在施作临时洞门接口时造成清砂困难，清砂时间长。

（3）由于超大直径盾构接收井基坑规模较大，建议采用水下接收时在接收井中间设置左右线中隔墙和封堵墙，并提前在中隔墙和封堵墙位置预留钢筋接头，以确保隔墙和封堵墙稳定并确保止水效果，同时避免左、右线隧道施工的相互影响。

第二节 盾构过孤石段施工技术

孤石密集及基岩凸起段对盾构施工的影响巨大，在很大程度上牵制着盾构施工进度，是整个项目的瓶颈。越海盾构隧道施工由于水文地质条件特殊，地质勘察准确性受限，通过掘进前地质物探、钻探、补勘钻探等方法和掘进中盾构设备配置的孤石探测装置，对海域球状风化体（孤石）进行提前探测，做到早发现、早处理。

一、孤石分布概述

本工程孤石主要分布于汕头湾南岸始发端头附近，孤石勘察区域分为加固区（18m）、回填区（61m）、抛石区（68m），如图 5-27 所示。其中，端头加固区补勘采取间距 3m×3m 密钻孔，发现孤石则采用 1.5m×1.5m 加密钻孔，回填区、抛石海域段均采用跨孔地震波 CT+钻孔方式进行孤石探查。

图 5-27 盾构始发段区段划分图

1. 加固区

根据始发端头加固时的三轴搅拌桩施工情况和后期钻孔揭示，始发端头存在 7 块孤石和 1 处基岩凸起，其中东线存在 3 块孤石（见图 5-28 中的①、②、③），西线存在 4 块孤石（见图 5-28 中的④、⑤、⑥、⑧）和 1 处基岩凸起（见图 5-28 中的⑦），孤石主要为中～微风化花岗岩，孤石最大单轴抗压强度为 110MPa，岩石质量指标 RQD 值约为 60%。

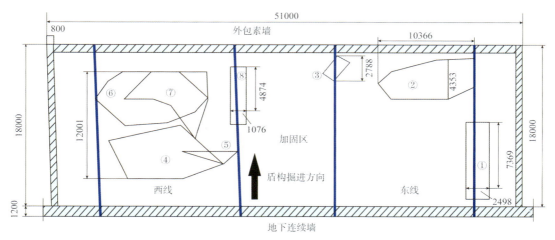

图 5-28　始发加固区孤石分布平面图（尺寸单位：mm）

2. 回填区

东线回填区发现孤石 43 处，主要分布于东 2～4 区、东 6 区、东 10 区、东 12～16 区。孤石最大尺寸约为 5.3m×5m，最小尺寸约为 1.1m×1m；基岩主要分布于东 5 区、东 7～11 区，最大跨度 19m，侵入隧道范围最高 6.87m，东线回填区孤石分布如图 5-29 所示。

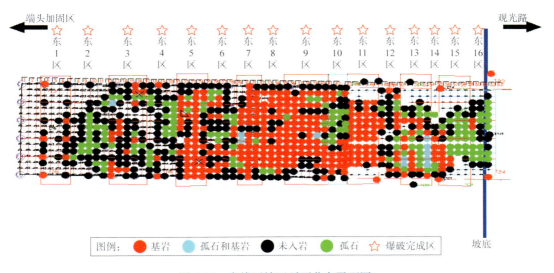

图 5-29　东线回填区孤石分布平面图

西线发现孤石 43 处，主要分布于西 1~5 区、西 10 区、西 12 区、西 14 区、西 16~17 区。孤石最大尺寸约为 11m×3.59m，最小尺寸约为 0.8m×1m；基岩位置分布于西 6~9 区、西 11 区、西 13 区、西 15 区，最大跨度 13m，侵入隧道范围最高 7.32m，西线回填区孤石分布如图 5-30 所示。

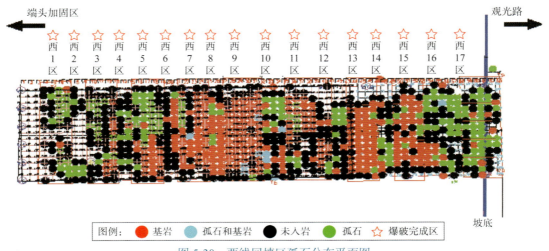

图 5-30　西线回填区孤石分布平面图

3. 抛石、海域段

抛石区隧道盾构段顶部地层以②$_1$ 淤泥、③$_1$ 粉质黏土、③$_4$ 中粗砂、⑤$_2$ 砾质黏性土、⑥$_2$ 全风化花岗岩为主，未发现孤石。

二、孤石处理技术

1. 概述

孤石（基岩）处理主要分为地面处理与洞内处理两种方式，考虑因素包括孤石（基岩）的大小、风险、时间、成本、效果、环境影响等。一般应优先采用地面处理方式，主要有地面注浆加固、钻孔爆破、人工挖孔、冲孔破碎、钻孔取芯法等；当地面不具备处理条件时，采用洞内处理方式，其主要分为盾构超前注浆加固、静态爆破法、岩石分裂机破碎。本工程主要比选深孔微差爆破法和密布钻孔取芯法，见表 5-10。

本工程孤石处理方法对比表　　　表 5-10

处理方法	适用地层	施工风险	处理时间	成本	处理效果	环境影响
深孔微差爆破法	较好	较大	较短	较高	较好	较小
密布钻孔取芯法	较好	较小	较长	较高	差	较小

2. 孤石处理方式

1）加固区孤石处理

先压密注浆固结地层+后密布钻孔破碎孤石法造价相对较低，也可避免爆破对加固区的不利影响。

注浆钻孔间距1.5m×1.5m（见图5-31），注浆范围为孤石顶面以上2m至原设计三轴桩底高程（隧底如遇到基岩凸起，注浆至基岩凸起岩面即可），注浆结束压力为1MPa。

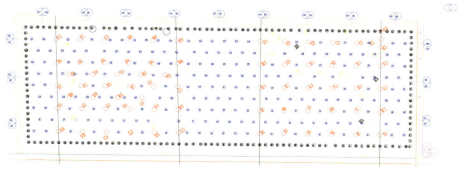

图5-31 始发加固区压密注浆布孔图

密布孔采用ϕ150mm潜孔钻机钻孔，250mm×250mm梅花形布置，孔底至开挖轮廓线下1m，钻孔深度23~27m，成孔后采用水泥砂浆回填。

2）回填区孤石处理方式

回填区孤石采用微差爆破处理，根据盾构泥水舱格栅出渣粒径，要求碎块最大粒径≤0.35m。

布孔原则为按隧道中心线方向横纵 3m×3m（由南向北 30m）和 5m×5m（由南向北 116m）进行孤石孔位探测，钻孔深度为隧道轮廓线下 1m（见图 5-32）。对发现基岩、孤石的钻孔向周边按 1m×1m 加密钻孔，以确定孤石分布区域和摸清孤石边界，钻孔兼做爆破孔。

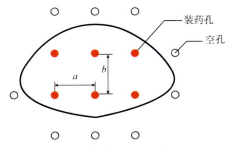

图5-32 回填区孤石装药平面示意图（$a=b=1\mathrm{m}$）

炸药选用 2 号岩石乳化炸药，直径为 60mm，炸药每节长 33cm，质量为 1.2kg。雷管选用导爆管雷管，每孔装药深度在 2m 以下采用 2 发雷管引爆、3~5m 采用 4 发雷管引爆、超过 5m 采用 5 发雷管引爆（见图 5-33、图 5-34）。

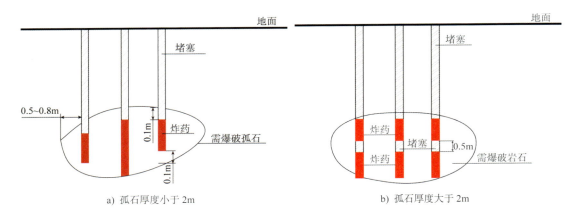

图 5-33　回填区孤石处理设计图

图 5-34　回填区孤石处理

由于要求破碎的块度较小，根据类似工程经验，单耗需再增加 50%，即该工程炸药单耗为 $q = 1.99 \times (1 + 50\%) = 3.0 \text{kg/m}^3$。

经试爆及抽芯检验，爆破效果不佳，将单位单耗量提升为 3.6kg/m³ 后，取芯长度在 2～18cm 之间，满足要求。

爆破处理完成后，原状地层被破坏，受爆破影响，地层中将产生大量的缝隙、碎屑，故对爆破区域采取袖阀管注浆加固处理：采取三序孔间隔跳孔钻孔和注浆，将注浆段落划分成若干区域进行，注浆段间距控制在 6m 左右，以利于平行作业，加快进度。

注浆平面范围：隧道横断面方向沿隧道边缘各外放 1m，隧道纵断面方向沿爆破孤石（基岩凸起）空孔外放 2m。

注浆深度范围：注浆加固从隧洞爆破底部至钻孔顶面全部加固（即从隧洞底部加固至地面）。洞身基岩爆破下 1m 及隧洞顶部上 1m 范围采用单液注浆，隧洞顶部上 1m 至地面采用单液灌浆。

布孔方式：2m×2m 梅花形布置。

浆液选择：均为单液浆。

三、盾构穿越孤石段施工情况

1. 盾构过加固区掘进情况

1）东线盾构掘进施工情况

-4~+5 环为始发端头加固体段掘进，-4~0 环掘进参数基本正常，+1~+3 环掘进过程中扭矩出现 9 次较大波动。-4~+3 环满舱掘进，+4 环开始正式建压掘进，+4~+5 环参数基本正常（见图 5-35）。

图 5-35 东线盾构始发段掘进参数曲线图

始发端头常压进舱检查发现存在刮刀崩齿、刮刀掉落、舱底积岩块、刀盘泄渣口各栅卡岩块情况：

（1）常压滚刀，包括中心滚刀 2 套、正面滚刀 5 套、边滚刀 2 套，发现滚刀无异常损坏，磨损量为 2~8mm。

（2）螺栓安装式刮刀共计 154 把，其中有 29 把存在崩齿、掉落情况，在刮刀掉落的刀座上，其螺栓均呈现拉伸破坏形式（见图 5-36）。

 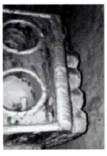  

a) 滚刀磨损　　b) 刮刀崩齿　　c) 刮刀掉落　　d) 失效螺栓

图 5-36 盾构刀具损坏情况

（3）舱底积岩块、刀盘泄渣口格栅卡岩块情况如图 5-37 所示。

图 5-37　岩块在泥水舱的情况

2）原因分析

（1）由于限径板只能通过直径小于 35cm 的石块，导致超限的孤石块顶在刀盘前方和开口处；掌子面的不平整，使刀具受冲击荷载大，刮刀背部受力，导致螺栓绷断、切刀脱落。

（2）东线盾构布置的刮刀螺栓较西线盾构偏弱（见表 5-11），其主要目的是牺牲刀具、保护刀盘。

东、西线盾构刮刀螺栓设计对比表　　　　　　　表 5-11

盾　　构	螺栓级别	切刀特征	切刀最大受力（kN）
德国海瑞克	10.9	4 颗螺栓	1028
	12.9		1205
中国中铁装备	10.9	8 颗螺栓	1756
	12.9		2063
	10.9	7 颗螺栓	1625
	12.9		1908
	10.9	7 颗螺栓	1625
	12.9		1908

3）应对措施

盾构在含孤石地层掘进时，螺栓安装式刮刀易出现掉落情况，进而损坏刀盘和其他刀具。对于具有滚刀常压换刀装置和刮刀常压换刀装置的盾构，可提高螺栓安装式刮刀安装的螺栓强度，增加刮刀刀具的保护块，利用刀具的互换性，有效降低刮刀掉落的概率。

（1）刀具保护焊接作业。对刀盘主梁 76 把带压可更换切刀背后焊接保护块。在刀座背面增加 25mm 高的保护块（20mm 厚 Q345R 钢板、5mm 厚耐磨层），新增保护块形状与既有保护座形状相同，增加保护块后，其高度与切刀高度相同，在切刀背面形成有效保护，如图 5-38 所示。

图 5-38　新增刀具保护块效果

（2）加长刀盘主动搅拌臂，降低滞排概率。加长刀盘主动搅拌臂，更易将舱底的石块推向气垫舱，降低堵舱滞排概率，如图 5-39 所示。

图 5-39　主动搅拌臂加长情况

（3）常压可更换切刀增加保护罩。由于过孤石地层刀具受冲击荷载大，同时刀盘旋转过程中，切刀脱落造成刀具损坏严重，将 48 把常压更换切刀取下，替换为保护罩，保护罩高于刀盘面板 35mm，如图 5-40 所示。

图 5-40　刀具保护罩情况

2. 盾构过回填区掘进情况

1）东线盾构掘进情况

+6～+32 环为回填区孤石、基岩段掘进，以控制刀盘扭矩为 4000kN·m 为原则。当掘进扭矩大于 4000kN·m 时，应立即停止推进，空转循环出渣以降低刀盘扭矩。但在孤石及基岩量较多的地质条件下,刀盘扭矩出现多次波动。回填区刀盘扭矩波动次数共计 404 次,其中刀盘扭矩波动至 5000~8000kN·m 共计 350 次,波动至 8000~10000kN·m 共计 27 次,波动至 10000kN·m 以上共计 27 次。

32 环停机带压进舱检查发现刮刀掉落、崩齿、刀盘泄渣口结泥封堵、常压刮刀保护罩变形脱落(见图 5-41)。由于进舱条件影响,仅完成 3 个刀臂的检查和刀具更换,其中带压刮刀共掉落 15 把(进舱打捞出 6 把),常压切刀保护罩损坏 21 把,有 9 把常压切刀因保护罩变形无法拔出需进舱解决,如图 5-42 所示。

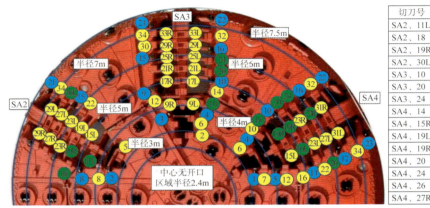

切刀号	半径(mm)
SA2、11L	4070
SA2、18	4840
SA2、19R	4950
SA2、30L	6160
SA3、10	3960
SA3、20	5060
SA3、24	5500
SA4、14	4400
SA4、15R	4510
SA4、19L	4950
SA4、19R	4950
SA4、20	5060
SA4、24	5500
SA4、26	5720
SA4、27R	5830

图 5-41 刀盘刀具损坏情况分布图

注:绿色表示带压切刀脱落,黄色表示带压切刀合金齿脱落,蓝色表示常压切刀保护罩损坏。

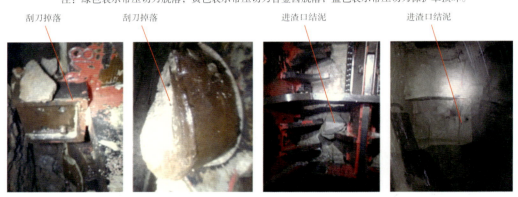

图 5-42 停机带压进舱检查情况(掉齿)

回填区掘进完成后,为保证后续进入海域段掘进顺利,须开舱检查及更换刀具。自 2018 年 8 月 9 日开始进行进舱准备,至 10 月 5 日,因保压不成功恢复掘进,耗时 57d。10 月 12~17 日,在掘进至 42 环处再次尝试带压进舱,因地面漏浆带压开舱未成功。

2)西线盾构掘进情况

东线盾构先于西线盾构始发,西线盾构针对东线出现的问题在刀盘、刀具配置方面也进行了相应的优化设计。

西线盾构回填区自 2018 年 12 月 23 日开始+6 环掘进,至 1 月 21 日完成 31 环掘进到达预先加固位置停机进行刀具检修，平均 1.7m/d，平均 7~10h/环。盾构掘进穿越爆破处理过的孤石及基岩段，掘进效果相对较好，大粒径岩块较少。刀盘扭矩波动次数频繁，波动值相对较小，停机泥浆循环耗时长。盾构掘进过程中环流系统正常，基本无滞排情况。回填区掘进完成后开舱检查，刮刀无掉落情况，刀盘未被糊死。

3. 施工情况分析对比

（1）盾构通过加固区与回填区施工情况对比，见表5-12。

端头加固区与回填区基岩孤石掘进施工情况对比　　　　表 5-12

对比项目	端头加固区掘进	回填区掘进
地质情况	加固体+孤石	软土（淤泥、黏土、淤泥质土）+孤石、基岩
建压情况	满舱欠压掘进	正常建压
孤石处理情况	密钻孔	预爆破
破岩效果	效果较差，大粒径岩块较多	效果相对较好，大粒径岩块较少
扭矩波动情况	波动次数少，但波动数值大	波动次数频繁，波动值相对较小
刀具情况	切刀出现崩齿掉落	切刀出现崩齿掉落
刀盘结泥情况	未结泥	泄渣口格栅结泥糊死
环流情况	环流正常，基本无滞排情况	环流正常，基本无滞排情况
掘进速度	3.5mm/min	2.8mm/min
刀盘扭矩	1830kN·m	4384kN·m
刀盘挤压力	6000kN	13980kN

（2）东、西线施工情况对比，见表5-13。

东线与西线盾构始发掘进情况对比表　　　　表 5-13

对比项目	东　线	西　线
加固区		
孤石处理方法	密钻孔方法	密钻孔方法
掘进时间	38d，其中开舱4次换刀清理石块耗时15d	27d，其中开舱1次清理石块耗时3d
开舱情况	掉落刮刀15把，刀盘被糊死，带压开舱换刀耗时49d	未掉落刮刀，刀盘面板未被糊死，常压开舱耗时19d
回填区		
孤石处理方法	爆破法	爆破法
掘进时间	32d	32d
开舱情况	未开舱	未开舱

前期考虑到爆破可能对加固体、始发井主体结构及外包素混凝土地下连续墙产生不利影响，故加固区孤石处理选择了潜孔钻机密布孔破碎+旋挖机配合取石方案。实践证明上述方案效果不理想，因此回填区采用微差爆破法，实际效果显示，微差爆破法施工效果较好。

在实施孤石爆破处理后，应对爆破区域上方土体进行注浆加固和爆破孔封堵处理。爆破振动和密集的钻孔造成了原始地层的频繁扰动，势必导致地层中残留很多空隙和孔洞。对泥水盾构来说，地层漏气漏浆对掌子面稳定非常不利，尤其是需要带压进舱更换刀具时，漏气是最大的安全隐患。

第三节　盾构过海域基岩凸起段掘进技术

汕头海湾隧道基岩凸起段位于主航道下方（见图 5-43），由于该航道为汕头各港区的命脉，船舶交通量大，无法占用航道进行海上爆破预处理，故采用盾构直接掘进通过。本节分别通过盾构掘进基岩凸起段出现的刀盘、刀具异常磨损等情况，从泥水参数及环流控制、掘进参数控制、刀具管理等方面，总结盾构直接过海域基岩凸起段的掘进技术。

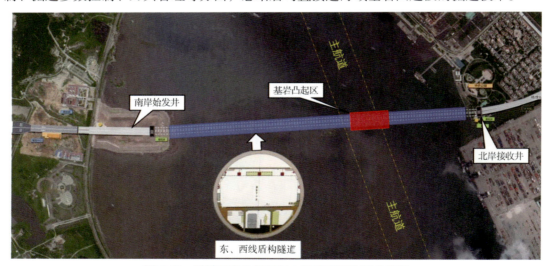

图 5-43　隧道基岩凸起段与主航道平面位置关系图

一、基岩分布与研判

地质是盾构掘进的基础，地质研判技术是调整分析掘进参数的基础，盾构直接掘进过基岩凸起段通过盾构声音、参数变化、渣样分析三个方面进行综合研判分析，可更加准确地为盾构掘进参数分析和调整提供依据。

1. 基岩分布情况

详细勘察阶段，在隧道两侧梅花形布置钻孔，间距 25m，最终投影确定主航道下方有 3 段硬岩凸起侵入东、西线隧道，硬岩长度约为 162m 和 153m，最大高度 6.6m，且隧道顶部为海运主航道，隧道覆土厚度最小 8.0m，不足一倍洞径。

海中主航道下方隧道盾构段存在 3 段基岩凸起（见图 5-43～图 5-45），长度约 182m，侵入隧道最大高度约 6m（见表 5-14），抗压强度最大约为 128.7MPa，切入隧道断面的基岩 RQD 值均在 80% 左右。基岩凸起段隧道断面上部为淤泥质土、粉质黏土、中粗砂，②$_1$ 淤泥标准贯入试验锤击数为 1.16 击，承载力为 50kPa；②$_2$ 淤泥质土标准贯入试验锤击数为 4.42 击，承载力为 60kPa。该段覆土厚度为 12.6～13m，主航道水深约 8m，水面至洞顶约 21m。勘察资料显示，南岸海域段在花岗岩、⑥$_1$ 全风化层、⑥$_2$ 强风化层共 10 个钻孔存在球状风化体，直径为 0.5～5.6m，一般为 1～3m，岩芯一般呈柱状～长柱状，中风化，强度达 90MPa。

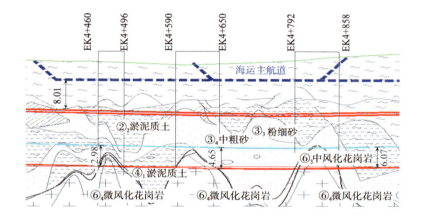

图 5-44 东线基岩凸起地质剖面图（尺寸单位：m）

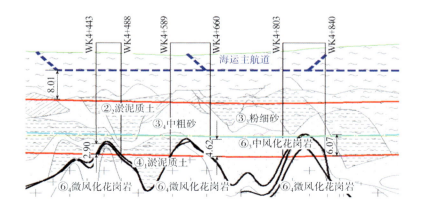

图 5-45 西线基岩凸起地质剖面图（尺寸单位：m）

详细勘察报告中东、西线 3 段基岩分布情况及侵入情况　　　　表 5-14

部　位		里程范围	长度（m）	侵入隧道高度（m）	强度最大值（MPa）
东线	第一段	EK4+790.326 ~ EK4+857.620	67.294	6.07	104
	第二段	EK4+586.214 ~ EK4+656.000	69.786	4.65	128.7
	第三段	EK4+455.094 ~ WK4+500.000	44.906	2.96	81.2
西线	第一段	WK4+790.326 ~ WK4+857.620	67.294	6.07	121.8
	第二段	WK4+586.214 ~ WK4+656.000	69.786	4.62	114.6
	第三段	WK4+455.094 ~ WK4+500.000	44.906	2.90	81.2

2. 地质研判

盾构掘进中以勘察报告作为预判，当盾构掘进接近基岩凸起段时，结合以下多种方式综合进行地质研判，并结合掘进参数变化情况，可更加准确地为数据分析提供依据。

（1）刀具磨岩声音分析：本项目盾构掘进中，在刀盘中心锥内安装了收音设备，连接至盾构主控室，盾构司机根据刀盘转速、单次磨岩声音时间、磨岩声音范围，初步判断基岩分布范围（主要对小基岩的判断）。

（2）参数波动分析：结合滚刀分布情况、挤压力波动规律、刀具旋转情况、刀具温度情况综合判断基岩分布范围。

（3）渣样分析：可进一步判断掌子面岩石破碎程度、节理发育程度、岩石风化程度、岩石石英含量、岩石强度等情况。

以东线第一段基岩凸起渣样分析为例，在基岩掘进第一阶段，岩块粒径偏小，多集中在 2~4cm，岩石形态以块状为主，岩石坚硬，风化程度低（见图 5-46）。基岩掘进第二阶段，岩量急剧增加，岩块粒径主要集中在 6~10cm，岩石形态以块状为主，岩石石英含量高，坚硬，偶尔出现石英岩，风化程度低。基岩掘进第三阶段，岩量逐步减少，岩块粒径减小，普遍集中在 2~4cm，岩石风化程度增大，岩石被水侵蚀痕迹明显，节理裂隙发育，掘进过程出现两次 P2.1 泵内堵塞大石块现象，增加了刀具碰撞、异常损坏风险。

a) 水侵蚀明显　　　　b) 节理裂隙发育　　　　c) 石英含量高

图 5-46　东线第一段基岩渣样情况

第一段基岩实际从 983 环刀盘开始入岩，根据地质研判技术，通过刀具旋转监测（半径和转速）、单次破岩声音时间、破岩声音范围、刀具温度监测、挤压力波动规律、出渣量等因素，对第一段基岩掘进过程各个阶段进行了岩面侵入隧道范围描绘，模拟岩面与地质勘察内岩面基本吻合。通过分析进入基岩段的出渣情况，发现基岩掘进破岩渣样粒径整体较小。983~989 环破岩渣样粒径为 2~4cm 的岩块占 50%，5~7cm 的岩块占 40%，间断性地出现粒径为 10cm 左右的岩块。990~994 环渣样粒径较之前有所增大，15cm 左右岩块偶尔出现，平均粒径较之前无大的变化，还是以 5~8cm 居多，占整个岩量的 70% 以上。块状形态的岩块粒径要大于片状形态，大粒径的岩块也为块状，岩石风化程度普遍很低。

3. 基岩凸起段掘进难点分析

针对研判结果，认为盾构掘进存在以下难点：

1）刀具管理难度大

基岩凸起段，基岩的抗压强度为 52.8~128.7MPa，刀具易磨损和异常损坏，换刀频率高，刀具管理是重点。应关注刀具线速度和控制贯入度，避免刀具瞬时冲击荷载过大，对刀具造成异常损伤、损坏；通过刀具监测、掘进参数分析、主动换刀等措施，及时对磨损超标的刀具进行更换，规避因刀具损坏未及时更换带来的风险。

2）掘进姿态控制难度大

由于掌子面上软下硬，岩性强度差异大，盾构掘进很容易出现姿态难以控制的问题，需加强对推进系统分区及各分区推进油压的控制管理，以更好地控制盾构掘进姿态。

3）开挖面稳定控制难度大

隧道顶部为流塑、高压缩性、高灵敏度的淤泥和淤泥质土，地层力学性能差，掘进过程中若出现建压不合理、压力波动、气垫舱气体进入泥舱，则易引起开挖面土体坍塌的险情。

若前期详细勘察及补充勘察地质钻孔孔位封孔不密实，则掘进过程中易发生泥浆泄漏，导致泥水舱压力降低、压力不稳定，可能出现掌子面坍塌的险情。盾构掘进基岩凸起段时，采取低速掘进，在控制不当的情况下，掌子面上部软弱地层易失稳；同时在进行常压滚刀及切刀更换时需回退刀盘，掌子面上部软弱地层易失稳。

二、刀具管理

（1）刀具旋转检测显示旋转异常的刀具，需要检查和更换。

（2）当磨损检测装置显示相邻刀具的磨损量高差大于8mm时，更换刀具。

（3）当磨损检测装置显示边缘滚刀磨损量在8~10mm，正面区滚刀磨损量在15~20mm，中心区滚刀磨损量在10~15mm时，更换刀具。

（4）刮刀和齿刀更换标准：缺损或耐磨层磨损量达1/3以上进行更换。

（5）当刀具监测温度突变大于1℃时，进行检查更换。

（6）当刀具出现刀圈断裂、平刀圈、刀体漏油、刀圈脱落、挡圈断裂或脱落、刀具轴或刀座损伤时，必须更换。

（7）结合地质资料及掘进速度、刀盘扭矩、推力三者之间的关系来判断刀具的磨损情况。

（8）在基岩或孤石掘进时，每掘进5环时应主动进行刀具检查及更换。

1. 基岩段掘进滚刀更换总体情况

本节分析以东线盾构为例，总结了盾构通过三段基岩的刀具更换情况。

1）首段基岩掘进滚刀更换情况

东线过基岩段掘进从2019年8月3日开始，至10月3日结束，期间累计更换刀具90次，其中1004环73号刀磨损量最大，为21mm。总体而言，更换下来的刀具磨损量不大，但出现了滚刀刀架固定螺栓松动、脱落和断裂问题。拆出的10个刀筒中共有刀架固定螺栓134颗，其中78颗发生破坏，破坏形式主要为断裂（47颗）、丝牙损坏（18颗）、螺母脱落（8颗）、螺栓弯曲（5颗）。具体换刀情况见表5-15、表5-16。

东线过首段基岩总换刀次数统计表 表5-15

序号	编号（环）	区域	换刀次数（次）
1	983~995	从局部基岩向整片基岩趋势发展期	18
2	996~1010	整片基岩段，深度最深段	68
3	1010~1017	从整片基岩深度由高往低方向趋势期	4

东线过首段基岩滚刀换刀次数统计表 表5-16

滚刀刀具编号	65/67	70/72	66/68	57/59	69/71	61/63	74A
换刀次数（次）	6	8	7	3	6	3	7

刀具分布如图5-47所示，部分更换检查的刀具如图5-48所示，刀具更换统计如图5-49所示。

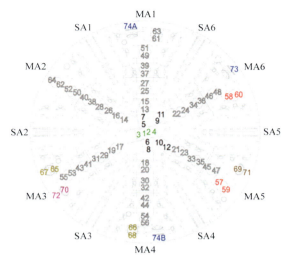

图 5-47　刀具分布图

图 5-48　部分更换检查的刀具

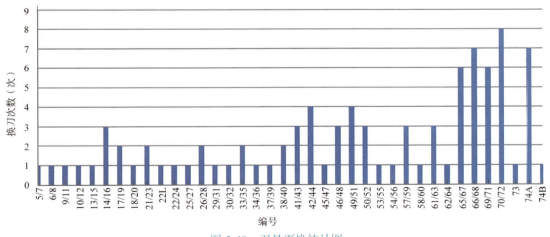

图 5-49　刀具更换统计图

由图5-49可知，更换频率高的刀具主要为边滚刀65/67、66/68、69/71、70/72、74A，共更换32次，占总更换次数（92次）的35%。换刀次数最多的为70/72边滚刀，共8次，65/67、74A为7次，这三把滚刀共更换22次，占总更换次数的24%。

2）第二段基岩掘进刀具更换情况

根据现场实际掘进反馈情况，判断东线第二段基岩段区间为 1087~1124 环，共计 38 环。第二段基岩段掘进共计拆检滚刀 78 次，螺栓损坏 66 次，损坏率为 84.6%，其中刀架固定螺栓损坏 44 次，滚刀固定螺栓损坏 31 次，传感器固定螺栓损坏 37 次。

图 5-50 为第二段基岩段每环滚刀拆检与螺栓损坏情况，可以看出，在第二段基岩段掘进过程中，基本每环都有滚刀螺栓损坏问题出现，其中 1105 环最多，为 8 次，其他环多在 1~4 次之间。

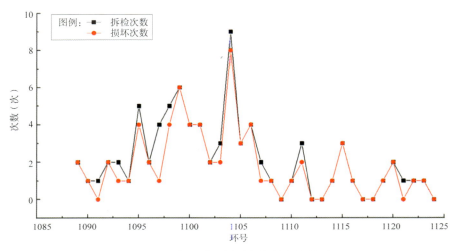

图 5-50　每环滚刀拆检与螺栓损坏情况

图 5-51 为第二段基岩段各编号滚刀拆检与螺栓损坏情况，可以看出，安装半径较大、承担破岩工作的滚刀其螺栓损坏次数较多，53/55~74A 之间的滚刀螺栓损坏大多在 3 次以上，与第一段基岩凸起掘进的规律相仿。

图 5-51　各编号滚刀拆检与螺栓损坏情况

3）第三段基岩掘进刀具更换情况

根据现场实际掘进反馈情况，判断东线第三段基岩段区间为 1163～1186 环，共计 24 环，对 1222 环拆检的部分刀具也进行了统计。第三段基岩段掘进共计拆检滚刀 56 次，螺栓损坏 19 次，损坏率为 33.9%，其中刀架固定螺栓损坏 9 次，滚刀固定螺栓损坏 7 次，传感器固定螺栓损坏 11 次。

图 5-52 为第三段基岩段每环滚刀拆检与螺栓损坏次数变化情况，可以看出，在掘进第三段基岩段的 1163～1186 环过程中，每环滚刀其螺栓损坏次数基本不超过 2 次，单环滚刀螺栓损坏最多 4 次（1174 环），较前两段基岩凸起段明显减少，这与第三段基岩侵入隧道范围较少、强度较低有一定关系。

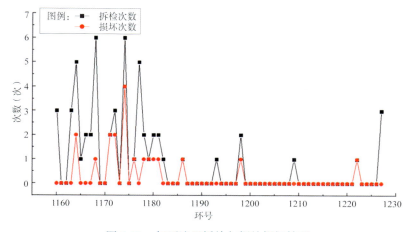

图 5-52　每环滚刀拆检与螺栓损坏情况

图 5-53 为第三段基岩段各编号滚刀拆检与螺栓损坏情况，可以看出，安装半径较大的滚刀螺栓损坏次数较多，但各位置滚刀其螺栓损坏次数均未超过 4 次，较前两段基岩段有所降低。

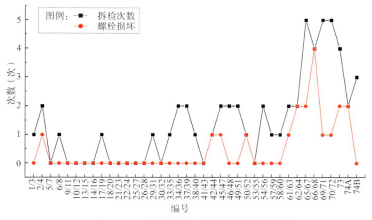

图 5-53　各编号滚刀拆检与螺栓损坏情况

4)基岩段掘进刀具更换情况汇总

东线三段基岩段掘进过程中滚刀各类螺栓损坏问题严重,三段基岩段共计掘进 94 环,拆检滚刀 226 次,平均每环拆检 2.4 次,螺栓共计损坏 158 次,损坏率高达 69.9%。其中刀座螺栓损坏次数最多,为 104 次;传感器螺栓损坏 75 次;滚刀固定螺栓损坏较少,为 50 次。图 5-54 为不同类型螺栓损坏情况,由图可以看出,安装半径较大的滚刀三类螺栓损坏的次数较多。

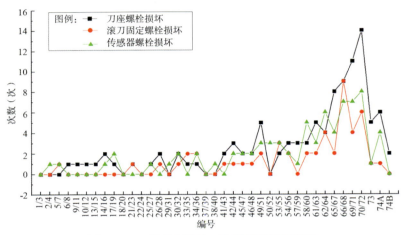

图 5-54 三段基岩段滚刀各类螺栓损坏情况

2. 常压滚刀刀架固定螺栓断裂

根据上述刀具更换情况可知,在基岩掘进的过程中,发现多个常压滚刀的刀架固定螺栓出现断裂的情况。如在 986 环掘进过程中,70/72 号滚刀液压磨损压力出现报警。该刀筒拆除后,发现 14 颗刀架固定螺栓出现断裂、松动现象。检查 14 颗螺栓孔及螺栓,发现刀筒内螺栓孔失效 11 个,螺栓断丝 2 个(见图 5-55)。

图 5-55 986 环 70/72 号滚刀螺栓断裂情况

自上述情况发生以后,986~994 环面板外沿滚刀相继出现螺栓断裂的情况(见图 5-56,图中数字为螺栓对应编号)。技术人员尝试更换刀盘转向,但状况未出现好转。

图 5-56　992 环 66/68 号滚刀螺栓断裂情况

1）刀筒螺栓断裂形式分析

通过对刀筒螺栓断裂的情况进行检查，共统计 10 个刀筒，共 134 颗螺栓，其中损坏的螺栓 78 颗。螺栓主要损坏形式及数量见表 5-17 及图 5-57，983～994 环滚刀抽检情况见表 5-18。

螺栓损坏类型统计表　　　　　　　　　　　表 5-17

损坏形式	丝牙断裂为平口	丝牙断裂为斜口	丝牙损坏	内六角螺母脱落	弯曲
数量	6	41	18	8	5

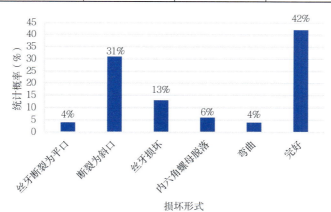

图 5-57　常压滚刀刀架固定螺栓损坏形式统计图

983～994 环滚刀抽检情况　　　　　　　　　　表 5-18

序号	编号	抽检环号	刀具类型	启动扭矩（N·m）	刀圈硬度（HRC）	刀具磨损情况	备　注
1	74B	984	宽刃滚刀	32	57～59	偏磨	螺栓未损坏
2	70/72	986	球齿滚刀	31	57～60	球齿轻微磨损	2 个断裂，多个丝牙损坏
			宽刃滚刀	32	57～61	无磨损	
3	41/43	985	光面滚刀	32	57～62	磨损 2mm	螺栓未损坏
			光面滚刀	31	57～63	磨损 3mm	

续上表

序号	编号	抽检环号	刀具类型	启动扭矩（N·m）	刀圈硬度（HRC）	刀具磨损情况	备注
4	65/67	987	球齿滚刀	33	57~64	有碰撞掉块	1个断裂
			宽刃滚刀	32	57~65	无磨损	
5	69/71	987	宽刃滚刀	31	57~66	无磨损	3个断裂，多个变形
			宽刃滚刀	32	57~67	无磨损	
6	66/68	989	宽刃滚刀	33	57~68	无磨损	螺栓未损坏
			宽刃滚刀	34	57~69	无磨损	
7	74A	989	宽刃滚刀	32	57~59	无磨损	螺栓未损坏
8	70/72	991	球齿滚刀	32	57~59	球齿脱落，刀圈磨损严重	7颗螺栓断裂
			宽刃滚刀	33	57~59	磨损1m	
9	42/44	991	光面滚刀	32	57~59	磨损1mm	螺栓未损坏
			光面滚刀	32	57~59	磨损1mm	
10	65/67	991	宽刃禾刀	33	57~59	有碰撞掉块	螺栓未损坏
			宽刃滚刀	32	57~59	无磨损	
11	66/68	992	宽刃滚刀	33	57~59	无磨损	2个断裂，3个螺母脱落
			宽刃滚刀	32	57~59	无磨损	
12	70/72	992	宽刃滚刀	31	57~59	无磨损	7个断裂，2螺栓变形
			宽刃滚刀	32	57~59	无磨损	
13	69/71	992	宽刃滚刀	33	57~59	无磨损	4个断裂，2个螺母脱落，多个丝牙损坏
			宽刃滚刀	32	57~59	无磨损	
14	61/63	993	光面滚刀	31	57~59	无磨损	7个断裂，2螺栓变形
			光面滚刀	32	57~59	无磨损	
15	69/71	993	宽刃滚刀	33	57~59	无磨损	9个断裂
			宽刃滚刀	32	57~59	无磨损	
16	70/72	993	宽刃滚刀	33	57~59	无磨损	螺栓未损坏
			宽刃滚刀	32	57~59	无磨损	
17	61/63	994	光面滚刀	31	57~59	磨损1mm	2个断裂，2个螺母脱落，部分丝牙损坏
			光面滚刀	32	57~59	磨损1mm	
18	74A	994	宽刃滚刀	32	57~59	无磨损	3个断裂，1个螺母脱落

2）刀筒螺栓断裂原因分析

目前正面刀刀筒使用 M20×260 螺栓（见图 5-58），材料为 18Cr2Ni4WA 合金渗碳钢，螺栓性能指标为：抗拉强度 1184MPa，屈服强度 1059MPa，断面收缩率 63%，伸长率 16%，冲击值 193J/cm²，硬度 HRC35。

图 5-58　M20×260 螺栓

（1）不同断裂形式分析

螺栓平口断裂属于疲劳断裂，因螺栓更换不及时，螺栓使用过程中受力产生疲劳裂纹，使用时间越长裂纹越大，最终导致螺栓断裂；螺栓斜口断裂是由于拉力及不同方向的剪切力造成的；螺栓弯曲是由于剪切力造成的。

（2）螺纹丝牙长时间使用后损坏

刀筒刀具经过多次拆装，拆装过程中需取断丝或对螺纹孔进行攻丝，刀筒内螺纹孔丝牙受损，螺纹孔承载力逐步减弱，导致螺栓直接拉脱带出螺纹孔内丝牙（见图 5-59）。

图 5-59　多次拆刀后的刀筒螺纹

（3）螺栓紧固方式未按要求进行

在安装刀架螺栓过程中，未按要求进行螺栓预紧力测试及未对称紧固螺栓，可能造成各螺栓受力不均导致螺栓松动、断裂等。

（4）刀座与刀架接触不紧密

刀架的楔形块表面不平整（见图 5-60），与刀座接触不紧密，在受冲击时与滚刀产生相对运动，螺栓处于频繁的受力变化中。

图 5-60 刀架的楔形块接触面

3. 螺栓断裂应对措施

1）针对性改进措施

针对上述螺栓断裂的情况，本项目采取了以下应对措施：

（1）加强螺栓预紧

同一刀筒内安装同一批次螺栓，对 2 个刀筒进行预紧力试验，按刀筒螺栓额定预紧力的 70% 进行紧固。

（2）扩大螺栓直径

在保证刀筒结构的前提下，将 M20 螺栓换为 M24 螺栓，相应将螺栓孔扩径为 24mm。因刀座结构影响，14 个螺栓孔中可扩大的螺栓孔有 9 个。

（3）螺栓焊接连接钢筋

在螺栓端部采用焊接钢筋的方式，将同一区域内的螺栓连接（见图 5-61），以提高其整体性，加强其抗冲击的能力。

图 5-61 常压滚刀刀架固定螺栓处理

2）螺栓断裂处理措施

（1）增加常压滚刀后退监测装置

由于常压滚刀刀架固定螺栓出现了断裂等一系列问题，滚刀出现后退现象。为及时发现出现后退的滚刀,以监测刀具是否出现螺栓断裂等问题,增加了滚刀防后退装置,如图 5-62 所示。在滚刀固定架后端,焊接安装液压监测的冲压装置,并与刀筒自身的液压磨损装置连接,当滚刀出现后退时充压装置泄压,信号传输到主控室报警。

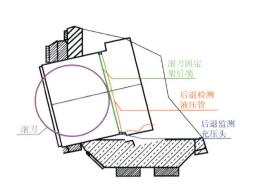

图 5-62　常压滚刀后退监测装置

（2）滚刀固定螺栓通孔

原设计刀筒滚刀正面盖板没有通孔设计（见图 5-63 左图黄色螺栓），由于单边穿入的设计，当螺栓出现断裂后,部分杆身遗留在螺栓孔中难以取出。为解决此问题,将刀筒螺栓孔加工为通孔,刀筒前端加工为深度为 4cm 的沉孔,如图 5-63 所示。螺栓从刀筒前端穿入刀筒内部,在刀筒内部安装防松螺母。沉孔处安装 2cm 堵头,防止螺栓断裂后掉入泥水舱内。

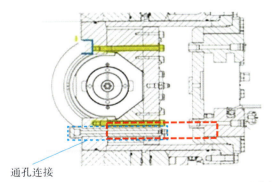

图 5-63　通孔前后连接情况

4. 盾构刀具管理成果

1）刀具管理原则

对刀盘刀具要遵守"实时监测、主动检查、及时更换"的原则,不牺牲设备抢进度,防止刀盘、刀具异常磨损情况的发生。在掘进过程中主要控制扭矩波动,以刀具温度检测、旋转检测及磨损检测数据为依据,判断掘进状态。出现以下异常情况时需抽检刀具:

（1）刀盘扭矩波动值超出当环扭矩平均值30％时；

（2）刀具温度以28℃为上限，上升幅度超出1℃/环时；

（3）各种检测装置无信号时。

2）刀具更换管控

刀具异常后，长距离掘进，会导致刀具出现异常磨损，如偏磨、崩刃现象；若未能对其进行更换，随着磨损量的增大，则会造成该轨迹无破岩刀具进一步恶化，导致该轨迹对应刀盘位置处出现磨损。

控制措施：

（1）确保刀筒及刀盘各个位置的液压磨损管路工作正常，出现异常及时进行检查处理。

（2）达到刀具允许的最大磨损量（见表5-19）时及时更换，若磨损量未达到更换标准则根据刀具磨损情况制定掘进里程。

滚刀最大允许磨损量　　　　　　　　　　　　　　　　　　　表5-19

编　号	最大允许磨损量（mm）	备　　注
1/12	25	中心滚刀
13/64	30	正面滚刀
65/68	25	边滚刀，磨损量达10mm时更换
69/72	20	
73/74	15	

3）刀筒固定螺栓

东线德国海瑞克盾构在基岩段掘进过程中出现了大量刀筒滚刀固定螺栓断裂的情况，通过采用加强螺栓预紧、扩大使用螺栓的直径、增加滚刀防后退装置等措施，螺栓断裂情况得到明显的改善。而西线中国中铁装备盾构，在基岩掘进过程中并未出现螺栓断裂的状况。东、西线刀架的形式、刀具固定螺栓型号及数量、刀架固定螺栓型号及数量对比，见表5-20。

东、西线刀架螺栓对比表　　　　　　　　　　　　　　　　表5-20

设备名称	刀具固定螺栓		刀架固定螺栓		紧固扭矩（N·m）	刀架形式
	型号	数量（颗）	型号	数量（颗）		
东线德国海瑞克S1046	M16×90×10.9	8	M20×260×10.9	14	520	分体式
西线中国中铁装备306	M20×90×10.9	8	M27×275×10.9	16	1300	一体式

从东线德国海瑞克盾构刀筒螺栓断裂情况及改进措施效果、西线中国中铁装备刀架螺

栓配置可知，配置足够数量和直径的刀具固定螺栓，可有效防止其在岩层掘进断裂。

三、掘进参数管理

1. 东线基岩掘进参数分析

1) 东线第一段基岩试掘进

东线掘进至983环时，发现渣样出现岩块，判断盾构开始进入基岩段。983~989环挤压力、扭矩曲线整体较稳定；990~993环挤压力增长2000kN左右，扭矩增长600kN·m左右；推力从遇岩开始持续增长，增大10000kN左右。983~989环岩样如图5-64所示，990~994环岩样如图5-65所示。

图5-64　983~989环岩样

图5-65　990~994环岩样

基岩掘进过程，为摸索更适合当前地层的平稳掘进参数组合，进行了参数调整试验，主要调整刀盘转速。

在993环掘进过程中，控制贯入度3~5mm/r不变，试验转速有0.6r/min、0.8r/min、1.0r/min三种（见表5-21）。第一段基岩在997、998、999、1000、1001环时，岩面侵入隧道范围最大。

993环不同转速下参数统计分析　　　　表5-21

时间	速度（mm/min）		转速（r/min）	贯入度（mm/r）		推力（kN）		扭矩（N·m）		挤压力（kN）	
	范围	平均值		范围	平均值	范围	平均值	范围	平均值	范围	平均值
2:40~7:30	0.44~3.63	1.3	0.8	1.37~6.77	3.1	75440~80631	78035	1860~4626	2850	15620~18480	17560
15:20~19:30	0.44~3.64	2.3	0.6	0.37~10.91	3	78260~86807	82184	1690~4040	2404	16359~19684	17950
9:50~16:00	—	2.4	1.0	1.38~5.78	3.1	77299~84584	81942	1506~3351	2204	16800~19200	18000

不同转速下刀盘挤压力、扭矩、贯入度参数变化曲线如图5-66所示，分析情况如下：

（1）0.6r/min：贯入度波动频率高，波动值范围大，最高10.91mm/r；挤压力整体上升，上升值为2000kN左右，周期性较明显，每个周期内包含1个最高波峰和5个较小波峰；扭矩波动无规律，波动范围不稳定；推力整体上升，上升值为4000kN左右。

（2）0.8r/min：贯入度整体较稳定，偶尔存在波动现象，波动最大值5.6，整体在5以下；挤压力呈周期波动，每个周期内最大值与最小值差值基本一致，整体较稳定，最大值比最小值大2000kN左右；扭矩存在轻微波动，曲线周期性降低；推力整体上稳定，无太大变化趋势。

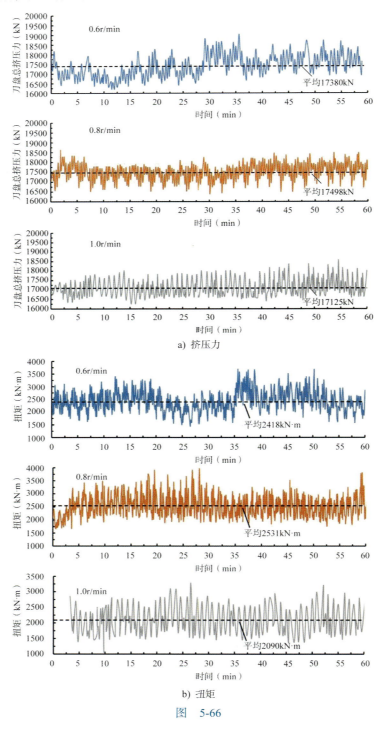

图 5-66

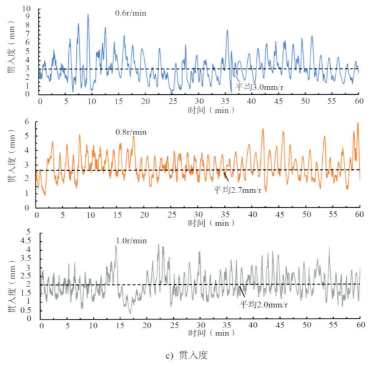

c）贯入度

图 5-66　不同转速下刀盘挤压力、扭矩、贯入度参数变化曲线图

（3）1.0r/min：贯入度整体稳定，呈周期性变化；挤压力受贯入度影响较大，贯入度稳定情况下，挤压力基本正常，无变化趋势；扭矩周期性变化，无异常波动；推力整体下降 1000kN 左右，存在短时间突降现象。

从参数对比试验可得出，相同贯入度情况下，目前所试验过的刀盘转速越大，掘进参数越平稳。在 993 环刀盘转速为 1.0r/min 时，各项参数较平稳，故后续掘进刀盘转速一直沿用 1.0r/min。

第一段基岩深度为 6.6m，在 996～1015 环段基岩强度大，是整片基岩掘进难度最大的部分，为了保证盾构掘进的安全，盾构掘进的参数必须控制在合理范围内，因此需要记录每一环掘进参数的变化。

东线第一段基岩掘进从 2019 年 8 月 3 日开始，到 10 月 3 日结束，累计掘进 62d，掘进环数为 33 环，长度为 67.33m。其中，掘进与安装管片的时间为 50.5d，设备维修与刀具更换的时间为 11.5d。实际掘进效率为 0.65 环/d、1.33m/d。通过分析东线第一段基岩掘进时各参数的变化折线图，可知在 993 环，盾构掘进的总推力、刀盘扭矩等参数明显攀升，盾构过基岩掘进最大推力在 1000 环时达到 88500kN，扭矩最大为在 1000 环时达到

2900kN·m，最大挤压力在 1004 环时达到 22050kN。这与前述的侵入岩面高度研判结果是一致的，上述参数值偏高的情况一直延续至 1010 环。该段掘进参数也相应达到各自参数最大值。

东线盾构过第一段基岩相关参数如图 5-67 所示。

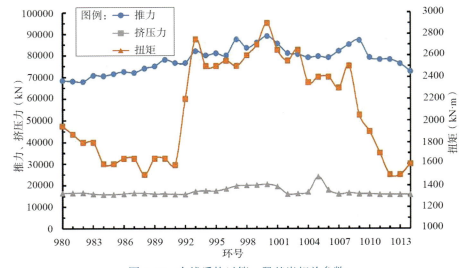

图 5-67　东线盾构过第一段基岩相关参数

2）东线第二段基岩掘进

通过第一段基岩的掘进总结，技术人员调整了掘进方案的掘进参数设定值。东线盾构过第二段基岩相关参数如图 5-68 所示。

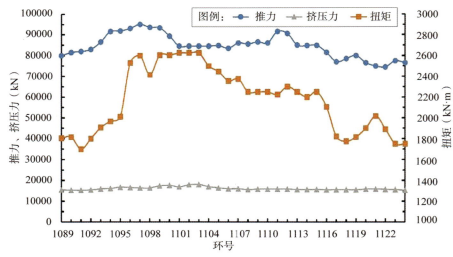

图 5-68　东线盾构过第二段基岩相关参数

东线第二段基岩掘进从 2019 年 10 月 22 日开始，到 12 月 17 日结束，累计掘进 57d，掘进环数为 35 环，长度为 69.78m。其中，掘进与安装管片的时间为 36d，设备维修与刀具更换的时间为 21d。实际掘进效率为 0.97 环/d、1.94m/d。盾构过基岩掘进最大推力在 1097 环时达到 95000kN，最大扭矩在 1103 环时达到 2600kN·m，最大挤压力在 1101 环时达到 18000kN。

3）东线第三段基岩掘进

东线第三段基岩掘进从 2019 年 12 月 30 日开始，到 2 月 4 日结束，累计掘进时长 36d，掘进环数为 17.5 环，长度为 35m。其中，掘进与安装管片的时间为 23d，设备维修与刀具更换的时间为 13d。实际掘进效率为 0.76 环/d、1.52m/d。盾构过基岩掘进最大推力在 1184 环时达到 78500kN，最大扭矩在 1167 环时达到 2850kN·m，最大挤压力在 1167 环时达到 20000kN。

东线盾构过第三段基岩相关参数如图 5-69 所示。

图 5-69　东线盾构过第三段基岩相关参数

2. 西线基岩掘进参数分析

1）西线第一段基岩凸起掘进分析

西线第一段基岩掘进从 2019 年 12 月 20 日开始，到 2020 年 1 月 11 日结束，累计掘进时长 21d，掘进环数为 21 环，实际长度为 42m。其中，掘进与安装管片的时间为 14d，设备维修与刀具更换的时间为 7d。实际掘进效率为 1 环/d、2m/d。盾构过基岩掘进最大推力在 1005 环时达到 87500kN，最大扭矩在 1009 环时达到 3800kN·m，最大挤压力在 1009 环时到达 38000kN。

西线盾构过第一段基岩相关参数如图 5-70 所示。

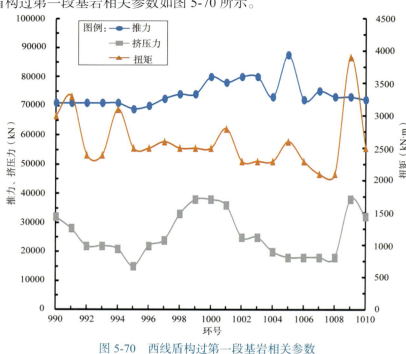

图 5-70　西线盾构过第一段基岩相关参数

2）西线第二段基岩凸起掘进分析

西线第二段基岩掘进从 2020 年 2 月 2 日开始，到 2020 年 3 月 18 日结束，累计掘进时长 46d，掘进环数为 37 环，长度为 69m。其中，掘进与安装管片的时间为 30d，设备维修与刀具更换的时间为 16d。实际掘进效率为 1.23 环/d、2.46m/d。盾构过基岩掘进最大推力在 1103 环时到达 88000kN，扭矩最大在 1080 环时达到 2900kN·m，最大挤压力在 1111 环时达到 26000kN。

西线盾构过第二段基岩相关参数如图 5-71 所示。

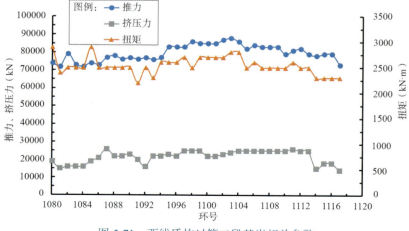

图 5-71　西线盾构过第二段基岩相关参数

3）西线第三段基岩凸起掘进分析

西线第三段基岩掘进从 2020 年 4 月 3 日开始，到 2020 年 5 月 19 日结束，累计掘进时长 47d，掘进环数为 36 环，实际长度为 72m。其中掘进与安装管片的时间为 28d，设备维修与刀具更换的时间为 19d。实际掘进效率为 0.7 环/d、1.4m/d。盾构过基岩掘进最大推力在 1181 环时达到 79900kN，最大扭矩在 1190 环时达到 3600kN·m，最大挤压力在 1190 环时达到 33000kN。

西线盾构过第三段基岩相关参数如图 5-72 所示。

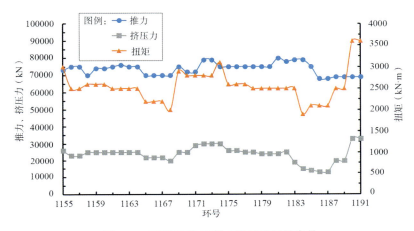

图 5-72　西线盾构过第三段基岩相关参数

3. 盾构掘进参数控制

基岩段东、西线峰值掘进参数见表 5-22。

基岩段东、西线峰值掘进参数表　　　　表 5-22

项　目	第一段基岩		第二段基岩		第三段基岩	
	东线	西线	东线	西线	东线	西线
推力（kN）	88500	87500	95000	88000	78500	79900
扭矩（kN·m）	2900	3800	2600	2900	2850	3600
挤压力（kN）	22050	38000	26250	26000	41500	33000

在上软下硬的基岩凸起地层盾构掘进时，盾构参数控制应遵循"稳压力、控推力、限扭矩、小贯入、低转速"的原则，时刻保持掘进参数的敏感性。基岩凸起段总推力及相关参数计划控制值见表 5-23，不同岩面高度推力设定见表 5-24。

基岩凸起段总推力及相关参数计划控制值　　　　表 5-23

项　目	总推力（kN）	掘进速度（mm/min）	刀盘转速（r/min）	刀盘扭矩（kN·m）	贯入度（mm/r）
参考值	35000~80000	2~3	0.8~1.0	4000~11000	3~5

不同岩面高度推力设定表　　　　　　　　　　　　　　　　表 5-24

岩面高度 （m）	刀具总挤压力 （kN）	泥浆反力最小值 （kN）	泥浆反力最大值 （kN）	摩擦力 （kN）	总推力最小值 （kN）	总推力最大值 （kN）
1	2298～3117	51192	59637	18000	71490	80754
2	2844～3663	51192	59637	18000	72036	81300
3	3117～5028	51192	59637	18000	72309	82665
4	4209～6120	51192	59637	18000	73401	83757
5	6120～7212	51192	59637	18000	75312	84849
6	7212～9123	51192	59637	18000	76404	86760
7	8850～11853	51192	59637	18000	78042	89490

若在掘进速度大于 8mm/min 时遇到岩石，则应立刻停止掘进、抽检刀具。恢复掘进时按刀盘转速 0.8r/min、掘进速度 2～4mm/min 控制，同步密切关注温度、旋转检测情况，必要时每 5 环抽检一次刀具；正常地层掘进，在掘进至距离基岩凸起 20m 时（分别在 985 环、1090 环、1149 环完成时），提前降低掘进速度至 10mm/min，刀盘转速 1.0r/min，同步密切关注温度、旋转监测情况，遇基岩后调整掘进参数，按刀盘转速 0.8r/min、掘进速度 2～3mm/min 控制。基岩凸起段掘进过程中上部液压缸压力控制在 11～14MPa，底部液压缸压力控制在 17～19MPa。且基岩段由于掌子面岩石左侧偏多，盾构掘进过程中盾构有向右偏趋势，现场通过增大右侧推进液压缸的推力控制盾构平稳推进。

四、开挖面稳定管理

为保证开挖面稳定，对泥浆循环参数进行控制管理。

1. 泥水压力控制

在压力控制方面，基岩段理论压力计算是在进入基岩段前总结优化不同地层的理论建压计算公式上进行的。建压计算泥水舱顶部压力采用的公式为 $P_{顶部} = P_1 - \gamma h + 20\text{kPa}$；泥水舱底部压力计算采用的公式为 $P_{底部} = P_1 + \gamma(d - h) + 20\text{kPa}$。淤泥、淤泥质土、黏土地层采用水土合算，砂土、细砂中粗砂地层采用水土分算。水土合算分别计算被动土压力及静止土压力，作为压力设定的上、下限，最终还需根据巡视情况、停机液位变化情况适当调整理论计算压力。

（1）压力设定：基岩段掘进泥水舱压力按照静止土压力 P_0 进行设定，并计算压力设定上限及下限，下限为主动土压力 P_a，为最小压力；上限为劈裂压力 P_f，为最大设定压力。由于基岩段地层类型较多，计算静止土压力时选取不同侧压力系数对泥水压力设定值影响较大，综合考虑，泥水压力设定选取当前位置静止土压力及埋深×0.1+0.02MPa 中较大值，确保泥水压力设定更加合理。

（2）压力调整：根据土体埋深、覆水深度的变化进行压力调整属正常情况下的压力调整，规定每次调整值为±0.005MPa，即因为覆土或覆水深度变化值引起0.005MPa（增大或减小）的压力变化时进行一次压力调整。另外，根据停机期间液位变化情况核对所设定的准确性，如液位发生变化，则压力调整为液位稳定时的压力。

（3）压力控制：掘进过程严格控制液位波动，尽量保持舱内环流顺畅，液位波动值控制在±0.5m以内，液位尽量保持在中部，如液位波动超出±0.5m，则立即开启旁通循环模式，并确认波动原因。

（4）异常工况：掘进过程中或者长时间停机后若出现浆液逃逸（如上覆土被击穿）情况，则在满足切削面稳定的前提下应进行逐级降压，降压梯度为0.02MPa/次，直到浆液基本无逃逸为止，最低不能小于对应位置的主动水土压力。

通过相应泥水压力控制措施及停机过程泥水压力波动情况分析，可判断目前泥水压力计算方式及设定值合理（见表5-25）。

表基岩凸起地层泥浆参数计划控制值　　　　　表5-25

项　目	泥水舱顶部压力（MPa）	进浆密度（g/cm³）	排浆密度（g/cm³）
参考值	0.23～0.29	1.2～1.3	1.25～1.40

基岩凸起段掘进宜采用密度相对较大，具有一定黏度（23s左右）的优质泥浆，上限根据施工的特殊要求而定。

在施工过程中，不同地层，其泥浆性能有所不同，掘进中应做好泥浆性能动态管理，确保泥浆有足够的掌子面稳定作用及携渣能力。检验配合比是否合理的标准是切削面的稳定情况、流体输送状态及海床沉降量，这些指标得到控制后则要注意泥水指标的变化趋势，应使之稳定在某一区域内，避免超挖。

2. 泥水环流控制

东线刚进入基岩段时刀盘转矩和泥水舱压力波动值较大且频率相对较高，判断存在渣土滞排问题，为降低结泥饼风险、提高出渣效率，将进浆流量由2400m³/h提高到2600m³/h，其中P0.2泵约1200m³/h，P0.1泵刀盘中心冲刷约800m³/h，其他区域约600m³/h。同时，每掘进30cm停机循环1次，先后对气垫舱底部碎石机两侧和泥水舱底部各冲刷15min（或预筛筛板无岩块为止），并充分利用碎石机的二次破碎及搅拌作用，减少舱底大粒径岩块的堆积。

在环流控制方面，基岩段掘进时，进排浆采用大流量循环，并开启舱内小循环，提高舱内泥浆流速，增强环流携渣能力，减少舱内积渣，减少因舱底岩块的大量堆积造成刀具二次撞击损坏及液位波动；充分利用舱内冲刷系统，对泥浆门、碎石机位置进行重点冲刷。并观察 P2.1、P2.2 泵进口压力，若出现排浆泵进口压力异常增大或循环不畅，需及时暂停掘进，启动破碎机对滞渣进行破碎或将其搅动，并对舱内进行冲刷循环，将大量的积渣排出，避免滞排堵舱。

五、东、西线掘进功效对比分析与小结

1. 掘进功效对比分析

东线三段基岩总长 182m，共掘进 155d，掘进速度为 1.17m/d，有效掘进共 109.5d，占掘进时间的 70.65%，设备维修 45.5d，占掘进时间的 29.35%，如图 5-73 所示。

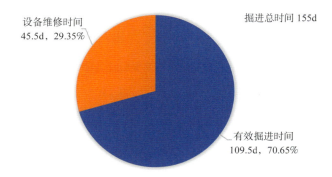

图 5-73　东线基岩掘进情况统计图

西线三段基岩总长 184m，共掘进 114d，掘进速度为 1.61m/d，有效掘进 72d，占整个掘进时间的 63.16%，设备维修 42d，占整个掘进时间的 36.84%，如图 5-74 所示。

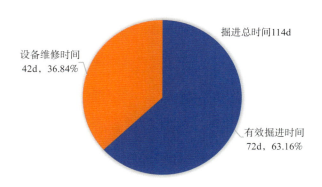

图 5-74　西线基岩掘进情况统计图

通过东、西线盾构过基岩功效对比分析（见图5-75、图5-76）可以看到，通过以上改进措施，西线盾构过基岩掘进效率明显改善，对比东线总体掘进时间减少了41d，掘进效率提高了0.44m/d，设备维修时间减少了3d。

图5-75　东、西线基岩掘进有效时间对比

图5-76　东、西线基岩掘进情况对比

2. 小结

（1）当盾构隧道设计穿越基岩凸起段时，应在盾构设计阶段进行针对性设计，盾构采用常压刀盘和具有伸缩和摆动功能的主驱动，提高了换刀效率和主驱动的可靠性，避免了水下基岩段带压进舱换刀的风险。同时，优化泥水环流设计，加强刀盘冲刷，采用具有摆动功能的破碎机，解决了刀盘结泥饼和渣土滞排的问题。

（2）现场基于地层特点和常压换刀设计采取灵活的刀具配置，针对螺栓松动、断裂问题采取优化滚刀螺栓安装形式、安装滚刀后退液压监测装置等措施，提高了刀具的使用与管理水平。

（3）盾构直接过基岩凸起段地层盾构掘进时，盾构参数控制应遵循"稳压力、控推力、限扭矩、小贯入、低转速"的原则，时刻保持掘进参数的敏感性，超大直径盾构掘进参数管理的重点为以控制泥水压力及泥浆环流为主，控制开挖面及盾构上方土体稳定。

第四节　常压刀盘换刀与带压开舱技术

复合地层超大直径盾构施工过程中难免需要频繁更换刀具，本节基于超大直径盾构刀盘及刀具的设计特点，重点介绍了常压换刀技术与带压开舱技术在工程施工中的应用，结合实际效果总结并提出了优化改进方案。

一、开舱概述

1. 盾构开舱分类

泥水盾构开舱主要分为常压开舱与带压开舱，其主要类型如图 5-77 所示。

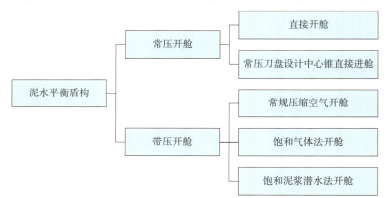

图 5-77　盾构开舱的主要类型

2. 开舱风险分析

盾构开舱存在着极大的安全隐患，开舱难度和风险较大，因此应严格加强盾构开舱的风险防范。盾构开舱前应先进行开舱风险分析，选择合理的开舱方案，并制订相应的安全措施保证作业人员的安全。常见盾构开舱的主要风险见表 5-26。

常见盾构开舱的主要风险　　　　　　　　　　　　　　表 5-26

风险类型	风险危害
切削面失稳	地表坍塌，开挖舱内涌水涌泥，造成人员伤亡、溺水
不良气体	人员中毒、窒息伤亡
带压进舱	减压病，造成人身健康伤害

续上表

风 险 类 型	风 险 危 害
机械伤害	刀盘转动造成人员伤亡
动火作业	火灾、爆炸造成人员伤亡
违章作业	人员伤亡、盾构设备损坏
常压刀盘伸缩系统故障	人员伤亡

二、常压刀盘换刀技术

1. 常压刀盘换刀技术概述

常压刀盘换刀是指施工人员在常压下由通道直接进入中心锥内，利用液压缸并配合刀腔闸板，在常压条件下将刀具从刀腔内抽出，待对刀具进行必要的检查与更换后，将刀具装回，实现常压刀具更换。

相较于带压刀盘换刀，常压刀盘换刀具有以下特点：

（1）换刀的整个过程均在常压下进行，施工安全系数高且对作业人员身体健康无影响。

（2）常压条件下施工效率更高，同时省掉了带压换刀时加压进舱、减压出舱等操作，并消除了带压换刀作业时时间受限的不利影响，常压换刀比带压换刀的施工效率提高了4~5倍。

（3）减少了带压进舱作业所需的高黏度泥浆、泥浆置换和专业潜水作业及操舱等工序，精简了作业工序。

（4）西线中国中铁装备盾构刀盘配备210把刮刀、66把滚刀、40个液压式磨损探测装置，其中可常压更换的刀具包括40把滚刀和48把刮刀。东线德国海瑞克盾构刀盘配备150把刮刀、63把滚刀、39个液压式磨损探测装置，其中可常压更换的刀具包括39把滚刀和50把刮刀。

换刀前准备工作包括：

（1）清洗刀盘和可更换刀箱；

（2）换刀工具准备；

（3）准备好带新刀齿的新刀筒；

（4）准备好所需冲刷设备（水管、排水桶等）；

（5）刀盘内安装平台等；

（6）换刀期间仅允许作业人员进入刀盘和中心锥内；

（7）换刀期间盾构上不进行其他操作；

（8）出具各刀具的换刀报告。

2. 常压滚刀换刀装置

汕头海湾隧道盾构的常压滚刀换刀装置主要包含高低压密封装置、润滑装置、泄压装置、刀座专用拆卸装置和刀筒（见图 5-78）。通过该常压换刀装置可实现盾构高压环境下常压更换滚刀的目的。

图 5-78　常压滚刀换刀装置

换刀时工作人员位于常压舱内，通过换刀装置把位于高压区域的滚刀移动到常压区并在移动刀具的过程中保证高压舱和常压区隔离，以此实现在常压环境下更换高压环境下的刀具，从而确保换刀过程的安全、可靠。

密封装置的主要作用是保证盾构高压区和常压区分离，采用推拉门结构，其中包含的装置有保压门、推拉液压缸。盾构正常掘进时，保压门打开，滚刀伸出刀盘面板；换刀时，滚刀缩回，保压门关闭，保证在常压环境下更换滚刀。润滑装置的主要作用是润滑刀座与保压腔接触面，保证刀座拆卸方便。泄压装置的主要作用是泄除关闭保压门后刀座腔内的高压环境，保证刀座安全拆卸。泄压装置主要由泄压阀和接头等部件组成。刀座拆装装置的主要作用是满足刀座安全拆卸和安装。主要由液压缸组成，利用液压缸的伸缩，将刀筒推出或者缩进刀盘舱。

3. 常压刮刀装置

常压刮刀换刀装置主要结构为切刀刀筒、密封装置、润滑装置、拆刀液压缸及管路等，如图 5-79 所示。

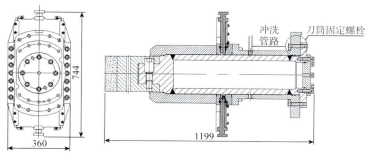

图 5-79 常压刮刀换刀装置（尺寸单位：mm）

4. 常压换刀风险应对措施及小结

在常压换刀过程中，可能遇到如刀筒卡死、密封圈损坏、刀筒无法安装到位等问题，刀具更换时需注意以下问题：

（1）准备停机换刀前，需利用刀盘伸缩驱动前后移动刀盘面板，同时开启泥水大循环，尽可能将掘进过程中淤积在开挖舱底部的渣土带出。清舱完成后需将刀盘与切削面之间留出 10cm 的距离，方便刀筒插拔操作。

（2）如遇刀筒卡住，液压缸在常压下无法继续将刀筒拔出或插入时，可在允许范围内适当增加液压；可适当收缩刀盘，在此基础上，拧紧螺栓，拆除工装，将刀盘在左右 30°范围内摆动数次，改善开挖舱底部淤积情况；可在刀筒固定的基础上，将刀盘转动一定角度，将换刀工作由刀盘正下方移至左下或右下位置进行，避开底部淤积区。如果刀筒装回时始终相差几厘米无法到位，则可以用磨光机打磨刀筒前部，形成 45°倒角，防止插回时砂石进入刀筒与刀箱的缝隙，卡住刀筒导致其无法安装到位。

（3）如遇闸门无法正常关闭时，应反复对闸门处进行冲洗清理，直到确认闸门已经关紧。若遇卵、砾石较多，简单冲洗无法清理，则可将刀箱重新插入，进行清舱操作后，再继续换刀工作。

（4）在抽刀过程中遇到液压油管破损、爆裂时，应立即关闭液压缸处的球阀，更换液压管；若无球阀，则应采取紧急固定措施，避免由泄压引起的刀箱回退。

（5）插拔刀筒的过程中，如果刀箱和刀筒同心度不佳，则容易造成密封圈脱出卡槽、挤坏密封圈，导致刀筒无法插拔到位。此种情况应更换密封圈，并增加刀箱与刀筒间隙处的润滑油注入量。

常压换刀技术适用于超大直径盾构复合地层中对刀具频繁检查更换的情况，本工程常压换刀技术优化了中心换刀法兰罐和可换刀筒的设计，使其操作更加安全、方便，且实现了刀具配置的灵活多变；但同时，中心换刀法兰罐和大量可换刀筒的设置，必然会占用较大的刀盘空间，降低刀盘开口率，特别是中心开口率不足，易导致切削过程中的泥渣不能及时进入泥水舱内，堆积形成泥饼，导致刀盘面板多次重复磨损，进而损坏刀盘和刀筒的密封。另外，中心换刀法兰罐内空间非常有限，只能设置 1 组垂直式电动葫芦用于刀筒吊运和换刀工装，无法实现多个换刀点同时操作。如何扩大常压换刀工艺的工作空间，并保证足够的刀盘开口率，是目前常压换刀工艺需要进一步研究和优化的问题。

三、带压开舱技术

1. 方法选择

在进行带压开舱时，首先根据盾构沿线所处的水文地质资料和近期掘进渣样分析等情况，综合分析判断盾构所处位置的地质情况，判断地层稳定性是否具备盾构带压开舱的条件；其次根据隧道埋深选择合理的进舱工作压力；最后根据进舱压力选择带压开舱的方法。一般当带压开舱工作压力小于 0.36MPa 时，选择常规压缩空气进舱作业；当带压开舱工作压力大于 0.36MPa 时，结合开舱目的及水文地质情况选择饱和气体潜水法进舱作业。

汕头海湾隧道盾构区间主要穿越抛石区、软土区、海底基岩凸起段。区间最小覆土深度 8m，隧道底板结构最大埋深 39.81m，线路经过海域湾最大水深 13m，地质情况复杂，很难实现地表加固后常压进舱，由于部分刀具无法进行常压更换及存在其他需要进舱处理的情况，因此采取常规压缩空气带压开舱方法。

2. 准备工作

开舱前先根据现场情况，制定有针对性的带压开舱方案。在方案审查后，在开舱作业前，对盾构的所有设备和地面备用发电机、空压机进行详细检查；对开舱作业的人员进行健康检查、购买意外保险和作业交底、培训；开舱作业前应明确现场人员、机械、材料配备及工作要求，采用常规压缩空气作业时应满足《盾构法开仓及气压作业技术规范》（CJJ 217—2014）的相关要求。

进舱压力主要根据开舱位置的水文地质条件以及埋深等资料进行计算，得出该位置掌子面顶部理论水土压力值以及其他部位的侧向压力，作为进舱压力的参考值和停机后掌子面的压力来确定此次进舱的工作压力。

计算公式如下：

$$P = P_w + P_r$$

式中：P_w——计算至隧道开挖中心的水头压力；

P_r——考虑不同地质条件、地面环境及切削面位置的压力调整值。

3. 作业流程

泥浆护壁带压开舱作业流程如图 5-80 所示。

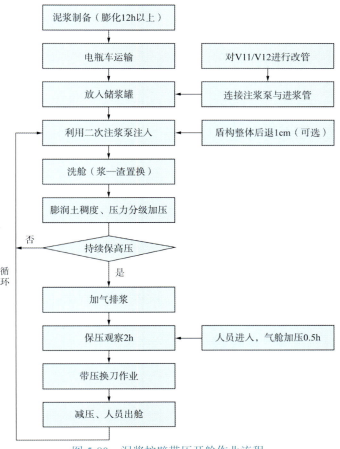

图 5-80　泥浆护壁带压开舱作业流程

4. 带压开舱情况

本工程共进行了两次带压开舱作业，第一次开舱盾构顶部地层以②$_1$淤泥、②$_4$粉细沙为主，洞身掘进段以②$_1$淤泥、②$_2$淤泥质土、③$_1$粉质黏土、②$_5$中粗砂、⑥$_{2-1}$全风化花岗岩为主，为保证带压开舱安全，设置了长 7.2m 的三轴搅拌加固区，盾构推进至+32 环完成后停机，此时盾构刀盘进入加固土体 2.58m，切口进入加固土体 1.28m，刀盘面板距离加固体北端面 4.6m（见图 5-81），开始进行泥膜制作、保压试验及进舱作业。

因地表漏气，2018 年 8 月 12～15 日进行了气垫舱密封性检查及处理（工作压力 0.235MPa，共 27 舱），上半部漏气点封堵完成（-1.6m 以上），下半部漏气点受液位限制未进行检查。8 月 16～21 日进入泥水舱检修（工作压力 0.14MPa，共 39 舱），发现以下问题：6 个辅臂泄渣孔全部堵塞（已清洗处理完成 3 个），需带压更换的切刀掉落 15 把（掉刀率 20%）、崩齿 23 把（崩齿 2～6 颗，占比 31%，不含掉落刀具），常压可更换切刀工装部分损坏以及掌子面部分坍塌。8 月 22 日在制作泥膜、前后舱连通时，地面（刀盘后 5.4m）漏气严重，之后暂停进舱作业。

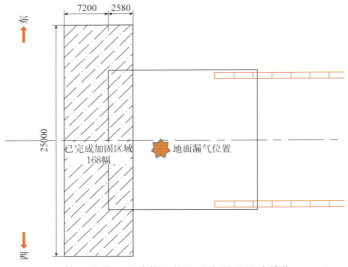

图 5-81　第一次带压开舱停机位置示意图（尺寸单位：mm）

第二次开舱位于海底第一段基岩凸起处，盾构掘进过程中，刀盘扭矩大、刀具监测数据异常，为保证盾构顺利穿越基岩凸起段，被迫进行开舱检查刀盘及刀具磨损情况。在进行带压开舱作业过程中由于开挖面泥膜出现渗漏，带压开舱作业仅维持16h，后采取常压开舱检查更换刀具。本次开舱失败的主要原因是切削面与气体接触面积大，同时开挖面泥膜与海水发生化学作用，两者共同造成带压作业漏气。地层漏气时，气体通过破损或老化的泥膜裂隙向地层渗透，逐步形成漏气通道。漏气过程为气压作用下泥膜破损的过程，泥膜破坏将进一步增大漏气量，形成恶性循环。

海底开舱作业时应考虑海水对泥膜的影响，选择适于海域盾构带压开舱作业的优质材料。

第五节　盾构过浅覆土段掘进技术

一、浅覆土段掘进控制概述

汕头海湾隧道盾构隧道最小覆土深度仅为8m，且盾构上方地层以淤泥、淤泥质土、淤泥混砂为主，占比达98%以上。过海盾构工程由于河床地形影响，盾构始发和到达段线坡度极大（3%和-2.9%），且为避免海域基岩侵入隧道情况过多，造成隧道覆土较浅，从而加大了施工风险和施工技术难度。

在常规的盾构隧道工程中，浅覆土盾构施工可选择地基处理的方式，通过换填土体或地基加固，以减少上述施工风险。但根据施工实践经验和过海工程的特点可知，由于潮汐影响，海平面高度变化较大，同时海水流速也较大，选择换填或加固海域段浅层土体的难度大。因此在通过浅覆土地层时，项目组按照隧道断面内地层主要占比，将土层分为软土层以及砂层，并采取针对性的参数控制措施。

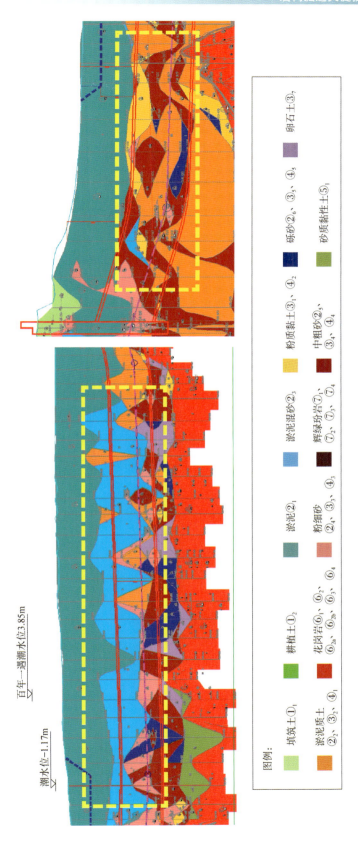

图 5-82 汕头海湾隧道软土地层及砂土层

二、地质概况与施工风险

1. 地质概况

地质勘察资料显示，在 60～980 环范围内，地质情况总体较为相似，顶部为淤泥混砂、淤泥，洞身掘进段为泥质混砂、中粗砂、粉质黏土、淤泥质土、砾质黏性土，底部为中粗砂、淤泥质土、砾质黏性土，累计长度约为 1.9km，占总掘进长度的 65.90%，如图5-82所示。

盾构在通过三段基岩后，在 1187～1345 环范围内地层以砂层为主，盾构隧道断面主要由中粗砂、砂砾及粉质黏土、淤泥质土混合组成。

2. 浅覆土段施工风险

汕头海湾隧道盾构在浅覆土条件下，施工风险主要体现在以下几点：

1）栽头

盾构在软土地层中掘进，容易出现盾构栽头，导致地面沉陷以及泥水压力、盾构姿态难以控制等问题。

汕头海湾隧道超大直径盾构主体质量约为 2600t，将近地铁建设中常规 6m 盾构的 10 倍，仅仅是刀盘质量已达 550t，发生栽头的可能性大大增加。另外，在 60～980 环范围内（始发段至主航道段）坡度变化较大，坡度由-2.9%急变至-0.3%，盾构需要大幅度抬头，此时盾构在淤泥质土层中掘进，可能出现盾构难以调整姿态的情况。

2）河床坍塌或击穿河床

盾构在穿越超浅覆土段时，管理人员需要精确控制掌子面泥水压力变化的幅度，避免出现泥水舱压力过大，泥浆击穿上覆土层的情况，同时也需要避免泥水压力波动太大，对软弱地层产生过分的扰动，导致河床坍塌。

3）隧道上浮

拼装好的管片容易受到地下水和盾尾注浆浆液的浮力作用，当上覆土体与管片自重无法抵抗管片上浮力时，就会造成管片上浮、管片纵向螺栓脆性破裂。

三、浅覆土盾构掘进参数控制

1. 浅覆土淤泥地层掘进控制

1）控制原则

（1）泥水压力控制原则

超大直径盾构在浅覆土情况下掘进容易造成海床沉陷。要确保海床不发生沉陷，就要精细控制掌子面压力波动，需要根据切削面地层条件及水土压力适当地设定泥浆压力。如果泥浆压力不足，发生切削面坍塌的危险就会增大，如果压力过大，则可能会出现泥浆喷发。

对于泥浆压力，可采用规范中主动土压力、静止土压力、松动土压力等多种计算方法。按照工程经验，建议以静止土压力作为泥水压力设定上限，以松动土压力作为泥水压力设定下限，并结合实际泥水压力波动及地表沉降值进行微调。

盾构掘进过程中，为了减少对地面的扰动，需要对出渣量进行监控。根据对出渣量的监控，能够对掘进状态和掘进预测进行管理，这在软土地层中掘进尤为重要。与出渣量相关的因素很多，如泥水舱压力的设定、掘进速度的选取、气垫舱的液位控制、地质情况、测量仪器的精确度等。在出渣失衡时，需要对相应的因素进行调整，以获得最佳的掘进模式。

（2）泥水环流控制原则

为了保持切削面的稳定，控制泥浆压力波动，采取以下措施：

①避免排泥管发生堵塞。

②避免壁后注浆压力过高向切削面传递。

③气垫舱液位控制在50%左右，一旦液位出现变化，缩短自动保压系统的调节时间。

④采用正确的泥水循环模式，当发生泥浆管路堵塞、泥浆泵停机等紧急情况时，及时调整到旁通模式。

⑤控制进排泥量。为了保持切削面的稳定，需要在盾构开挖过程中使排出的土量与开挖土量相平衡，进排泥量应满足掘进速度与临界流速的要求。

（3）总推力原则

在淤泥地层中，超大直径盾构要控制姿态，最直接的方式是控制推进系统，调整其分区推进液压缸的压力，使分区之间的压力差产生的力矩能够平衡盾构主机自重产生的力矩。但是分区压力差过大将会造成管片环结构受力不均，使管片结构部分区域应力集中而产生裂纹、崩角，给隧道结构带来不利影响。

盾构推进系统分区推力选取方案应满足以下条件：

①满足盾构总推力控制需求（间接控制推进速度）；

②满足盾构掘进姿态控制需求，避免盾构主机出现栽头等异常姿态；

③在满足上述条件的前提下，推进系统各个分区推力宜分布均匀，以避免管片结构受力不均而损坏。

推进液压缸布置如图5-83所示。

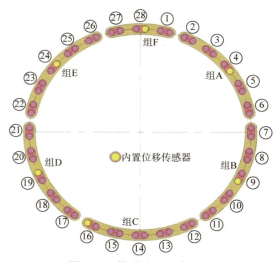

图 5-83 推进液压缸布置图

2）掘进情况统计分析

在上述泥水参数、环流控制及掘进参数的计划控制指导下，对盾构在 60～980 环浅覆土软土地层施工参数按照大约每 30 环提取数据进行统计分析。

（1）泥水参数及环流参数（见表 5-27）

东线盾构（德国海瑞克）泥水参数及环流参数统计表　　表 5-27

环　号	排浆密度 （kg/m³）	进浆密度 （kg/m³）	上部切口压力 （MPa）	气垫舱压力 （MPa）	进浆流量 （m³/h）	排浆流量 （m³/h）
60	1.139～1.165	1.128～1.155	0.210～0.220	0.288	2700～2900	2700～2900
90	1.195～1.237	1.175～1.192	0.198～0.202	0.278～0.280	2500～2800	2700～2900
120	1.171～1.213	1.151～1.193	0.199～0.202	0.275～0.278	2500～2800	2800～3200
150	1.310～1.350	1.265～1.312	0.197～0.201	0.276～0.280	2500～2800	2700～3000
181	1.286～1.365	1.262～1.310	0.197～0.200	0.277～0.282	2300～2500	2600～2800
209	1.270～1.391	1.244～1.300	0.228～0.230	0.311～0.315	2400～2500	2700～3000
242	1.279～1.330	1.236～1.289	0.230～0.235	0.317～0.320	2400～2600	2600～3000
271	1.275～1.346	1.450～1.265	0.228～0.235	0.315～0.320	2400～2600	2600～2900
299	1.201～1.220	1.134～1.117	0.229～0.232	0.308～0.314	2300～2500	2600～2900
334	1.205～1.234	1.112～1.191	0.230～0.232	0.307～0.308	2300～2500	2400～2500
378	1.229～1.287	1.212～1.238	0.232～0.235	0.310～0.315	2300～2600	2400～2800
401	1.240～1.317	1.204～1.272	0.235～0.240	0.316～0.320	2300～2500	2400～2700
433	1.298～1.320	1.228～1.261	0.234～0.238	0.316～0.321	2300～2500	2400～2700
471	1.234～1.331	1.183～1.260	0.235～0.238	0.318～0.321	2300～2500	2400～2700
501	1.250～1.320	1.230～1.250	0.235～0.240	0.325～0.330	2300～2500	2500～2700
532	1.238～1.331	1.227～1.277	0.235～0.240	0.325～0.330	2300～2500	2500～2700

续上表

环　号	排浆密度（kg/m³）	进浆密度（kg/m³）	上部切口压力（MPa）	气垫舱压力（MPa）	进浆流量（m³/h）	排浆流量（m³/h）
562	1.292～1.337	1.220～1.254	0.235～0.241	0.325～0.331	2300～2500	2500～2698
590	1.259～1.329	1.203～1.245	0.235～0.240	0.325～0.328	2288～2490	2500～2600
622	1.264～1.336	1.199～1.242	0.235	0.324～0.325	2289～2510	2500～2600
652	1.263～1.342	1.201～1.242	0.234～0.239	0.324～0.326	2229～2510	2569～2600
680	1.255～1.331	1.194～1.240	0.235～0.240	0.324～0.328	2359～2420	2550～2600
711	1.234～1.241	1.223～1.232	0.235～0.240	0.324～0.326	2288～2430	2369～2607
742	1.286～1.358	1.243～1.272	0.235～0.241	0.323～0.327	2226～2330	2370～2597
770	1.330～1.379	1.258～1.295	0.235～0.241	0.322～0.325	2296～2329	2370～2769
803	1.309～1.392	1.266～1.306	0.235～0.240	0.299～0.330	2296～2316	2370～2800
831	1.287～1.388	1.266～1.300	0.235～0.240	0.228～0.330	2296～2316	2370～2720
860	1.347～1.392	1.265～1.302	0.235～0.240	0.333～0.335	2196～2399	2350～2690
890	1.346～1.407	1.250～1.310	0.235～0.240	0.331～0.333	2036～2369	2396～2700
921	1.287～1.369	1.245～1.292	0.235～0.240	0.330～0.333	2110～2350	2489～2710
949	1.349～1.409	1.250～1.335	0.235～0.241	0.330～0.332	2110～2350	2489～2610
980	1.227～1.255	1.210～1.236	0.236～0.241	0.323～0.325	2210～2350	2375～2385

（2）总推力等相关掘进参数（见表5-28）

东线盾构（德国海瑞克）总推力等相关掘进参数统计表　　　表5-28

环　号	推力（kN）	扭矩（kN·m）	挤压力（kN）	转速（r/min）	贯入度（mm/r）	掘进速度（mm/min）
60	60000	3600	17500	1	10	10
90	55000	3500	15000	1.2	21	21
120	60000	3400	13500	1.2	28	25
150	60000	2700	14500	1.2	34	34
181	64000	1900	14000	1.2	26	26
209	80000	2600	15000	1.2	26	26
242	78000	2600	14800	1.2	31	31
271	88000	2500	14800	1.2	36	37
299	76000	1800	14700	1.2	27	27
334	70000	1600	14500	1.2	25	25
378	82000	1700	15000	1.2	26	25
401	82000	1600	14800	1.2	28	27
433	80000	1800	15000	1.2	28	23

续上表

环 号	推力（kN）	扭矩（kN·m）	挤压力（kN）	转速（r/min）	贯入度（mm/r）	掘进速度（mm/min）
471	80000	1700	15500	1.2	28	28
501	93000	2800	15600	1.2	27	27
532	93000	2900	15700	1.2	28	28
562	92000	2900	15600	1.2	28	28
590	88000	2400	15500	1.2	29	28
622	83000	2300	15500	1.2	29	29
652	86000	2500	15500	1	29	28
680	84000	2400	15400	1	27	28
711	81000	1500	15200	1	26	25
742	78000	2500	15600	1	30	31
770	77000	2600	15700	1	31	31
803	88000	3000	15700	1	31	31
831	86000	2600	15700	1	33	33
860	84000	3000	15800	1	33	33
890	77000	2800	15600	1	33	33
921	79000	2600	15700	1	33	33
949	77000	2700	15700	1	32	33
980	68000	2000	16400	1	9	9

（3）泥水参数及环流控制总结

在浅覆土淤泥地层中，大粒径渣块较少，因此，掘进过程中泥水环流系统基本上以常规掘进模式为主，在检查刀具过程中采用旁通模式。在掘进模式中，埋深在一倍洞径左右时压力设定为 0.235~0.240MPa，一般保证气垫舱内泥浆液面高度在中心以上 1.8m 左右，气垫舱压力气压控制在 0.32MPa 左右，通过精细调节进排浆流量，使压力波动范围在 0.005MPa 内，以减少底部砂层超挖和顶部软土扰动，避免盾尾上漂继而造成隧道上浮。

浅覆土淤泥地层泥浆参数控制见表5-29。

浅覆土淤泥地层泥浆参数及环流控制总结　　　　　　　表 5-29

项 目	泥水舱顶部压力（一倍洞径埋深）（MPa）	进浆密度（g/cm³）	进浆量（m³/h）	排浆密度（g/cm³）	排浆量（m³/h）
参 数	0.235~0.24	1.15~1.25	2300~2500	1.25~1.35	2500~2700

（4）总推力及相关参数控制总结

在浅覆土淤泥地层中，应以连续稳定掘进作为原则，掘进速度可设定在 25~35mm/min（见表5-30）。

浅覆土淤泥地层总推力及相关参数控制总结　　　　表 5-30

项　目	总推力（kN）	挤压力（kN）	掘进速度（mm/min）	刀盘转速（r/min）	刀盘扭矩（kN·m）
参　数	70000~85000	15000~16000	25~35	1.0~1.2	1800~2500

2. 浅覆土砂层掘进控制

完成基岩段掘进后，考虑在浅覆土混合砂层中夹杂淤泥质土，刀具配置应与软土地层类似，故重新将刀盘中心附近的常压滚刀更换成撕裂刀。具体的掘进情况和指导原则如下。

1）泥水参数及环流控制分析

根据盾构掘进区间实际地质情况，在砂层、砂性土层段压力计算采用水土分算确定。

（1）水土分算计算压力

切口水压上限值：

$$P_{上} = P_1 + P_2 + P_3 \\ = \gamma_w \cdot h + K_0[(\gamma - \gamma_w) \cdot h + \gamma(H-h)] + 20$$

式中：$P_{上}$——切口水压上限值（kPa）；

P_1——地下水压力（kPa）；

P_2——静止土压力（kPa）；

P_3——变动土压力，一般取 20kPa；

γ_w——水的重度（kN/m³）；

h——地下水位以下的隧道埋深（m）；

K_0——静止土压力系数；

γ——土的重度（kN/m³）；

H——隧道埋深（m）。

切口水压下限值：

$$P_{下} = P_1 + P_2' + P_3 \\ = \gamma_w \cdot h + K_a[(\gamma - \gamma_w) \cdot h + \gamma(H-h)] - 2 \cdot c_u\sqrt{K_a} + 20$$

式中：$P_{下}$——切口水压下限值（kPa）；

P_2'——主动土压力（kPa）；

K_a——主动土压力系数；

c_u——土的黏聚力（kPa）。

盾构掘进时的切口泥水压力应介于理论计算值上限与下限之间，并根据地表监测沉降的情况和地质条件适当调整。

（2）泥水环流控制

按照工程经验，黏土层、粉土层以及粉细砂层所掘削下来的小颗粒依靠浆液的黏度悬浮在浆液中而不沉淀，能够随浆液的流动一起排出管外；而对于颗粒比较大的中粗砂、砾石或者泥团来说，无法依靠泥水浆液悬浮，只能靠浆液的冲刷能力将其携带出管道外。若流速不够大或者冲刷力度不够，则容易造成管道的堵塞而影响正常施工。因此，在排浆过程中应加强中心冲刷，适当增大流量。

2）总推力及相关参数控制分析

由于该段存在粉质黏土地层，掘进速度不宜过快，避免引起滞排、结泥饼等现象。同时，应结合实际地层对总推力进行调整，控制刀盘扭矩。

3）掘进情况统计分析

在上述泥水参数、环流控制及掘进参数的指导下，对盾构在1187～1345环浅覆土混合砂层施工参数按照大约每10环一次提取数据进行统计分析。

（1）泥水参数及环流参数（见表5-31）

东线盾构（德国海瑞克）泥水参数及环流参数统计表　　　表5-31

环　号	排浆密度（kg/m³）	进浆密度（kg/m³）	上部切口压力（MPa）	气垫舱压力（MPa）	进浆流量（m³/h）	排浆流量（m³/h）
1187	1.279～1.305	1.260～1.278	0.230～0.233	0.314～0.315	2300～2400	2300～2480
1197	1.290～1.327	1.267～1.300	0.230～0.233	0.318～0.320	2300～2550	2500～2700
1207	1.292～1.339	1.248～1.281	0.230～0.233	0.318～0.320	2300～2550	2500～2700
1217	1.321～1.362	1.265～1.308	0.230～0.233	0.319～0.321	2300～2550	2500～2700
1227	1.314～1.344	1.284～1.298	0.230～0.233	0.316～0.318	2300～2550	2500～2700
1237	1.310～1.340	1.290～1.230	0.228～0.235	0.318～0.323	2498～2598	2700～2850
1247	1.326～1.358	1.285～1.309	0.228～0.235	0.318～0.323	2498～2598	2700～2850
1256	1.335～1.380	1.285～1.325	0.228～0.235	0.319～0.321	2480～2600	2600～2820
1266	1.317～1.345	1.287～1.335	0.228～0.234	0.318～0.321	2460～2625	2650～2890
1276	1.357～1.388	1.285～1.305	0.228～0.234	0.318～0.321	2360～2680	2670～2910
1287	1.353～1.381	1.274～1.301	0.229～0.235	0.322～0.325	2340～2670	2770～2930

续上表

环 号	排浆密度 （kg/m³）	进浆密度 （kg/m³）	上部切口压力 （MPa）	气垫舱压力 （MPa）	进浆流量 （m³/h）	排浆流量 （m³/h）
1299	1.330～1.389	1.270～1.312	0.230～0.234	0.322～0.325	2460～2680	2740～2950
1307	1.320～1.399	1.289～1.318	0.229～0.235	0.322～0.325	2460～2650	2740～2920
1317	1.305～1.369	1.265～1.289	0.230～0.233	0.322～0.324	2550～2650	2770～2920
1327	1.355～1.389	1.279～1.312	0.230～0.233	0.322～0.324	2351～2720	2830～3060
1337	1.345～1.405	1.265～1.325	0.230～0.235	0.322～0.324	2440～2620	2760～2940
1345	1.395～1.415	1.305～1.359	0.230～0.237	0.321～0.324	2440～2650	2760～2970

（2）总推力等相关掘进参数（见表5-32）

东线盾构（德国海瑞克）总推力等相关掘进参数统计表　　　　表5-32

环 号	推力 （kN）	扭矩 （kN·m）	挤压力 （kN）	转速 （r/min）	贯入度 （mm/r）	掘进速度 （mm/min）
1187	69000～72000	1200～3000	15500～16500	1	2.0～3.5	2.0～3.5
1197	68000～72000	3800～7300	18200～19200	1	15～18	15～18
1207	68000～70000	3500～4600	18600～19300	1.2	17～21	17～21
1217	68000～72000	4500～5800	19800～22000	1.2	18～20	18～20
1227	68000～71000	4500～6000	19800～21500	1.2	18～20	18～20
1237	69500～71500	4120～5280	21200～22500	1.2	18.5～20	18.5～20
1247	68950～73500	5000～6800	22900～24200	1.2	23～25	23～25
1256	68700～71200	4600～5700	19900～21200	1.2	23～25	23～25
1266	67950～72500	4800～6200	19800～21500	1.2	26～28	26～28
1276	66500～68400	5400～6180	19800～21400	1.2	26～28	26～28
1287	67800～69800	4900～6650	18800～20600	1.2	26～28	26～28
1299	69800～71500	4800～6580	17800～18900	1.2	26～28	26～28
1307	71900～78500	4200～6200	17500～18800	1.2	26～28	26～28
1317	72500～78500	4200～6250	17200～18500	1.2	26～28	26～28
1327	73800～77500	3800～5500	17500～18700	1.3	31～33	31～33
1337	71900～73800	4000～5500	18200～20900	1.4	33～35	33～35
1345	72500～76200	4900～7000	20500～22050	1.30～1.40	32～35	32～35

（3）泥水参数及环流控制总结

通过整理以上数据（见表5-33），在1187~1345环的浅覆土砂层中，从泥水参数及环流控制角度分析，盾构泥水压力控制值应比在浅覆土软土层中低0.05~0.1MPa，泥浆浓度应适当调高。

浅覆土砂层泥浆参数及环流控制总结　　　　表5-33

项　目	泥水舱顶部压力（一倍洞径埋深）（MPa）	进浆密度（g/cm³）	进浆量（m³/h）	排浆密度（g/cm³）	排浆量（m³/h）
参　数	0.228~0.235	1.27~1.33	2300~2700	1.30~1.39	2600~2900

（4）总推力及相关参数控制总结

在总推力及相关参数控制方面，与浅覆土淤泥地层大致相同（见表5-34），但可以注意到刀盘扭矩明显高于淤泥地层，这是由于其与刀盘转速成正比例的关系，应关注掌子面扰动的情况。

浅覆土砂层总推力及相关参数控制总结　　　　表5-34

项　目	总推力（kN）	挤压力（kN）	掘进速度（mm/min）	刀盘转速（r/min）	刀盘扭矩（kN·m）
参　数	68000~78000	17000~24000	25~30	1.2~1.4	4500~6500

四、浅覆土地层壁后注浆控制

根据地质情况，海域段浅覆土地层由于颗粒级配不良砾砂层充填物易被冲刷，为防止盾尾漏浆、隧道上浮及地层失稳，需加强管片壁后注浆控制，保证同步浆液质量。注浆量控制在理论空隙体积的150%~200%，确保壁后注浆密实有效。同时，控制注浆压力，防止击穿浅覆土层。注浆压力设定为注浆管位置泥水压力的95%~105%，与泥水压力匹配。

海域段浅覆土地层由于地下水压较大，大直径盾构施工时容易出现管片上浮的情况，而管片上浮后的处理比较困难，常规盾构隧道中可尝试在隧道底部打开注浆孔泄压，释放管片底部的注浆浆液。本项目中由于存在口子件结构，利用上述方法较为困难，同时施工风险较大。本项目发现管片上浮超限，则停止盾构掘进，对已上浮的管片通过注浆孔进行二次注浆。注浆材料采用瞬凝双液浆，注浆压注顺序应顺着隧道坡度方向，从隧道拱顶至两腰，最后压注拱底。终止注浆以打开注浆孔无渗水为原则，以防止盾构恢复掘进后管片继续上浮。在监测到管片上浮时，后续盾构掘进应根据上浮量适当控制盾构高程偏差，避免因管片上浮造成隧道轴线偏差。

具体可参照本书第六章管片上浮防治措施操作。

五、掘进效果分析

分析整个浅覆土地层掘进情况，东线每日掘进约 4.5 环，西线每日掘进约 5 环。盾构掘进通过始发段孤石区域后，将刀盘中心附近的 10 把常压滚刀更换成撕裂刀（22/24、26/28 等）。60～980 环期间累计更换刀具 90 次，其中更换较为频繁的有 57/59（3 次）、61/63（6 次）、62/64（6 次）、65/67（8 次）、66/68（7 次）、69/71（6 次）、61/63（3 次）、74B（7 次）。1004 环的 73 号刀磨损量最大，为 21mm。

总体而言，在整个浅覆土段掘进过程中，更换下来的刀具磨损量不大。

第六节 盾构施工测量与监测技术

盾构施工测量与监测是盾构掘进质量、安全控制的重要保证。测量是盾构施工的"眼睛"，能够保障盾构按照设计轴线准确通过预留洞门到达接收井；通过施工监测能及时发现盾构施工对周边环境的影响，并指导盾构施工参数的调整。随着盾构施工距离越来越长，隧道开挖断面不断增大，隧道周边环境越来越复杂，盾构施工测量与监测的难度不断增加。本节结合汕头海湾隧道盾构长距离掘进及海域复杂环境下的施工特点，总结盾构施工测量与监测技术。

一、长距离隧道施工测量技术

本工程由于下穿汕头苏埃海湾，隧道设计始发与到达井间距长，其中东线长 3047.5m，西线长 3045.75m；在隧道施工中，测量工作贯穿整个施工过程的始末，特别是在盾构法隧道施工中，施工测量指导盾构隧道的每一环施工，只有在测量准确的条件下，其后的施工工序才能有效进行。而盾构能否顺利、准确地贯通，将影响整个隧道工程的工程质量、施工工期以及工程造价。

1. 贯通精度影响因素分析

隧道贯通误差是指由于洞外控制测量、联系测量、洞内控制测量及洞门细部放样测量等出现误差，使得开挖的作业面施工中线在贯通面上因未准确接通而产生的偏差。

隧道贯通误差通常分为三类：

（1）纵向贯通误差，为沿隧道施工中线方向上的长度贯通偏差，是贯通误差在施工中线方向上的投影；

（2）横向贯通误差，为沿垂直于隧道施工中线的水平方向的贯通偏差，是贯通误差在垂直于隧道施工中线的水平方向上的投影；

（3）竖向贯通误差（高程贯通误差），为沿垂直于隧道施工中线的竖直方向的贯通偏差，是贯通误差在垂直于隧道施工中线的竖直方向上的投影。

横向贯通误差将使隧道施工中线产生左或右的偏差，而竖向贯通误差将使隧道的坡度产生偏差，故施工中应予着重关注。

实际上，对于隧道贯通误差来说，竖向贯通误差影响隧道的长度，只要它不大于隧道定测中线的误差，便可以满足隧道施工要求，竖向贯通误差采用水准测量的方法便可达到所需要求。唯有横向贯通误差，如果超过一定的范围，可引起隧道中线几何形状的改变，导致洞内建筑侵入设计规定界限，给工程造成损失。所以，影响隧道贯通误差的主要因素为横向贯通误差。

1）GPS 控制测量误差引起的隧道横向贯通中误差

GPS 控制点布设如图 5-84 所示，GPS 控制测量误差引起的隧道横向贯通中误差计算公式如下：

$$M^2 = m_J^2 + m_C^2 + \left(\frac{L_J \cos\theta \times m_{aJ}}{\rho}\right)^2 + \left(\frac{L_C \cos\varphi \times m_{aC}}{\rho}\right)^2$$

式中：m_J——进口 GPS 控制点的 Y 坐标误差；

m_C——出口 GPS 控制点的 Y 坐标误差；

L_J——进口 GPS 控制点至贯通面的长度；

L_C——出口 GPS 控制点至贯通面的长度；

m_{aJ}——进口 GPS 联系边的方位角中误差；

m_{aC}——出口 GPS 联系边的方位角中误差；

θ——进口控制点至贯通点连线与贯通点线路切线的夹角；

φ——出口控制点至贯通点连线与贯通点线路切线的夹角；

ρ——206265″。

图 5-84　GPS 控制点布设图

由图 5-84 可知相应参数 L_J、L_C、m_{aJ}、m_{aC}、θ、φ、m_J、m_C 取三等 GPS 测量最大中误差。

代入数值，求解得 M^2 约为 0，因此可不考虑 GPS 控制测量误差引起的隧道横向贯通中误差。

2）横向贯通中误差估算

影响横向贯通中误差的主要因素为测角误差和侧边误差，其中测角误差在贯通面上的横向中误差 $m_{y\beta}$ 为：

$$m_{y\beta} = \frac{m_\beta}{\rho}\sqrt{\sum R_x^2}$$

式中：m_β——控制网设计的测角中误差（"）；

ρ——206265"；

R_x——控制网中靠近隧道中线侧导线各点至贯通面的垂直距离（m）。

导线测量测角中误差采用《公路勘测规范》（JTG C10—2007）中的测角精度指标。

由图 5-85 可知相应参数。代入数值，计算如下：

$\sum R_x^2 = 3253.96^2 + 2903.39^2 + 2638.56^2 + 2298.32^2 + 1900.57^2 + 1506.16^2 + 1007.73^2 + 550.05^2 + 139.94^2 = 38480496.95$

得：$m_{y\beta} = 0.0752 \text{m}$，超限，故四等水准测量不能满足该隧道贯通测量。采用三等导线，$m_\beta = 1.8"$，得 $m_{y\beta} = 0.0541 \text{m}$。

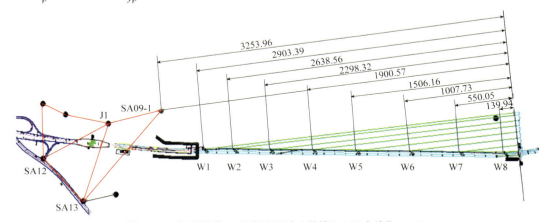

图 5-85　海湾隧道工程总平面图（导线）（尺寸单位：m）

侧边误差影响在贯通面上的横向中误差 m_{yL} 为：

$$m_{yL} = \frac{m_L}{L}\sqrt{\sum d_y^2}$$

式中：$\frac{m_L}{L}$——控制网设计的边长相对中误差，为 1/80000；

d_y——控制网中靠近隧道中线侧导线各边在贯通面上的投影长度（m）。

代入数值，得：
$$\sum d_y^2 = 67.7^2 + 22.49^2 + 47.02^2 + 42.92^2 + 53.91^2 + 52.55^2 + 58.88^2 + 54.71^2$$
$$= 21269.926$$

$$m_{yL} = 1 \times \sqrt{21269.926/80000} = 0.0018$$

那么测量设计时的验前横向中误差为：
$$M = \sqrt{m_{yx}^2 + m_{yL}^2} = 0.0541 + 0.0018 = 0.0559\text{m}$$

根据《工程测量规范》（GB 50026—2007）中洞内横向贯通中误差的要求，洞内横向贯通中误差小于 45mm，$M = 0.0559$m 无法满足要求；因洞内布设的是双导线，精度相对提高 $\sqrt{2}$ 倍，故布设双导向后 $M = 0.0559/\sqrt{2} = 0.0395$m，满足规范要求。

综上所述，海湾隧道洞内采用三等导线控制。

2. 贯通精度提高措施

由于隧道洞外控制测量已从传统测量模式发展到新的高精度测量模式（GPS、电子水准、光电测距三角高程等），加之洞外控制点数量的大大减少，使得由洞外控制测量误差引起的贯通误差也大大减小。因此，隧道工程能否按设计要求在贯通面上正确贯通，隧道洞内控制测量起着决定性作用。由于光线较暗、粉尘较大、通风条件差、施工干扰多、空间狭窄等条件限制，洞内的控制测量无法和洞外一样采用 GPS 进行加密测量，因此洞内控制测量的精度低于洞外控制测量的精度。根据误差不等精度分配原则及误差传播定律有：

$$m_y^2 = m_{洞内}^2 + m_{洞外}^2$$

式中：m_y——贯通误差；

$m_{洞内}$——洞内控制误差对 m_y 的影响值；

$m_{洞外}$——洞外控制误差对 m_y 的影响值。

1）"一井"和"两井"联系测量相互校核

本工程在始发时采用一井定向测量，吊装井顶板浇筑完成后，在始发井和吊装井分别悬吊一根钢丝，两根钢丝间距在 100m 左右，满足两井定向中两根钢丝间距 60m 的要求。地面采用极坐标法或导线法直接测得钢丝平面坐标，井下以两个钢丝为已知坐标，采用无定向导线的形式测得井下控制点的平面坐标。

两井定向对于一井定向来说，因两根钢丝间距较远，故投向误差不是主要误差，如两个钢丝间距 c 为 60m，假设投点误差 e 为 1mm，则投向误差为：

$$\theta = \pm e/c\rho = \pm 1/60000 \times 206265 = 3.44''$$

可以看出，两井定向的投向误差比一井定向的投向误差小得多，故在平面联系测量满足两井定向的条件下，宜采用两井定向作为联系测量的方法。首次联系测量不满足做两井定向测量的条件，故采用一井定向测量，但为保证隧道的正确贯通，后续的联系测量中除非特殊原因，全部采用两井定向。

2）高精度陀螺仪联合定向

为了保证测量精度，分别在盾构掘进至1150m、1600m、2100m处做三次联系测量，并加测陀螺盘定向以校核坐标方位角。

全站仪精度应选用不低于Ⅰ级的精度，陀螺仪的标称精度应小于20″，钢丝投点中误差为±3mm。

3）井下控制点布设

地下控制测量采用网连式多边检核的导线网，严格控制测角精度及边长相对中误差；经常检校地表控制点与井下控制点的关系，确保所用控制点准确无误。根据本工程实际情况，在围堰内明、暗挖区间东线及西线底板各埋设2个控制点（东线JK1、JK2，西线JK3、JK4），用于控制盾构始发测量。依据测量规范及测量管理办法及贯通误差预计分析，在推进140m、150m、350m、750m、1150m、1600m、2100m、2550m处，即洞内布设加密控制点W01、W02、W03、W04、W05、W06、W07、W08、E01、E02、E03、E04、E05、E06、E07、E08；在对应位置布设辅导线点FW01、FW02、FW03、FW04、FW05、FW06、FW07、FW08、FE01、FE02、FE03、FE04、FE05、FE06、FE07、FE08，如图5-86所示，分别做一次联系测量；并在掘进至1150m、1600m、2100m处加测陀螺定向，以校核坐标方位角，用来指导隧道的掘进和贯通。

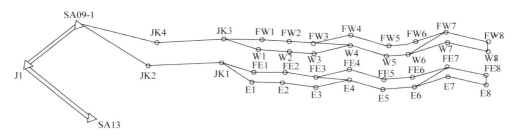

图5-86 洞内主辅导线示意图

地下控制测量采用光电精密导线并加测陀螺定向，测角精度小于1″，边长相对中误差大于1/60000。盾构始发井投点测量，按照现场实际情况确定，最短边长不小于100m，采用强制对中盘进行测量，以减少仪器和棱镜的对中误差。对地表控制点经常校核，确保所使用控制点的准确无误。

4）超大直径洞门定位测量

盾构接收井洞门中心坐标是隧道贯通时盾构掘进的目标，其精度直接关系到盾构顺利到达。由于盾构接收洞门结构限制，常规测量方法无法准确地测量洞门中心三维坐标以及洞门的变形情况。可通过全站仪的免棱镜功能实测洞门圆环内侧点的三维坐标,具体做法为:先用各点坐标拟合出洞门所在的平面,将各点三维坐标投影到洞门平面上,利用平面坐标拟合出椭圆参数和中心坐标,再反算成标准的空间三维坐标。

二、海域隧道施工监测技术

1. 监测目的及监测项目

1) 监测目的

监测的目的主要归纳为以下几点:

(1) 掌握盾构隧道施工动态,利用监测结果为设计方案优化和盾构施工参数调整提供参考依据;

(2) 监测数据经分段处理与必要的计算判断后进行预测和反馈,为工程施工过程中的安全和环境状况提供可靠的参考信息;

(3) 积累监测资料和经验,为完善设计和同类工程提供类比依据。

2) 监测项目

根据《盾构法隧道施工及验收规范》(GB 50446—2017)、设计图纸等要求并按照编制依据的相关规定,隧道施工监测项目及监测频率见表 5-35。

盾构隧道施工监测项目及监测频率　　　　　　　　表 5-35

监测项目	位置或监测对象	测试仪器	监测仪器精度要求	测点布置	监测频率	监测控制值
地表沉降	两岸大堤、盾构始发及吊出段 100m 范围内	水准仪	≤0.3mm	隧道中线每 10m 设一测点,30m 设置一个断面		沉降累计:25mm;隆起累计:10mm;变化速率:3mm/d
管片结构竖向位移	拱顶	全站仪	≤1″	每 20m 设一断面	掘进前后≤45m,1 次/d;掘进前后≤120m,1 次/d;掘进前后>120m,1 次/周	累计值:30mm;变化速率:3mm/d
管片结构水平位移	隧道边墙	全站仪	≤1″	每 20m 设一断面		累计值:30mm;变化速率:3mm/d
管片结构净空收敛	隧道边墙	全站仪	≤1″	每 20m 设一断面		累计值:3‰D(D 为隧道外径);变化速率:3mm/d
接缝及渗水监测	隧道内表面	标尺	≤1mm	接缝及渗水点	1 次/7d	
有害气体	隧道内	气体检测仪		隧道内		
海床沉陷	水深	声波测深仪	≤2%h(h 为埋深)	隧道中线	掘进前、掘进中、掘进完成后各 1 次	

2. 监测控制网的布设

（1）高程控制网：由高程基准点、工作基点组成沉降监测控制网，由工作基点与所联测的监测点组成扩展网；

（2）控制网布设为节点网；

（3）对用于观测监测点的工作基点，结合工程的实际情况，周期性进行复核，每3个月至少复合1次。

3. 海堤监测

1）监测点布设

根据盾构施工监测图布置监测点，测点与地表沉降监测断面尽量设置在同一断面，地面沉降不能代替地段增加测点，必要时加密监测点。

2）监测仪器

水准仪、全站仪。

3）监测方法

（1）沉降监测

地表沉降量测主要采用天宝电子水准仪量测各测点与基准点之间的相对高程差。本次所测高差与上次所测高差相比较，差值即为本次沉降值；本次所测高差与初始高差相比较，差值即为累计沉降值。

（2）位移监测

采用全站仪进行后方交汇设站监测，测得堤岸测点的二维坐标，再次量测，按上述相同程序操作，测得对堤岸水平位移同一观测点的位移变形值为：

$$U_n = R_n - R_{n-1}$$

式中：U_n——第n次量测的位移变形值；

R_n——第n次量测时的观测值；

R_{n-1}——第$n-1$次量测时的观测值。

初始值取值按照上述方法测试三次且三次测试数据在误差要求范围内，取三次测试数据的平均值作为测点的初始值。

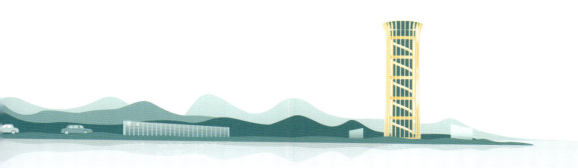

第六章　盾构隧道质量控制

汕头海湾隧道
复合地层超大直径盾构
施工关键技术研究

RESEARCH ON KEY CONSTRUCTION TECHNOLOGY OF
SUPER-LARGE DIAMETER SHIELD OF
SHANTOU BAY TUNNEL
IN MIXED FACE GROUND CONDITIONS

汕头海湾隧道地处 8 度抗震设防烈度区汕头湾海底，隧道主体结构管片长期受海水侵蚀及地下水作用影响，同时由于管片生产工艺复杂、运输距离长、拼装难度大，无论从隧道的防腐、防震、防水等设计质量控制方面，还是从管片与口子件的生产、运输、拼装等施工质量控制方面，与传统地铁隧道质量控制相比，其质量管控难度极大，给隧道质量控制带来极大挑战。本章主要介绍管片与口子件从设计到安装的全过程质量控制，对隧道中出现的质量通病进行分析，全面系统地总结了本工程盾构隧道质量控制措施。

第一节　管片质量控制

一、管片设计

1. 管片质量设计

海湾隧道大直径、复杂环境施工、海洋环境下混凝土结构高耐久性等对盾构管片混凝土性能和质量控制提出了更高的要求。

1）主要设计原则及标准

汕头海湾隧道主要设计原则及标准见表 6-1。

汕头海湾隧道主要设计原则及标准　　表 6-1

项　　目	指　　标
结构安全等级	一级
结构重要性系数	1.1
结构抗浮验算	按最不利情况进行验算，其抗浮安全系数不计摩擦力，施工阶段不小于 1.05，运营阶段不小于 1.1
结构计算裂缝控制宽度	≤0.2mm，且不允许出现贯穿性裂缝
隧道的设计地震动参数	按 50 年基准期，超越概率 2.5% 进行取值
验算地震动参数	按照 100 年基准期，超越概率 2% 进行取值
设防类型	重点设防类
地震作用	结构按 8 度罕遇地震确定其地震作用，并按 9 度罕遇地震作用进行验算，特殊管片环缝允许张开量设计值为 15mm
主体结构防火等级	一级

2）管片强度设计

最重管片为标准块，混凝土体积约 5.59m³，最大质量 13.975t。

隧道管片采用强度等级为 C60、抗渗等级不低于 P12 的混凝土，限制裂缝开展宽度 ≤0.2mm。

管片混凝土外表面涂刷水泥基渗透结晶型防水涂料,用量为 1.5kg/m²,以提高管片抗侵蚀性和耐久性。管片结构内外侧主筋净保护层厚度均为 50mm,其他钢筋净保护层厚度不小于 30mm。

管片钢筋采用 HRB400、HPB300 级钢筋。根据各断面内力计算结果,管片配筋形式分为 A、B、C、D 型四种(见表6-2),钢筋直径分9种,最粗钢筋直径为 32mm,最细钢筋直径为 6mm。

管片配筋形式统计表 表 6-2

管片配筋形式	管片环数(环)	单环钢筋质量(kg)
A	2299	9965
B	200	10718
C	250	11683
D	298	13598

为便于与洞口后浇环框的连接,盾构始发环和到达环通过在管片环面上植筋与后浇洞门环框进行连接。

3)工程材料

(1)衬砌管片:C60 钢筋混凝土,混凝土抗渗等级不低于 P12。

(2)钢筋:HPB300、HRB400。

(3)螺栓:环向螺栓,机械性能等级为 8.8 级普通螺栓;纵向螺栓,机械性能等级为 6.8 级和 8.8 级普通螺栓;8.8 级 M20 高强承压螺栓预拉力不小于 125kN。

(4)定位销、预埋螺母、注浆管:聚酰胺材质。

(5)涂料:水泥基渗透结晶型涂料。

(6)预埋钢板:Q235B 钢板。

(7)焊条:采用电弧焊焊接 Q235 号钢和 HPB300 级钢筋时,采用 E43 型焊条;焊接 HRB400 级钢筋时,如果是窄缝焊接则应采用 E60 焊条,搭接焊可采用 E50 焊条;采用 CO_2 保护焊焊接 HRB400 和 HPB300 级钢筋时采用 E50 焊条。

2. 管片分块与拼装

1)管片分块

汕头海湾隧道管片主要分为普通管片和特殊管片(8 度抗震设防烈度区抗震特殊要求管片)。

普通管片和特殊管片均采用平板型钢筋混凝土管片衬砌。管片类型为通用模型衬砌环,双面楔形,最大楔形量 48mm。管片结构内径为 13.3m、外径为 14.5m,环宽 2m,厚 600mm。

采用"7+2+1"分块模式,错缝拼装,即每环由1块封顶块(F)、2块邻接块(L1、L2)、7块标准块(B1~B7)构成,如图6-1、图6-2和表6-3所示。

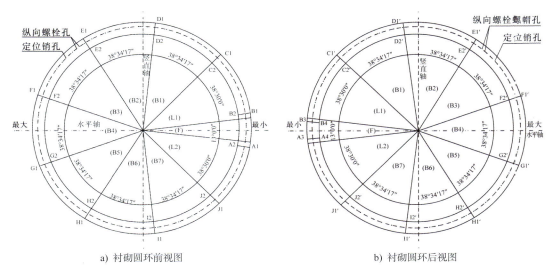

图6-1 衬砌圆环前视图与后视图

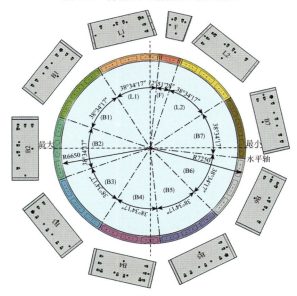

图6-2 管片结构示意图

设计参数统计表　　　　　　　　　　　　　　　　　　　　表6-3

序号	名称	尺寸(m)	备注
1	盾构直径	东线15.01/西线15.03	开挖直径
2	管片外径	14.5	
3	管片内径	13.3	错缝拼装

续上表

序 号	名 称	尺寸（m）	备 注
4	管片环宽	2	厚度0.6m
5	隧道总长	6098.25	东西线合计

特殊管片分块设计与普通管片一样，此处不再赘述。

在错缝拼装中，应当充分考虑由管片环间错缝拼接引起的错缝拼接效应，即环间管片的剪力和变形的相互影响。

2）管片拼装

海湾隧道工程衬砌环采用错缝拼装，通过管环旋转来拟合线路。

管片拼装时一般按先下后上的顺序进行，最后插入封顶块（F）。封顶块（F）拼装时先搭接1200mm径向推上，再纵向插入。管环拼装相对于上一环，下一环的拼装位置有8种。

3. 管片连接设计

汕头海湾隧道管片环缝面设置定位销，纵缝面设置凹凸裤槽，每道环缝采用56根M42斜螺栓（长度758m）和28个定位销连接，每道纵缝采用3根M36斜螺栓连接，每环管片共设30根M36环向斜螺栓（封顶块6根长度664mm，其余24根长710mm）。施工完成后，特殊管片环缝斜螺栓全部拔除。M36环向螺栓设计图如图6-3所示，M42纵向螺栓设计图如图6-4所示。

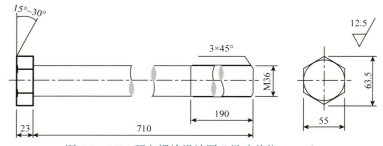

图6-3 M36环向螺栓设计图（尺寸单位：mm）

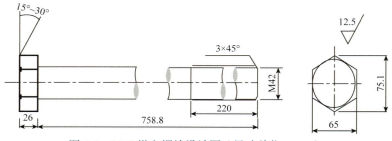

图6-4 M42纵向螺栓设计图（尺寸单位：mm）

4. 管片防水设计

管片防水的具体措施有管片混凝土自防水、接缝橡胶密封垫防水、嵌缝防水、螺栓防水等。

海湾隧道防水等级为二级，不允许漏水，结构表面可有少量湿渍，总湿渍面积不应大于防水面积的2‰。任意100m²防水面积上湿渍不超过3处，单个湿渍的最大面积不大于0.2m²。隧道工程中漏水的平均渗漏量不大于0.05L/(m²·d)，任意100m²防水面积渗漏量不大于0.15L/(m²·d)。管片防水采用C60高性能耐腐蚀混凝土，抗渗等级为P12，管片背面涂刷不小于1mm厚的水泥基渗透结晶型防水涂料进行防水；管片接缝防水包括管片嵌缝防水（聚硫密封胶）、两道三元乙丙橡胶弹性密封垫防水、最外侧的氯丁海绵橡胶条防水及螺栓孔位的螺栓孔防水垫圈。

1）主要设计原则及标准

海湾隧道地处强地震带，最大水头约40m。地震影响较小段的管片接缝，在张开量8mm、错位量10mm时的短期防水压力为1.2MPa，长期防水压力为0.4MPa。地震影响较大的管段，在错位量为10mm、张开量为15mm时短期防水压力为0.8MPa，长期防水压力为0.4MPa。

2）防水设计

所有防水构件、混凝土外加剂等均应满足耐久性要求。

（1）弹性密封垫材质为三元乙丙橡胶，截面加工为多孔型构造形式，外形加工成棱角分明的框形橡胶圈，将橡胶圈套在四周有沟槽的管片上，通过弹性密封垫的压缩来保证防水效果。弹性密封垫每块安装2套，分内外弧侧，一环管片共20套。

盾构隧道管片接缝橡胶密封垫防水能力，应考虑接缝的张开量和错位量。即使在相同的埋深条件下，管片接缝张开量和错位量不同，所需要的橡胶密封垫截面形式也不同。

（2）丁腈软木橡胶板，材质为纤维橡胶，每环28片，粘贴时，应根据管片分块大小及螺栓孔位置与之相对应。

（3）海绵橡胶条（见图6-5）设于环纵缝外侧，材质为氯丁海绵橡胶，起到防止泥沙进入弹性密封沟槽、防止同步注浆浆液沿管片接缝窜流以及节约盾尾密封油脂的多重作用。

（4）内侧嵌缝。隧道原设计全部采用聚硫密封胶嵌缝，嵌缝范围为沟槽盖板以上所有环纵缝。后经过设计优化，取消大范围嵌缝，针对出现渗漏、错台及张开超限区域及前后3环，以及东、西线消能减震节点前后各10环，沟槽盖板以上所有环纵缝进行嵌缝。

（5）自黏性橡胶薄板用于管片4个角部，为加强弹性密封垫角部防水，分为A、B两种类型。其中，A型宽70mm，长75mm×2；B型宽70mm，长75mm×1。

（6）纵缝防水。特殊管片拼装完成后管片环纵缝均用聚硫密封胶嵌缝，防止水渗入减震止水带后再沿纵缝渗出。

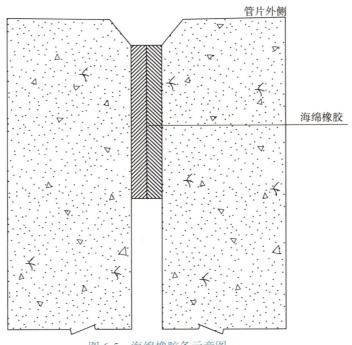

图 6-5 海绵橡胶条示意图

管片在生产、运送、拼装过程中出现的大麻点、大缺角应用聚合物快凝水泥修补完好。环、纵缝均采用两道密封垫防水,拼装完成后所有环纵缝用聚硫密封胶嵌缝。

5. 管片防腐设计

1)结构耐久性设计标准

结构耐久性设计标准见表 6-4。

结构耐久性设计标准   表 6-4

指 标	要 求
环境作用等级	盾构隧道内外侧环境作用等级按I-E级考虑,属于非常严重海洋氯化物环境
结构设计使用年限	100 年
混凝土主要技术要求	(1)钢筋保护层厚度内、外侧都为50mm,手孔和注浆孔处钢筋保护层不小于30mm。 (2)水泥选用普通硅酸盐水泥或硅酸盐水泥。为了提高抗渗性能,掺入优质粉煤灰,掺量宜控制在 25%~35%。粉煤灰使用应满足《粉煤灰混凝土应用技术规范》(GB/T 50146—2014)的相关规定。 (3)混凝土水胶比宜为 0.28~0.32,胶凝材料总量为 450~500kg/m³
氯离子含量	不应超过胶凝材料总量的 0.06%
混凝土结构使用非碱活性集料	当使用碱活性集料时,混凝土中各类材料的总碱含量不得大于 3kg/m²
混凝土的抗氯离子侵蚀性指标	28d 龄期氯离子扩散系数 DRCM≤4×10^{12}m/s

2）隧道构件防腐蚀措施

（1）螺栓采用渗锌+锌基铬酸盐+封闭层的防腐措施，涂层总厚度 8.6μm，盐雾试验中 1000h 内不出现红锈。

锌基铬酸盐是一种全新的金属防锈系统，具有优越的耐腐蚀性、优异的耐热腐蚀性、优秀的表面高渗透性、优良的涂层无氢脆性。

由于渗锌层硬度高、厚度比锌基铬酸盐更厚，在运输、装配和拆卸使用过程中，渗锌层不易磨损、擦伤、脱落，容易保证渗锌层的完整。锌基铬酸盐层耐中性盐雾性能好，浆料渗透力强，形成的锌铬涂层有极强的表面附着力，不影响焊接作业，且耐热性和耐腐蚀性优于电镀锌、电镀镉、热浸锌。

渗锌、锌基铬酸盐复合防腐涂层的防腐性能比单一的锌基铬酸盐涂层或者渗锌层的防腐性能好。如果采用复合涂层防腐工艺，在白色渗锌层的基础上再涂覆黑色部分锌基铬酸盐，利用锌基铬酸盐层的高耐盐雾性能和渗锌层的耐磨性能，在锌基铬酸盐有损伤点产生时，仍然有渗锌层做保护，从而保证工件不会被腐蚀。复合涂层能大幅度提高螺栓的使用寿命，满足设计中螺栓耐久性为 100 年的要求。复合防腐涂层设计螺栓如图 6-6 所示。

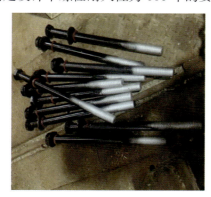

图 6-6　复合防腐涂层设计螺栓

（2）针对出现渗漏、错台及张开超限区域及前后 3 环，以及东、西线消能减震节点前后各 10 环进行嵌缝，螺栓手孔全部用硫铝酸盐早强（微膨胀）水泥进行封堵。

（3）螺杆与螺孔之间的空隙采用水泥浆封堵。

（4）混凝土管片外侧采用水泥基渗透结晶型防水涂料，涂层厚度不小于 1.0mm，且用量不得小于 1.5kg/m^2。

3）隧道管片混凝土耐久性设计

根据海湾隧道盾构段管片混凝土结构所处的地理环境、水域或土中的主要腐蚀性化学成分以及运营阶段的隧道环境条件，对该海湾隧道工程进行环境类别和作用等级划分。

《混凝土结构耐久性设计规范》（GB/T 50476—2008）将环境作用类别分为一般环

境（Ⅰ）、冻融环境（Ⅱ）、海洋氯化物环境（Ⅲ）、除冰盐等其他氯化物环境（Ⅳ）和化学腐蚀环境（Ⅴ）五大类。根据《混凝土结构耐久性设计规范》（GB/T 50476—2008），海湾隧道盾构段管片混凝土结构环境类别划分见表6-5。

海湾隧道盾构段环境类别及作用等级　　表6-5

环境类别			作用等级
外侧	海洋氯化物环境		Ⅲ-E（距平均水位上方15m高度以内海洋氯化物环境的海洋大气区）
	化学腐蚀环境	SO₄²⁻	V-C
		pH值	无腐蚀（>6.5）
内侧	大气污染环境		V-C（汽车或机车废气）
	干湿交替环境		Ⅲ-E

6. 特殊管片设计

由于特殊管片与普通管片在管片分块、接头、防水、强度、防腐等设计方面相同，此处不再赘述，主要介绍特殊管片拼装方式及其所用材料。

1）特殊管片拼装方式

每条线设置6段特殊管片，每段2环，共24环特殊管片。

特殊管片相邻环采用180°错缝拼装，前后相邻环的封顶块F分别在水平两侧呈180°分布。

管片拼装时一般按先下后上进行，最后插入封顶块（F）。封顶块（F）拼装时先搭接1200mm径向推上，再纵向插入。

2）特殊管片材料

（1）衬砌管片：C60钢筋混凝土，混凝土抗渗等级为P12。

（2）钢筋：HPB300、HRB400。

（3）螺栓：环向螺栓，机械性能等级为8.8级的普通螺栓；纵向螺栓，机械性能等级为6.8级的普通螺栓。

（4）定位销、预埋螺帽、注浆管：聚酰胺材质。

（5）SMA板、预埋钢板、橡胶垫、Ω止水带。

（6）水泥基渗透结晶型防水涂料、混凝土防腐阻锈剂（无机类）、环氧树脂。

二、管片生产

钢筋加工车间由钢筋堆放区、半成品加工区、半成品堆放区、钢筋骨架制作区、成品钢筋骨架堆放区等组成。混凝土浇筑车间由管片浇筑区、管片翻转区、管片养护区组成。

管片生产流水线采用五线制，即两条浇筑线和三条蒸养线，共设置60个模具工位（见图6-7）。两条浇筑线设22个模具工位，配置施工人员完成相应任务。蒸养窑布置在流水线车间紧靠钢筋笼加工车间的部位，蒸养窑内设36个模具工位，在流水生产线和养窑的两端分别放置出模平移小车和进模平移小车。在工作过程中，平移小车可以按控制指令分别将模具送入或者推出蒸养窑。

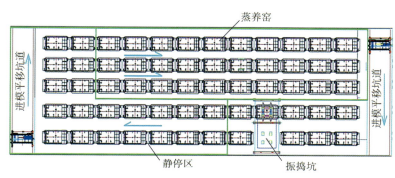

图6-7 流水线模位示意图

三、管片运输

汕头海湾隧道工程管片厂位于广州市番禺区金山大道樟边村路段，占地5.3万 m^2（80亩）。由于管片运输距离长，需要采用海陆联合运输方式。

管片运输质量控制要点为：

（1）出厂前每片管片均须经过质量检验。管片应外光内实，外弧面平整、光洁，螺栓孔保持润滑，管片不得有缺角掉边，无麻面、露筋、蜂窝等外观缺损。

（2）预制混凝土管片装卸时，应注意轻上、轻放、缓慢、平稳地进行，管片应逐件搬运，起吊时应加垫条或软物隔离，以防管片受到损坏。

（3）管片装车不得超载，装车形式为内弧面向上，管片与车辆之间必须用截面不小于15cm×15cm、长度为1.0~2.0m的垫木垫实，放稳。

（4）运输道路必须平整坚实，有足够的路面宽度与转弯半径，并要根据路面情况掌握行车速度。

（5）管片的垫点和装卸车时的大吊点，不论是在装车还是在卸车堆放时，都应按设计的位置设定，满足管片受力情况。叠放时，管片之间的垫条要在同一垂直线上，垫条厚度要相等。

四、管片安装

1. 管片安装流程

管片安装流程如图 6-8 所示。

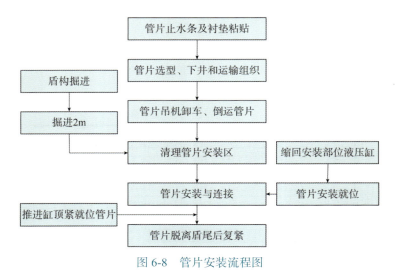

图 6-8 管片安装流程图

2. 管片安装质量控制

（1）盾构推进到预定长度，且拟安装封顶块位置的推进液压缸行程大于 28m 时，盾构停止掘进，进行管片安装。

（2）管片安装时必须从隧道底部开始，对称拼装标准块（B1~B7），然后依次安装相邻块（L1~L2），最后安装封顶块（F）。每安装一块管片，立即将管片纵环向连接螺栓插入连接，并戴上螺母用电动扳手紧固。每环管片的安装顺序为：B4→B3→B2→B1→B5→B6→B7→L2→L1→F。

（3）在安装最后一片管片前，应对防水密封条涂肥皂水或黄油进行润滑处理。安装时先径向插入 1200mm，调整位置后缓慢纵向顶推，防止封顶块顶入时搓坏防水密封条。

（4）每块管片安装到位后，及时伸出相应位置的推进液压缸顶紧管片，其顶推力应大于稳定管片所需力，然后移开管片安装机。

（5）当整环管片安装完毕并被推入盾尾密封位置，使管片在盾尾刷包裹挤压作用下变形量得到有效释放后，进行第二次螺栓紧固作业。当整环管片完全脱出盾尾后，由于受到周围水土挤压力作用，要对管片连接螺栓进行第三次紧固作业，防止后期变形影响拼装质量。

第二节　口子件质量控制

一、口子件设计

1. 功能分析

以往大直径盾构一般用于施工非核心城区的公路隧道，距离较长。早期盾构隧道并未考虑采用预制构件的方式进行内部结构施工。如新西兰某公路盾构隧道项目，由于考虑管片运输通道需要，在盾构贯通后才另外采用台车进行中间行车道层板浇筑施工，无法实现盾构掘进与内部结构施工交叉作业、同步施工。为解决这个问题，工程人员利用与管片宽度相同的"口"字形预制构件拼接成内部结构主体，并对大直径盾构台车进行针对性设计，使同步作业更为合理，大大缩短了工期。

由于隧道功能的不同，口子件在设计上也有一定的区别，如单洞双线地铁隧道（见图6-9），口子件顶部除了需要承受双向地铁车辆及轨道等的荷载作用外，还要考虑设置中部隔墙，部分工程中口子件采取了预埋接驳器的设计，以便后期中隔墙钢筋施工；又如单洞双层公路隧道（见图6-10），口子件高度考虑下层路面高度进行设计，口子件设计完成后，盾构台车才能进行匹配设计生产。

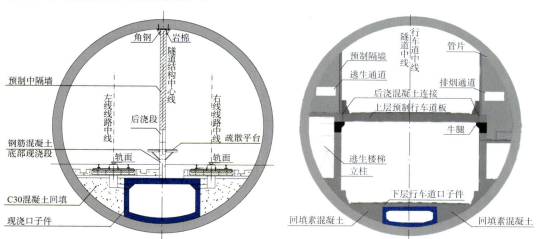

图 6-9　单洞双线地铁隧道口子件布置示意图
（广州地铁四号线南延段 11m 隧道）

图 6-10　单洞双层公路隧道口子件布置示意图
（南京纬三路 14.5m 过江隧道）

2. 设计

隧道盾构段内部结构主要由排烟通道、道床填充、中间口子件、边箱涵、防撞侧石、逃生楼梯等组成。中间口子件、边箱涵采用框架结构。中间口子件除盾构段横截沟处的 2m 范围采用现浇外，其余各处均采用预制口子件。

每环口子件长 2.0m，净高 4.483m，净宽 5.0m，质量约为 25.5t，设计混凝土强度等级为 C45，口子件纵向采用 3 根 8.8 级 M30 螺栓连接，螺栓长 444.6mm，螺栓及垫圈采用锌基铬酸盐涂层进行防腐处理，变形缝处及消能减震节点处取消螺栓连接（见图 6-11）。

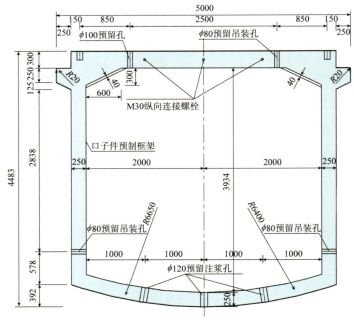

图 6-11　口子件横断面图（尺寸单位：mm）

预制口子件分 A、B、C、D、E 五种类型：A 型口子件适用于隧道一般地段；B 型口子件适用于隧道前室处，单侧侧墙预留疏散楼梯逃生门孔洞，开孔尺寸为 2.11m（高）×1.2m（宽）；C 型口子件适用于风室，单侧侧墙预留风室风孔位置孔洞，开孔尺寸为 2.10m（高）×0.6m（宽）；D 型口子件适用于风室和电缆廊道检修门处，双侧侧墙预留风室和电缆廊道检修门孔洞，预留风室侧开孔尺寸为 2.11m（高）×0.6m（宽），电缆廊道检修门孔洞侧开孔尺寸为 1.4m（高）×0.6m（宽）；E 型口子件适用于设置抗震消能减震节点处，底板预留岩棉填充位置，宽度为 0.45m。

二、口子件制作工艺

1. 模具尺寸质量标准

模具允许制造偏差见表 6-6。

模具允许制造偏差　　　　表 6-6

序　号	检 测 项 目	允 许 偏 差
1	长度（mm）	0，-5
2	宽度（mm）	±2

续上表

序　号	检测项目	允许偏差
3	高度（mm）	±2
4	对角线（mm）	±8
5	壁厚（mm）	0，2
6	断面平整度（mm/m）	−1，1

2. 模具操作流程

（1）内模与底座紧锁。将内模组件锁紧后再与底座锁紧。

（2）装入钢筋笼骨架。将制作好的钢筋笼放入内模上，适当调整钢筋骨架位置，保证钢筋保护层厚度。

（3）外模紧锁。将外模组件锁紧后再与底座锁紧，各连接螺栓拧紧到位。

（4）浇筑混凝土。将混凝土浇筑到钢筋骨架内，充分振捣到位，并及时收面。

（5）打开内模。待混凝土达到拆模强度（2.5MPa）后打开内模，收缩并脱离混凝土内腔，整体移除。

（6）打开外模。打开外模，脱离混凝土，移出外模模具，混凝土口子件静置在底座上继续养护。

（7）口子件吊离模具底座。

3. 混凝土生产及浇捣成型

口子件生产浇筑区占地 $1972m^2$。为缩短模具的周转时间，口子件模具平放，口子件在生产区浇筑完成后，进行喷淋养护，达到拆模强度后拆除模具，口子件静置在模座上进行养护，待达到吊装强度后吊装到存放区存放。

三、口子件安装控制

盾构掘进时，预制"门"形框架在后配套位置拼装。管片拼装完成并监测稳定后，进行隧道底部结构的施工，口子件安装如图 6-12 所示。

（1）拼装精度：口子件顶面与隧道结构水平轴线和圆形隧道结构竖直轴线的距离为±10mm（必须保证口子件之间的顺利连接）。

（2）口子件连续排列过程中，如出现底部支座压在管片环缝上的现象，则应将口子件往掘进方向前移一环管片宽度，空缺部位采用现浇混凝土连接，此时现浇段的纵向钢筋应与箱涵植筋连接。

（3）平、竖曲线段，口子件拼装时，可通过在口子件位于曲线外侧长边处的部位粘贴薄板（如丁腈软木橡胶板）的方式调整间隙，以实现口子件对曲线半径的拟合。薄板厚度依据拼装处的曲线半径通过计算确定。

（4）当管片环缝出现错台造成口子件连接困难时，应对支座底部进行打磨或设置钢垫板对高程进行调整。

图 6-12　口子件拼装

第三节　盾构隧道质量通病及对策

对于盾构法隧道施工来说，隧道主体结构由管片拼装完成，管片从生产、吊运到安装过程中，不论哪个环节出现问题，都会最终影响盾构隧道的总体质量。为使汕头海湾隧道工程质量更加"精益求精"，本节对本工程隧道质量通病及超大直径盾构隧道质量控制的经验与教训进行总结。

汕头海湾隧道管片外观如图 6-13 所示。

图 6-13　汕头海湾隧道管片外观

一、管片上浮

海湾隧道管片上浮主要出现在海底浅覆土段盾构掘进施工中，其中前 116 环的管片上浮值为 20~169mm，第 1442~1451 环段的管片上浮值为 106~133mm。

1~116 环分段及管片上浮情况统计见表 6-7。

1~116 环分段及管片上浮情况　　　　　表 6-7

环号（环）	1~5	6~42	43~116
分段情况	始发加固体段	回填区孤石段	抛石及海域段
上浮量（mm）	<30	<30	>50

1442~1451 环管片上浮量统计见表 6-8、图 6-14。

管片上浮量统计表　　　　　表 6-8

环号（环）	1442	1443	1444	1445	1446	1447	1448	1449	1450	1451
上浮量（mm）	110	113	126	119	106	133	132	117	115	116

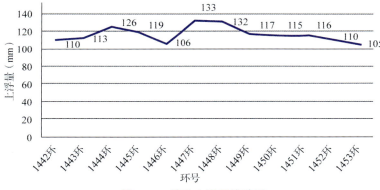

图 6-14　管片上浮量统计图

管片上浮会造成管片局部受力不均匀，产生应力集中，导致管片破损、错台，影响管片质量。针对此情况，项目组及时找出导致隧道上浮及变形的原因，使得隧道上浮及变形控制在允许范围内。

1. 主要原因分析

影响管片上浮的因素多且复杂，彼此互相关联、互相影响。结合海湾隧道周围环境因素以及工程施工现场情况，认为引起管片上浮的主要因素有：

（1）盾构掘进方法。为了能使超大直径盾构在海底顺利掘进，大断面的盾构（ϕ15.03m）掘进比生产设计的盾构管片外径（14.5m）要大，即盾构掘进断面比成型管片拼装后的外径（14.5m）要大。岩体和管片之间不可避免地会产生一定的缝隙，而缝隙的产生也为管片上浮创造了条件，结合隧道周围的地质条件，如果此时隧道周围岩体抵抗管片上浮的能力不足，就会使管片产生上浮的趋向。

（2）隧道埋深及隧底地质情况。地质条件对管片上浮有较大的影响。当地层土质较软时，由于自稳性较差，会因自重而产生下沉，一定程度上可以减少管片与土层之间产生的缝隙。当地层土质较硬时，由于自稳性较好，基本不会因自重而下沉。下部土体回弹效应：下部土体应力因注浆不饱满释放，会引起盾构、成型隧道上抬；1~116环隧道埋深11.20~15.0m，基本在1倍管径以内，隧道中下部为淤泥、淤泥质土地层，盾构通过后，下部土体应力释放，引起管片上抬。

（3）浮力。每环盾构隧道混凝土管片自身重约1350kN，而作用在每环管片上的浮力达3537.2kN，因此在管片脱出盾尾、同步注浆浆液凝结之前，管片受浆液浮力的影响易产生一定的上浮量。

（4）注浆量。盾构每环的理论构筑空隙体积为23.63m³，但是实际上注浆过程中由于浆液质量、管片质量、注浆损失等问题，难以100%地填充缝隙。因此，实际施工时，按照构筑空隙的150%~250%进行注浆，易引发管片上浮。

（5）地下动水及浆液流动。海湾隧道周围水量丰富，盾构推进脱出盾尾后，由于存在盾构开挖直径与管片外径的缝隙差，呈流体状态的同步注浆浆液会受到地下动水的作用而流到前方的密封土仓，这一缝隙差就不能被有效填充。同时，由于浆液的流动性，管片会受到浆液浮力的影响，再加上注浆压力的影响，当浮力和压力的共同作用超过管片自身重力时，就易使管片产生上浮的现象。

（6）掘进速度与总推力。掘进速度快，单环掘进用时短，管片从盾尾内拖出至地层内的时间就短，地层收敛值小，管片脱出盾尾后0~6m时间段（3环）的上浮量占总上浮量的80%左右。盾构隧道0~42环施工持续190d左右（包括中间停机维修保养检查时间），平均掘进速度慢，持续时间长，地层收敛值大，管片周边孔隙因地层变形填充度高，管片上浮变形小，且没有开裂渗水现象。43~110环施工持续27d，平均掘进速度快，单环掘进用时短，管片从盾尾内拖出至地层内的时间短，地层收敛值小，管片周边孔隙因地层变形填充度低，管片上浮变形大，如图6-15所示。

图6-15　东线隧道管片上浮、错台及渗漏

（7）海湾隧道坡度。当隧道坡度发生变化时，转换处盾构管片的拼装不可避免地存在一定坡度，易造成管片上浮。而1~110环盾构隧道为3%的下坡段，盾构姿态与管片的姿态不一致，盾构千斤顶推力与管片环面不垂直，引起管片的上浮。

2. 主要防治措施

管片上浮受浆液浮力及注浆压力影响较大。在围岩条件变化较大、埋深浅、同步注浆充分的情况下，管片容易发生上浮现象。为防止隧道管片上浮，保证超大直径盾构隧道成型管片的质量，采取了以下防治措施：

1）调整注浆稠度

对同步注浆进行多次配合比试验，尽可能地提高注浆液的稠度及固体物质的含量，增加泥水的含量等，以提高浆液与隧道之间的黏结力，从而抵御隧道管片上浮。在盾尾2环（4m）部位进行二次注浆。注浆材料采用水泥—水玻璃双液浆，注浆顺序从底部注浆孔左右对称向上注浆，水泥采用P.O42.5普通水泥，水灰比采用1:1；波美度控制在25~35°Bé之间；水泥浆与水玻璃的体积比为1:1，双液浆凝固时间为40s左右，注浆压力0.5~0.6MPa，采用间歇性注浆方法。注入的双液浆液在填充性能、初凝时间、早期强度及防流失等方面的性能指标需达到一定要求，才能尽早使管片与地层固结成结构整体。

在基岩凸起段掘进过程中，衬砌管片拖出盾尾后易发生上浮。为有效控制基岩凸起段的管片上浮量，尽早稳定管片，减少管片在盾构掘进过程中出现应力集中导致破损，应适当缩短水泥砂浆初凝时间，凝结时间为3~4h。三段基岩凸起段同步注浆配合比见表6-9。

水泥砂浆浆液配合比（基岩凸起段） 表6-9

注浆方式	配 合 比					
	水泥（kg）	细砂（kg）	粉煤灰（kg）	膨润土（kg）	外加剂	水（kg）
同步注浆	200	510	440	170	—	450

2）开展盾构壁后注浆

在大断面泥水盾构隧道施工时，为避免浆液填充不均匀造成管片受力不均匀，本工程盾尾同步注浆系统设有8个注浆口，如图6-16所示，施工中可以根据地层分布、地表沉降等情况及时调整同步注浆的位置。在每一个注浆孔都设有一个压力控制器，可以用来监测和控制各个孔的注浆量和注浆压力，并可以及时进行调整，以使盾构管片注浆浆液分布均匀。

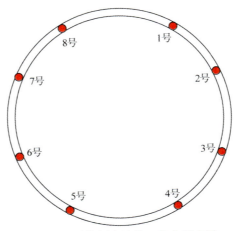

图 6-16　盾构同步注浆口分布示意图

3）控制同步注浆压力

同步注浆时要求在地层中的浆液压力大于该点的静止水压及土压力之和，做到尽量填补但同时又不产生剪切劈裂。注浆压力过大，管片周围土层将会被浆液扰动而造成后期地层沉降及隧道本身的沉降，并易造成浆液流失；而注浆压力过小，浆液填充速度过慢，填充不饱满，会使地表变形增大。注浆出口压力稍大于注浆出口处的静止水土压力 0.1～0.3MPa。

4）控制注浆量与注浆速度

根据本工程的地质及线路情况，水泥砂浆注浆量一般为理论注浆量的 1.3～2.5 倍（一般情况下，填充系数取 1.3～1.8；在裂隙比较发育或地下水量大的岩层地段，填充系数一般取 1.5～2.5），并通过地面变形观测进行动态调整。注浆量计算公式如下：

$$Q = V \cdot \lambda$$

式中：λ——注浆率，取 1.3～2.5；

V——盾尾建筑空隙（m^3）。

$$V = \pi(15.03^2 - 14.50^2) \div 4 \times 2 = 24.57 m^3$$

则　　　　　　　　$Q = 31.941 \sim 61.425.23 m^3/环$

控制合适的注浆速度，可以合理地控制浆液的初凝时间，有利于围岩和周围土体结合成结构整体。盾尾注浆压力和注浆量是直接影响地面沉降的关键因素，施工中应严格按规定程序和下达的施工指令进行注浆操作，精确控制注浆压力和注浆量。

根据盾构推进速度，均匀注浆。自盾构推进开始注浆，推进完毕注浆结束。

同步注浆示意图如图 6-17 所示。

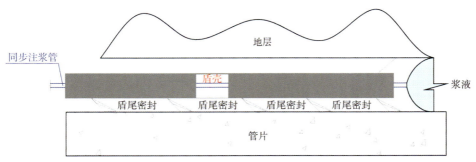

图 6-17　同步注浆示意图

5）选择合适的掘进速度

根据海湾隧道周围的地层情况选择合适的掘进速度。由于超大直径盾构开挖断面较大，总体的掘进速度不能过快。当土质较好、均匀时，可以适当提高掘进速度；如遇到基岩凸起段及上软下硬、上硬下软等复杂的复合地层情况，则需减慢掘进速度，保证切削面的稳定，降低周围土体的沉降风险。

6）管片螺栓复紧

根据管片不同阶段的受力状态，严格执行管片螺栓三次复紧工序：

（1）"N"环管片在盾壳内安装成环后拼缝第一次压缩，进行第一次螺栓复紧；

（2）在"N+1"环掘进至1~2m的过程中，"N"环管片在盾尾刷腔体径向压力及推进液压缸纵向压力作用下拼缝第二次压缩，进行第二次螺栓复紧；

（3）在"N+2"环掘进至1~2m的过程中，"N"环管片拖出盾尾在同步注浆径向压力、周边土体径向压力下拼缝第三次压缩，进行第三次螺栓复紧。

二、管片破损、错台与渗漏水

按照相关理论以及工程经验，管片破损与管片错台往往是共生的。汕头海湾隧道工程基本没有发生管片错台现象，但局部出现了管片破损的情况（见图6-18）。

图 6-18　东线270环管片破损

盾构隧道管片渗漏是比较常见的现象。处理盾构隧道管片渗漏，一般先分析渗漏特征，再开展渗漏治理方案的研究和决策。

在隧道掘进及管片安装完成后，部分管片环纵缝、螺栓孔、灌浆孔等部位出现不同程度的渗漏，局部出现细股喷射水流，如图6-19、图6-20所示。

图6-19　东线385环拱顶管片渗漏

图6-20　东线563环拱顶管片渗漏

1. 主要原因分析

1）管片破损主要原因分析

（1）地层因素。隧道主要穿越粉细砂、粉质黏土、中粗砂、围岩等，土体呈现非黏性、结构松散等特性，围岩透水性较强。地层的这种特性决定了对盾构掘进过程中产生的扰动十分敏感。由于施工期间上部土体过载，引起管片处土体坍塌，造成管片椭圆变形，临近管片环出现管片环错台和变形。

（2）管片生产质量。盾构管片在最开始阶段产生裂缝，如预制过程、运送及起吊过程，原因一般是管片制作过程中混凝土配合比、养护等不完善。

（3）现场拼装施工质量。在淤泥地层中施工时，盾构可能发生栽头，频繁调整姿态会导致隧道出现超挖。由于盾构工法的特性，当盾尾脱离已拼装好的管片时会形成土体与管片的环状间隙，施工中一般采取盾尾注浆方式填补空隙。盾尾壁后注入的浆液一般需要5～7h的初凝时间，这段时间管片处于悬浮状态，注浆压力是管片内力增长的重要因素。盾构掘进至此区段时，盾尾刷磨损严重，加之地层透水性较强，漏浆情况频繁出现；盾构主机向上调整方向，出现拐点处超挖，同步注浆量不能得到保障，导致管片破损。

2）管片渗漏主要原因分析

（1）管片衬背注浆效果不佳，局部接缝处水压力过大，密封垫压相对薄弱的部位出现渗漏，或者注浆孔灌封效果不佳，部分注浆孔出现滴水甚至射流。

（2）管片防水材料粘贴不合格。管片防水材料粘贴不牢固，遇水膨胀，或止水条遇水失效等因素导致管片拼装完成拖出盾尾后出现管片接缝渗漏；由于密封垫粘贴质量不佳，或者在拼装过程中密封垫部分脱落、两管片间密封垫挤压不密实，造成该处渗漏水。

（3）管片安装错台量大于最大设计值，相邻两管片间密封垫错开导致有效接触面不够，抗渗能力下降造成渗水。

（4）东、西线海域段掘进总长度达6093m，隧道主要位于淤泥及淤泥质土、中粗砂、淤泥混砂层，地质条件较差，透水性强，贯通性强，地下水活跃，且压力大，造成同步注浆填充效果不佳，导致管片渗漏。

（5）盾构前进反力不足。在盾构始发与接收阶段，因盾构前进阻力所提供的反力远小于管片止水条所需的挤压力，使得挤压不实，影响止水条的防水效果，造成管片接缝渗漏水。

3）管片错台主要原因分析

（1）管片拼装不规范。管片拼装过程是控制管片错台至关重要的环节，管片拼装工人的操作熟练程度及责任心直接影响管片拼装完的成型质量。管片拼装不规范示例如图6-21所示。

图6-21 管片拼装不规范示例

（2）盾构姿态控制不当。如果盾构姿态控制不好，盾构的运动轨迹波动（包括上下波动和左右波动）幅度过大，再加上管片形态的惯性作用，易导致管片与盾尾之间的缝隙不均匀。

（3）管片上浮。隧道管片上浮特别容易发生在围岩很稳定的地层中。当盾构掘进速度比较快时，如果没有立即采取措施防止隧道管片上浮，那么隧道管片的上部也会发生连续的"叠瓦式"错台。

（4）注浆压力控制不当。当管片脱出盾尾后，由于盾构掘进过程中的"蛇"形运动、超挖以及盾尾间隙不均，使得管片与周围土体之间存在环形间隙。环形间隙在盾构施工中一般采用衬背注浆工艺进行填充，注入的水泥浆既能起到抑制地层沉降的作用，又能起到固定管片和防止隧道漏水的作用。但由于管片自重与所受到的浮力有差值，当注入的浆液尚未凝固时，管片在浮力作用下有上浮的趋势。因此，衬背注浆参数若选择不当（如浆液凝固时间过长、注浆顺序和压力选择不当），则易因浮力造成管片错台。施工中，通常采用挤压式注浆机注浆，浆液压力较难控制，当最大压力超过 0.6MPa 时，易对管片造成较大的挤压，从而导致管片整体变形。

2. 主要防治措施

1）管片破损防治措施

（1）及时处理破损管片。管片破损会对管片的受力产生一定的影响，因此实际施工过程中，需要及时清理和修补破损的管片。

①管片挤压破坏，应用环氧树脂砂浆对破损处进行修补，并恢复止水条，在修复处达到设计强度后，再进行下环管片拼装。

②少量渗漏，则在渗漏部位周边采取针孔式高压注浆进行封堵，注浆材料为环氧树脂。

③预先加工封堵钢板，若出现大量涌水，则利用螺栓孔固定钢板进行封堵，密封钢板上固定可压缩的密封条（与管片安装机真空吸盘密封条材料类似），如图 6-22 所示。

④当密封钢板无效时，可将全部盾构推进液压缸同时降低压力，液压缸活塞杆慢慢回缩，同时利用盾构进浆泵向泥水舱内补充泥浆，保持舱内压力平衡，直至盾尾刷将管片破损面包裹，泄漏停止。

（2）对盾构掘进姿态进行合理纠偏。在对盾构掘进姿态进行纠偏的过程中，一定要进行多次纠偏，避免出现一次纠偏就到位的现象，防止应力过于集中。

2）管片渗漏防治措施

（1）合理调整盾构姿态。密切关注盾构姿态并掌握盾构与管片之间的相对位置，合理调整推进液压缸压力，使盾构的实际轨迹和设计轴线尽量同步，在曲线段纠偏做到"勤纠、缓纠"。

（2）加强盾尾椭圆度检测。盾构每完成一个区间施工都要进行盾尾椭圆度检测，保证盾尾变形在施工允许范围之内。当盾尾变形超过规范要求时，及时对盾尾圆度进行矫正以达到施工要求。

（3）管片环纵缝渗水时，应从渗漏管片环对应的管片吊装口，从下往上、少量多次地进行二次注浆。管片吊装孔（二次注浆孔）配置安装止回阀及封口盖，封口盖必须设置卡紧装置并配备橡胶密封圈。

（4）铝管注浆。二次注浆堵漏完成后，若再次出现接缝渗漏，则可在渗水部位打入铝管，然后进行勾缝、注入环氧树脂浆液止水，这种方法不会破坏密封止水条。

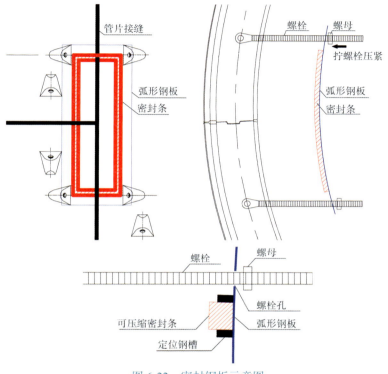

图 6-22　密封钢板示意图

3）成型管片错台预防措施

（1）盾构姿态超限时，不应"急纠"，而应逐步缓纠，每环纠偏量最大不超过 5mm。

（2）防止管片施工过程中的选型错误，避免隧道轴线由于人为选型错误造成偏离设计轴线。

（3）应按照相关规范进行操作，包括管片进隧道前的检查，注浆、盾构推力和扭矩等参数的设定，管片的吊运和安装等。

（4）螺栓脱出盾尾时应进行复紧。

附表

东、西线盾构主要参数对比

附表1

项目名称	单位	东线（德国海瑞克）盾构参数	西线（中国中铁装备）盾构参数
1. 整机			
开挖直径	m	15.01	15.03
主机长度（含刀盘）	m	约15	约15
整机长度	m	约130（不含调车平台）	约130（不含调车平台）
主机质量	t	约2500	约2675
整机质量	t	约4800	约4600
最小转弯半径	m	1000	1000
适应的最大坡度	%	5	5
最大推进速度	mm/min	50	50
最大推力	kN	约219450	222200
能承受最大工作水土压力	MPa	0.6	1
装机总功率	kW	9040	9200
最大不可分割部件质量	t	300（主驱动）	约380
最大不可分割部件尺寸（长×宽×高）	mm	9200×8300×3350（刀盘中心块）	8570×9287×2400（刀盘中心块）
2. 刀盘			
开挖直径	m	15.01（新刀） 14.98（边刀磨损到极限）	15.03（新刀） 14.99（边刀磨损到极限）
旋转方向		双向	双向
开口率	%	27	28
刀盘形式/材质/产地		常压刀盘/德国	常压刀盘/Q345R/中国
材质		Hardox400	Hardox400
分块数量	块	13	13
质量	t	530	570
主动搅拌臂数量	个	6	6
扩挖形式		球形轴承摆动扩挖	球形轴承摆动扩挖
3. 中心回转接头			
冲刷通道		DN300	DN300

续上表

项 目 名 称	单 位	东线（德国海瑞克）盾构参数	西线（中国中铁装备）盾构参数
3. 中心回转接头			
液压通道		无	10
泡沫通道		无	无
膨润土通道		与冲刷通道共用	与冲刷通道共用
4. 主驱动			
驱动形式		电驱动	电驱动
驱动总功率	kW	5600	5600（350×16）
驱动电机数量	个	16	16
驱动电机参数	kW	350	350
变频器型号及主要参数		MX MULTI PRO 6L315/400-SW	VACON590690V400kW 水冷/SchneiderATV71400kW 水冷
减速器规格/品牌	kW	PLANETARY GEARBOX G79.58BE1/N220/G43.67Rollstar	GPC195/ZF
减速器的减速比		1∶79.579	1∶80.938
转速范围	r/min	0～2.0	0～2.25
额定转速	r/min	1.17	1.1
额定扭矩	kN·m	42968	45450
脱困扭矩	kN·m	58006	63630
主轴承品牌/产地/寿命		RotheErde/德国/15000h	RotheErde/德国/15000h
主轴承直径（内径/外径）	mm	6482/7600	6550/7600
主轴承滚道直径	mm	7475（径向）	7278（径向）
主轴承轴向尺寸	mm	575	510
减速比（小齿轮与大齿圈）		17∶271	16∶263
主轴承密封形式		4 道外密封/3 道内密封/唇形密封	4 道外密封/4 道内密封/唇形密封
主轴承各道密封的冲刷、润滑方式		持续注入式	连续润滑
内、外密封数量	道	4（外密封），3（内密封）	4（外密封），4（内密封）
主轴承密封寿命	h	16000	16000
密封最大承压能力	MPa	0.8（静态）/0.6（工作压力）	1（静态）
5. 盾体			
前盾（直径×长度×厚度）	mm	14960×4065×70	14980×4052×80
前盾结构质量	t	105	1015（前中盾一体）
被动搅拌臂数量	个	0	4
土仓压力传感器数量	个	6	6，用于系统操作；1，用于显示压力，安装在前闸门上方

续上表

项目名称	单位	东线（德国海瑞克）盾构参数	西线（中国中铁装备）盾构参数
5. 盾体			
中盾（直径×长度×厚度）	mm	14930×5175×70	14950×5146×70
超前注浆管数量	个	6，水平超前钻导孔；18，伞形钻导孔	18
中盾壳体润滑孔数量	个	2×14	16
尾盾（直径×长度×厚度）	mm	14900×4965×100	14930×5175×140
尾盾结构质量	t	190	200
尾盾密封刷数量	排	5（钢刷）	5（钢刷）
尾盾止浆板数量	道	1	1
盾尾管片安装间隙	mm	45	45
单液注浆管数量	个	8+8（备用）	8+8（备用）
盾尾注脂管数量	个	4×19	4×20
盾体主要结构件材质		Q345B	Q345B
6. 人舱			
人舱形式/数量	个	双舱式/2	前后舱串式/3（一个应急）
人舱容量	人	6+2	6+2
人舱规格	mm	DN2000	ϕ1860×3720
设计压力	MPa	0.75	1.1
刀具运输装置		有	有
7. 物料舱			
规格	mm	600×800	1180×1170×2370
工作压力	MPa	0.68	1
设计压力	MPa	0.75	1.1
刀具运输装置		滑台和葫芦	滑轨式
8. 破碎机			
安装位置		气垫舱底部	气垫舱底部
破碎机数量	套	1	1
破碎形式/规格型号/产地		颚式/DN1200/德国	颚式/ϕ1200mm/德国
驱动方式		液压	液压
最大破碎粒径	mm	1200	1200
9. 管片拼装机			
形式		中心回转式	主梁式
驱动马达数量	个	6	5

续上表

项 目 名 称	单 位	东线（德国海瑞克）盾构参数	西线（中国中铁装备）盾构参数
9. 管片拼装机			
驱动功率	kW	250	215
转速范围	r/min	0~1.5	0~1.5
纵向移动行程	mm	3600	3600
自由度数量	个	6	6
旋转角度	(°)	±200	±200
总质量	t	155	160
控制方式		无线遥控器带线控电缆	无线+有线接口
10. 管片输送小车			
规格（长×宽×高）	mm	27300×2700×1000	29256×3925×649.5
承载管片数量	片	10	10
负载管片能力	t	140	140
纵向/顶升行程	mm	2600/50	2950/50
控制方式（有线/无线）		有线+无线	有线+无线
11. 管片吊机			
形式		双轨式	齿轮齿条行走/钢丝绳葫芦（单/双管片吊机）
起吊质量	t	15	20/40
提升功率	kW	4×8.5/2.0	2×10.1/4×19.8
起吊速度	m/min	2.0~8.0	0.8~8
起吊高度	m	10/10	10/10
水平驱动功率	kW	4×5.5	2×4/2×15
水平行走速度	m/min	0~50	0~30/0~50
卷筒布置形式		滑触线供电	电缆拖令
控制方式		无线+有线控制	无线+有线控制
12. 箱涵吊机			
形式		双轨式	链轮链条行走/钢丝绳葫芦
起吊质量	t	28	39
提升功率	kW	3×13.5	2×20+20
起吊速度	m/min	0.5~5.0	0.5~5
起吊高度	m	12（最大）	10
水平驱动功率	kW	4×5.5	2×15
水平行走速度	m/min	50	0~50

续上表

项 目 名 称	单 位	东线（德国海瑞克）盾构参数	西线（中国中铁装备）盾构参数
12. 箱涵吊机			
控制方式		无线+有线控制	遥控+线控
13. 设备桥			
规格（长×宽×高）	mm	36000×12400×7500	31220×12400×7452
数量	节	1	1
总质量	t	约 195	约 142
14. 后配套台车			
结构形式	mm	1号闭式+ 2、3、4、5门架式	1号平台式+ 2、3、4、5门架式
数量	节	1+4	5
总质量	t	一号台车：约 490 二号台车：约 135 三号台车：约 145 四号台车：约 200 五号台车：约 95	一号台车：约 187 二号台车：约 103 三号台车：约 89 四号台车：约 78 五号台车：约 150
允许运输车辆通过尺寸	mm	最大高度 3400，最大宽度 5600	13000×7050（胶轮车行走参考尺寸为 2690×3500）
15. 台车拖动液压缸			
规格		160/110～2200	$\phi380/\phi200\sim500$
数量	根	2	2
16. 推进系统			
推进液压缸数量及分组		28×双缸/6 组	28×双缸/6 组
液压缸规格型号/品牌/产地	mm	$\phi360$、$\phi280\sim3000$/力士乐/中国	$\phi380$、$\phi280\sim3000$/恒立/中国
液压缸行程传感器规格/型号/数量	根	6	6
最大推进速度	mm/min	50	50
额定工作压力	MPa	38.5	35
单根液压缸最大推力	kN	3919	3969
最大伸出速度	mm/min	800（每 3 对液压缸，管片拼装模式下）	2600（管片拼装模式下）
最大回收速度	mm/min	1600（每 3 对液压缸，管片拼装模式下）	2600（管片拼装模式下）
推进液压缸支撑形式		液压可调	液压可调浮动支撑式
17. 同步注浆系统（单液）			
注浆泵形式/规格型号/品牌/产地		柱塞泵/KSP20/SCHWING/德国	柱塞泵/KSP12/SCHWING/德国
注浆泵数量	个	4	4
注浆泵功率	kW	132	2×75
注浆能力	m³/h	20	20

续上表

项目名称	单位	东线（德国海瑞克）盾构参数	西线（中国中铁装备）盾构参数
17. 同步注浆系统（单液）			
注浆泵出口最大压力	MPa	3	3
注浆口数量	个	8+8（备用）	8+8（备用）
砂浆罐容量	m³	2×20	2×24
搅拌器功率	kW	2×22	2×30
搅拌从动、主动端密封		唇形密封+自动油脂润滑	自动油脂润滑
18. 同步双液注浆系统			
注浆泵形式/规格型号/品牌/产地		柱塞泵/KSP20/SCHWING/德国	A液柱塞泵/KSP12/SCHWING/德国
A液泵数量	个	4	4
A液泵功率	kW	132	2×75
注浆能力	m³/h	20	20
注浆泵出口最大压力	MPa	3	3
A液罐容积	m³	2×20	2×24
A液罐搅拌器功率	kW	2×22	2×30
B液泵形式		AE4H25	螺杆泵
B液泵数量	个	8	8
B液泵能力	m³/h	1.02	3
B液泵出口最大压力	MPa	1.8	1.6
B液泵功率	kW	1.5	7.5
B液罐容积	m³	4	6
19. 膨润土注入系统			
形式/规格型号/品牌/产地			柱塞泵/ZJ优化前2/中铁装备/中国
膨润土泵功率	kW		30
注入能力	m³/h	2700	20
最大工作压力	MPa	>0.6	6
盾壳膨润土泵形式		Warman	柱塞泵
盾壳膨润土泵功率	kW	1100（进浆泵）	
注入能力	m³/h	2700	
最大工作压力	MPa	>0.6	>0.6
搅拌形式			卧式搅拌
搅拌功率	kW	无	7.5
膨润土罐容量	m³	3×4，预留给周末模式	10

续上表

项目名称	单位	东线（德国海瑞克）盾构参数	西线（中国中铁装备）盾构参数
19. 膨润土注入系统			
膨润土自动保压系统		有	DN50/SAMSON/德国
自动保压罐	m³	4×5	2×6
20. 泥水循环系统			
最大进浆流量	m³/h	2700	2700
进排浆密度计形式/规格型号/品牌/产地		Cs-137/SSC-100/Berthold/德国	放射性/KF-102/科丰电子/中国
最大进浆密度	t/m³	1.1	1.25
进浆管直径/壁厚	mm	500/16	DN500/16
最大排浆流量	m³/h	2900	3200
最大排浆密度	t/m³	1.35	1.4
排浆管直径/壁厚	mm	500/25	DN500/25
泥水舱压力传感器数量	个	6	7
液位传感器数量	个	15×点式+2×绳式	15+2绳式+2超声波
刀盘冲刷泵/品牌/产地		Warman/澳大利亚	Warman/中国
刀盘冲刷泵功率	kW	200	350、250、110
刀盘冲刷泵数量	个	1	3
刀盘冲刷管数量	根	6（中心）/3（前部）/18（臂间）	20、2、2
刀盘冲刷管直径	mm	300	300+200
刀盘冲刷泵流量	m³/h	1100	1500、1000、500
刀盘冲刷泵扬程	m	70	70
辅助泥浆泵功率	kW		132
辅助泥浆泵数量	个		
辅助泥浆泵流量	m³/h		150
辅助泥浆泵扬程	m		100
21. 进浆系统			
进浆泵规格型号/品牌/产地		300T-SHG/Warman/澳大利亚	300SHG/Warman/中国
进浆泵流量	m³/h	2700	2700
进浆泵扬程	m	80	75
进浆泵数量	个	2	2
进浆泵功率	kW	1100	1100
进浆管管径	mm	500	DN500
进浆管最大通过粒径	mm	240	

续上表

项目名称	单位	东线（德国海瑞克）盾构参数	西线（中国中铁装备）盾构参数
22. 排浆系统			
排浆泵规格型号/品牌/产地		300T-SHG/Warman/澳大利亚	300SHG/Warman/中国
排浆泵流量	m³/h	2900	3200
排浆泵扬程	m	75	75
排浆泵数量	个	3	3
排浆泵功率	kW	1100	1100
排浆管管径	mm	500	DN500
排浆管最大通过粒径	mm	240	240
23. 主轴承润滑			
油泵形式/品牌/产地		气动/英格索兰或者IST/中国、德国	螺杆泵/Allweiler/德国
油泵压力	MPa	4（最大）	4
24. 超前地质预报系统			
名称/产地		SSP/德国	三维地震波超前探测/中国
25. 导向系统			
全站仪/品牌/产地		徕卡/瑞士	LeicaTS15G2″VMT/德国
测量精度	s	2	2
有效距离	m	200	200
操作系统界面语言		中文/英文	中文/英文

东、西线盾构隧道工程实际掘进长度对比　　　附表2

时间	东线 共1524环（3047.5m） 始发时间：2018年5月4日		西线 共1523环（3046.5m） 始发时间：2018年10月23日	
	环数（环）	掘进长度（m）	环数（环）	掘进长度（m）
2018年5月	−5～2	4		
2018年6月	3	2		
2018年7月	4～27	48		
2018年8月	28～31	8		
2018年9月	32	2		
2018年10月	33～81	98		
2018年11月	82～124	86	2	4
2018年12月	125～205	162	3～12	20
2019年1月	206～280	150	13～31	38
2019年2月	281～331	102	32～41	20

续上表

时 间	东线 共1524环（3047.5m） 始发时间：2018年5月4日		西线 共1523环（3046.5m） 始发时间：2018年10月23日	
	环数（环）	掘进长度（m）	环数（环）	掘进长度（m）
2019年3月	332~432	202	42~53	24
2019年4月	433~614	364	54~89	92
2019年5月	615~783	338	90~152	126
2019年6月	784~924	282	153~266	228
2019年7月	925~980	112	267~372	212
2019年8月	981~998	36	373~532	320
2019年9月	999~1011	26	533~763	462
2019年10月	1012~1093	162	764~883	240
2019年11月	1094~1107	28	884~928	90
2019年12月	1108~1162	110	929~1000	144
2020年1月	1163~1180	36	1001~1076	152
2020年2月	1181~1235	110	1077~1099	46
2020年3月	1236~1402	334	1100~1150	102
2020年4月	1403~1490	176	1151~1172	44
2020年5月	1491~1524	68	1173~1219	94
2020年6月			1220~1360	282
2020年7月			1361~1496	272
2020年8月			1497~1523	54
总体掘进效率（m/月）	121.9		138.48	

	总体平均	始发阶段	过浅埋软弱地层段	过上软下硬地层段	盾构接收段
东线月掘进长度（m）	121.9	28.8	204	35.4	104.4
西线月掘进长度（m）	138.5	29.3	227.8	48.4	119.3

东、西线月掘进长度对比图

东、西线盾构隧道工程各阶段掘进时间统计（单位：月）　　　附表3

项　目	东　线	西　线
总掘进时间	25	22
始发过孤石段	5.8	5.7
过浅埋软弱地层段	12.4	11.1
过基岩凸起段	5.2	3.8
盾构接收段	1.6	1.4

	总体平均	始发阶段	过浅埋软弱地层段	过上软下硬地层段	盾构接收段
东线掘进时间（月）	25	5.8	12.4	5.2	1.6
西线掘进时间（月）	22	5.7	11.1	3.8	1.4

东、西线掘进时间对比图

参考文献

[1] 竺维彬，鞠世健，王晖. 复合地层中的盾构施工技术（新版）［M］. 北京：中国建筑工业出版社，2020.

[2] 竺维彬. 复合地层盾构工程的技术创新与进展［J］. 城市轨道交通，2017（03）：15-18.

[3] 竺维彬，钟长平，黄威然，等. 盾构施工"滞排"成因分析和对策研究［J］. 现代隧道技术，2014（05）：23-31.

[4] 竺维彬. 盾构施工"滞排"成因分析和对策研究［C］//中国土木工程学会隧道及地下工程分会. 2014中国隧道与地下工程大会（CTUC）暨中国土木工程学会隧道及地下工程分会第十八届年会优秀论文汇编. 杭州：中国土木工程学会隧道及地下工程分会，2014.

[5] 竺维彬，廖鸿雁，黄威然. 地铁工程重大地质风险控制模式研究［J］. 都市快轨交通，2010，23（01）：38-43.

[6] 竺维彬，黄威然，孟庆彪，等. 盾构工程孤石及基岩侵入体爆破技术研究［J］. 现代隧道技术，2011，48（05）：12-17.

[7] 竺维彬，鞠世健. 复合地层中的盾构施工技术［M］. 北京：中国科学技术出版社，2007.

[8] 竺维彬，鞠世健. 广州地铁三号线盾构隧道工程施工技术研究［M］. 广州：暨南大学出版社，2007.

[9] 竺维彬，王晖，鞠世健. 复合地层中盾构滚刀磨损原因分析及对策［J］. 现代隧道技术，2006，43（4）：72-76，82.

[10] 竺维彬，鞠世健. 广州复合地层与盾构施工技术［M］. 上海：同济大学出版社，2005.

[11] 竺维彬，鞠世健，张弥，等. 广州地铁二号线旧盾构穿越珠江难题和对策［J］. 土木工程学报，2004，37（1）：56-60.

[12] 鞠世健，竺维彬. 盾构隧道管片开裂的原因及相应对策［J］. 现代隧道技术，2003（001）：21-25.

[13] 王晖，竺维彬，李大勇. 复合地层中盾构掘进的姿态控制［J］. 施工技术，2011，40（19）：67-69+97.

[14] 王晖，竺维彬，李大勇. 富水砂层中联络通道施工工法及其控制措施［J］. 铁道工程学报，2010，27（09）：82-87.

[15] 钟长平，竺维彬，邱小佩，等. 盾构施工"衡盾泥"辅助新工法研究［J］. 现代隧道技术，2016（3）：7-13.

[16] 钟长平，竺维彬，周翠英. 花岗岩风化地层中盾构施工风险和对策研究［J］. 现代隧道技术，2013（03）：17-23.

[17] 钟长平，竺维彬，鞠世健. 复合地层盾构掘进的指导原则［J］. 都市快轨交通，2011，24（04）：

86-90.

［18］米晋生，许少辉. 珠江三角洲城际快速轨道交通广州至佛山段（首通段）盾构隧道工程施工技术研究［M］. 北京：人民交通出版社，2013.

［19］米晋生，刘坤，黄威然. 掘进中盾构中心刀箱损坏原因分析及修复［J］. 广东土木与建筑，2012，19（06）：52-54.

［20］黄威然，竺维彬，刘人怀. 深穗中跨珠江口通道选用盾构法隧道方案的风险及对策［J］. 现代隧道技术，2014，51（04）：178-184.

［21］黄威然，竺维彬. 泥水盾构过江工程江底塌方风险的应对及处理［J］. 现代隧道技术，2006（02）：49-53.

［22］黄威然. 泥水盾构越江施工塌方处理［C］//上海隧道工程股份有限公司. 大直径隧道与城市轨道交通工程技术——2005 上海国际隧道工程研讨会文集. 上海：上海市土木工程学会，上海隧道工程股份有限公司，2005.

［23］黄威然，竺维彬. 施工阶段盾构隧道漂移控制的研究［J］. 现代隧道技术，2005（01）：71-76.

［24］黄威然，竺维彬. 盾构隧道混凝土管片表面裂纹成因及防治［J］. 现代隧道技术，2003（03）：47-50.

［25］缪忠尚，黄雷. NFM 盾构带压开仓换刀技术［J］. 现代隧道技术，2012（02）：99-103.

［26］韦良文，张庆贺，邓忠义. 大型泥水盾构隧道切削面稳定机理与应用研究［J］. 地下空间与工程学报，2007（01）：87-91.

［27］王超峰，王国安，王凯. 超大直径泥水盾构常压换刀装置载荷实时监测系统设计及应用［J］. 隧道建设（中英文），2021，41（08）：1404-1411.

［28］竺维彬，钟长平，米晋生，等. 超大直径复合式盾构施工技术挑战和展望［J］. 现代隧道技术，2021，58（03）：6-16+42.

［29］魏晓龙，林福龙，孟祥波，等. 滚刀状态实时诊断技术在超大直径泥水盾构中的应用——以汕头苏埃通道为例［J］. 隧道建设（中英文），2021，41（05）：865-870.

［30］张通国. 盾构在孤石基岩地层中的掘进风险及针对性设计选型［J］. 广东公路交通，2021，47（02）：56-59.

［31］胡新朋，王振飞，成伟江，等. 超大直径泥水盾构滚刀损坏形式及拆检标准研究［J］. 工具技术，2021，55（02）：61-65.

［32］牛紫龙. 海域复杂地层超大直径盾构施工技术［J］. 施工技术，2021，50（01）：96-100.

［33］吴沛霖，李代茂，陆岸典，等. 海底隧道盾构刀盘刀具选型综述［J］. 土木工程学报，2020，53（S1）：162-167+193.

［34］宋仪. 汕头市苏埃海底盾构隧道工程设计方案比选研究［J］. 隧道建设（中英文），2020，40（10）：1391-1398.

［35］王发民，孙振川，张良辉，等. 汕头海湾隧道超大直径泥水盾构针对性设计及不良地质施工技术

[J]．隧道建设（中英文），2020，40（05）：735-746．

[36] 李凤远，陈桥，冯欢欢．海底隧道基岩凸起段地层典型滚刀破岩实验研究[J]．隧道建设（中英文），2019，39（10）：1720-1727．

[37] 李凤远，赵海雷，冯欢欢．超大直径泥水盾构施工风险防控方法研究[J]．施工技术，2019，48（19）：100-105+109．

[38] 张兵，陈桥，王国安，等．海域含孤石地层超大直径泥水盾构始发关键技术研究[J]．施工技术，2019，48（11）：68-72+149．

[39] 洪开荣．近2年我国隧道及地下工程发展与思考（2017—2018年）[J]．隧道建设（中英文），2019，39（05）：710-723．

[40] 秦东晨，周鹏．基于苏埃通道工程盾构施工过程中下沉量分析[J]．隧道建设（中英文），2018，38（S2）：7-15．

[41] 陈桥，陈馈，杨书江，等．苏埃通道工程软硬不均地层盾构掘进参数模拟试验研究[J]．施工技术，2018，47（18）：61-66．

[42] 周华贵，王丽．汕头市苏埃通道工程海域段平纵横方案研究[J]．隧道建设（中英文），2018，38（07）：1189-1195．

[43] 汪朋．泥水盾构分流采石系统在苏埃通道工程应用研究[J]．建筑机械化，2018，39（04）：40-43．

[44] 肖明清．我国水下盾构隧道代表性工程与发展趋势[J]．隧道建设（中英文），2018，38（03）：360-367．

[45] 王连山，奚正平．苏埃湾海域孤石段盾构施工技术探讨[J]．现代交通技术，2018，15（01）：58-60+90．

[46] 何潇剑．汕头苏埃湾海底长大隧道消防水系统设计探讨[J]．给水排水，2017，53（09）：77-81．

[47] 肖观平．汕头市苏埃通道大直径盾构海底隧道建设条件风险分析[J]．土工基础，2017，31（04）：431-434．

[48] 谢宏明，杜彦良，何川，等．强震作用下大断面海底盾构隧道管片环缝防水性能[J]．中国公路学报，2017，30（08）：201-209．

[49] 魏玉省．汕头苏埃隧道方案设计关键技术研究[J]．隧道建设，2017，37（02）：200-206．

[50] 高楠．大断面海底盾构隧道管片接缝防水试验研究[D]．北京：北京交通大学，2016．

[51] 温玉辉，张金龙，梁淦波．苏埃过海通道盾构始发方案论证分析[J]．公路，2015，60（10）：252-257．

[52] 冯欢欢，王助锋，张合沛．汕头苏埃通道盾构隧道方案浅析[J]．建筑机械化，2013，34（09）：70-72．

[53] 周建军，贺维国．汕头苏埃通道盾构设计施工关键技术探讨[C]//仇文革，洪开荣．可持续发展与地下工程——第十二届海峡两岸隧道与地下工程学术与技术研讨会论文集．成都：西南交通大学出版社，2013．

[54] 刘富成，杨健琳. 汕头市苏埃隧道规划方案研究［J］. 交通科技，2010（05）：101-103.

[55] 张伟. 大直径盾构隧道结构地震响应及减震措施研究［D］. 武汉：中国科学院研究生院（武汉岩土力学研究所），2009.

工程大事记

汕头海湾隧道双洞贯通

【前期规划阶段】

2008 年 5 月，原广东省交通厅组织 50 名专家进行可行性研究。

2009 年 8 月，建设海底隧道的可行性报告通过原广东省交通厅评审。

2011 年 5 月，汕头海湾隧道正式批复立项。

2014 年 2 月，汕头海湾隧道完成初步设计招标。

2014 年 4～10 月，有序开展并完成隧道建设所必须解决的抗震、消防减灾、结构耐久性等十二个技术、基础专题的研究论证工作。

2014 年 7 月 1 日，完成总体设计。

2014 年 8 月 15 日，完成初测、初勘外业验收。

2014 年 11 月 5 日，顺利通过广东省交通运输厅组织的初步设计专家评审。

2014 年 12 月 25 日，取得广东省发展和改革委员会关于工程投资规模调整的批复。

2015 年 1 月 5 日，广东省交通运输厅正式批复同意汕头海湾隧道工程初步设计方案，标志着该项目具备全面开工建设的条件。

【工程建设阶段】

2015年2月2日,汕头海湾隧道正式启动建设。

2017年12月26日,汕头海湾隧道东线盾构成功始发。

2018年10月26日,汕头海湾隧道西线盾构成功始发。

2019年4月14日,汕头海湾隧道东线盾构掘进达到1000m关键节点。9月7日,东线盾构掘进突破2000m,西线盾构掘进1100m。12月底,汕头海湾隧道东线盾构掘进2290m,完成约75%,管片安装1140环;西线盾构掘进1990m,完成约65%,管片安装990环。

2020年2月13日,汕头海湾隧道东线盾构掘进完成1201环,西线盾构掘进完成1086环。

2020年5月16日,东线贯通。

2020年8月7日,西线贯通,标志着全线成功贯通。

2021年12月,汕头海湾隧道工程入围国际隧道与地下空间协会(ITA)"2021年度杰出工程奖"。

跋

今获悉，《汕头海湾隧道复合地层超大直径盾构施工关键技术研究》已编著完成，即将付梓出版，甚是欣慰。2008年的前期论证会，到2020年早春，东、西两台直径15m盾构顺利穿越海域中160～180m超强花岗岩，艰辛建设过程历历在目。集思一问：对于建设经验上不丰富的汕头市，首次承担被业界称之为"世界级挑战工程"的海湾隧道工程，单一工程造价达65亿元的"巨无霸"工程，怎会如此安全、环保、多快好省地完成？真可谓是粤东地区的工程奇迹！

作为建设方孔少波总经理、张良辉总工程师、杨将晓副总经理等的老同事，设计单位、施工单位、盾构厂家等的老朋友，以钱七虎院士为专家组长的专家团队成员，我从始至终参加本工程的每一项重大决策并多次到现场调研和交流，对于其成功的奥秘似乎有一定的发言权。其成功的本质在于：召集天下英才，奔着一个共同目标；坚定信心、凝聚团队；同心同德、风雨同舟；勇于挑战，迎难而上；一路创新、攻坚克难！全体建设人员努力奋斗，最终顺利建成这项重大工程。具体可从管理和技术两方面来概括。

一、工程管理方面

极富地下工程管理经验的建设单位，统揽全局、投资到位，在工程前期能做到正确决策和强力协调，诸如选线和敷设方面，建设单位的决策非常有预见性；又如借智借力方面，成立全国最高水准、最有经验的专家团队，力邀德高望重的钱七虎院士担任专家组长，把控工程大方向等。勘察、设计、施工单位，精密勘察、精心设计、精细施工、精准管控。诸如侵入隧道的基岩段，基岩的三维形态和强度勘察得清清楚楚；又如施工组织，自盾构始发到隧道贯通，有条不紊、高效运作。盾构厂家量身定做、谦逊敬业、精工打造、贴身服务，选择两家国内外最强的盾构厂家作为制造商是非常正确的决策，形成了你争我赶的态势，并且优先安排德国海瑞克盾构先行设计、制造、始发，中国中铁装备虚心学习、消化吸收、紧随完善，及时全方位服务，并强化状态检测和检修。监理单位全程跟踪、严谨监管、科学咨询、高效服务，诸如借助于自身强大的专家团队——广州轨道交通盾研所，有问必答，有题必解。

二、工程技术方面

尽管也碰到过硬岩段掘进速度慢、刀筒螺栓断裂、滚刀损坏频率高、始发未预爆孤石发育段刮刀损坏严重等难题，但在建设单位的有力领导下，工程师们群策群力，一一克服这些问题，在过硬岩段转速设定、刀具磨损精确检测等技术方面，均有许多创新。具体成果，书中可一一见及，在此不再赘述。

三、启示

本工程取得的巨大成功，又一次验证和彰显了坚持"地质是基础，设备是关键，管理是根本"作为盾构工程技术和管理核心理念的正确性和重要性。当然，其间经历的教训又给行业留下了弥足珍贵的启示：

（1）复合地层盾构工程实施全过程均要坚持并发展"地质是基础，设备是关键，管理是根本"的核心理念。

（2）复合地层超大直径盾构掘进一定要将监控和保护好刀盘作为首要原则。

（3）复合地层超大直径盾构掘进一定要及时检测和预判，发现"零号病刀（滚刀）"，及时更换，防止刀具发生"多米诺骨牌效应"式损坏。

（4）复合地层超大直径盾构掘进要日日、环环梳理分析"岩土+刀具"（因）与"渣样"（果）的关系，智能追寻它的发展规律，同步调整掘进参数。

（5）特殊复合地层超大直径盾构工程实施，如含高黏土矿物地层、大块石地层、岩溶发育地层、破碎带地层等，要从盾构设计到掘进全过程做好预防结泥饼、滞排的风险防控。

（6）复合地层超大直径盾构掘进，难免会发生泥饼和滞排的现象，冲洗过程中，要严防压力波动过大、过频繁，从而引发沉陷的风险。

希望编著者和阅读者继续弘扬工匠精神，专心致志、持续创新、努力奋斗，"青出于蓝而胜于蓝"，推动中国盾构事业的高质量发展，为交通强国建设做出更大的贡献。

2022 年 3 月 16 日